Hegemoniale Weltpolitik und Krise des Staates

Philosophie und Geschichte der Wissenschaften

Studien und Quellen

Herausgegeben von
Hans Jörg Sandkühler (Bremen) und
Pirmin Stekeler-Weithofer (Leipzig)

Band 58

PETER LANG
Frankfurt am Main · Berlin · Bern · Bruxelles · New York · Oxford · Wien

Lars Lambrecht
Bettina Lösch
Norman Paech
(Hrsg.)

Hegemoniale Weltpolitik und Krise des Staates

PETER LANG
Europäischer Verlag der Wissenschaften

Bibliografische Information Der Deutschen Bibliothek
Die Deutsche Bibliothek verzeichnet diese Publikation in der Deutschen Nationalbibliografie; detaillierte bibliografische Daten sind im Internet über <http://dnb.ddb.de> abrufbar.

ISSN 0724-4479
ISBN 3-631-54416-2

www.peterlang.de

Inhalt

Vorwort

‚Die Zeiten ändern sich' ist zwar seit der europäischen Antike eine Einsicht, aber für die Gegenwart scheint sie hinsichtlich der beschleunigten (welt-)politischen und sozio-ökonomischen Veränderungsprozesse von kaum überbietbarer Aktualität. Ihrer Analyse dient der vorliegende Band.

1. Weltpolitik und Krise

Das 20. Jahrhundert war noch von einer aggressiven Nationalstaatspolitik beherrscht, die nicht von ungefähr zu zwei Weltkriegen führte und zu einer sog. Friedenszeit, die auch noch zu Recht als ‚Kalte-Kriegs'-Epoche mit ihren zahllosen Regionalkonflikten und Stellvertreterkriegen rund um den Globus in die Geschichtsbücher einging. Das 21. Jahrhundert dagegen, zu dessen Beginn kein Terminus so kontrovers strapaziert wurde, wie ‚Globalisierung', scheint auf eine neue politische – transnationale – Weltordnung hinzusteuern: Wie sie aussehen wird, steht in Frage. Ein im 20. Jahrhundert treibender Faktor gegen eine trotz Völkerbund und UNO noch niemals erreichte friedliche Weltinnenpolitik war die national heterogene und um die Kontrolle der gesamten Weltpolitik konkurrierende Entwicklung in Europa. Hatte sich durch dessen ökonomische Einigung und Expansion (die ‚Maastricht-EU') zunächst die Hoffnung auf eine entsprechende politische Einheit gerichtet, so dürfte diese durch dieselben ökonomischen Gründe zugleich auch wieder in Frage gestellt sein. Verstärkt wird diese Entwicklung in Europa durch die gleichzeitig erfolgende Abkehr von sämtlichen Sozialstaatsmodellen und ihre Destruktion. Somit bringt Europas gegenwärtig verfassungsloser und unsozialer Zustand zumindest als ein modellhafter Beitrag für eine künftige Weltinnenpolitik keine überzeugende Botschaft. So gewinnt Europas Stellung in der Welt sicher keine größere Bedeutung. Dagegen wäre zu prüfen, inwieweit die gegenwärtige Krise der EU nicht zu einem kritischen Lernprozess führen kann, der eine soziale und emanzipatorische Verfassungsgebung ermöglichen würde. Darüber hinaus ist es allerdings überhaupt fraglich, ob die Welt in Zukunft noch etwas von Europa wissen oder gar lernen will. Dafür wäre aber die eigene Lernfähigkeit Europas eine unerlässliche Bedingung.

2. Gesellschaftsvertrag und Freiheit

Mit der aggressiven europäischen Epoche der Welt und ihren politischen Gesellschaften sind deren vertragstheoretisch bestimmte Grundsätze von Vernunft und Freiheit wenn nicht zur Disposition gestellt, so doch wenigstens als losgelöst von der traditionellen europäischen Dominanz zu denken aufgegeben. Gerade dabei kann aber so etwas wie die vielbeschworene Hegelsche ‚List der Vernunft' Wirkung zeitigen: Denn dort, wo die Welt auf die europäischen Kehrseite der vernunftzentrierten Gesellschafstheorie in Gestalt des Rassismus verzichten kann, arbeitet dasselbe Europa bereits an einem Zukunftsprogramm politischer Legitimität. Wird hier das überkommene Konstrukt der Repräsentation infrage gestellt – und zwar nicht von außen, sondern durch die eigene Entwicklung der modernen Kommunikationstechniken –, ist dort die machtdeterminierte Freiheit ein Problem. Ob dabei noch eine vernunftbasierte Herrschaftskritik eine Politik orientierende Verfassungsordnung garantieren kann oder soll, ist ebenso fraglich. Ist aber erst die Freiheit sowohl kein bloßes politisch-ideologisches Ausgrenzungsmerkmal mehr als auch zugleich real gefährdet, stehen ihre gesellschaftlichen und politischen Ausprägungen zur Disposition: Gleichheit und Demokratie. Sie beide gilt es, vor allem angesichts jener aktuellen globalen Entwicklungsdynamik wieder zu einander in Beziehung zu setzen und dabei immer wieder von neuem unter der Prämisse der Freiheit zu diskutieren sowie als die wechselseitigen Bedingung ihrer Möglichkeit darzustellen: So, wie sich das soziale Programm von Gleichheit auf Humanität bezieht, ist als deren Sicherung die politische Entsprechung der Demokratie zu bestimmen.

3. Herrschaftsverhältnisse und Wissenschaft

So, wie die Welt des 21. Jahrhunderts Veränderungen und eine Zeit der Übergänge erfährt, sind das Wissen von ihr (über sie) und das Denken über dieses Wissen weiter zu entwickeln. In der Neuzeit hatte sich bis zum 20. Jahrhundert eine scheinbare Alternative von einer sog. bürgerlichen Wissenschaft und der marxistischen Wissenschaftsauffassung herausgebildet, die beginnend mit dem 21. Jahrhundert zunehmend obsolet zu werden verspricht: So, wie wir nicht ‚in zwei oder drei oder siebzehn' Welten, sondern in genau einer leben, so kann es bei aller den verschiedenen Gegenständlichkeiten angemessenen Pluralität von Wissenschaftsformen und -zugängen nur ein wirkliches Wissen, nur eine Wissenschaft der einen, unsrigen weltlichen Wirklichkeit geben. Schon zu Ende des vorigen Jahrhunderts deuteten sich Veränderungen der theoretischen Begründungen an, wie in den bürgerlichen Wissenschaften, so auch im Marxismus und hier besonders für die Analyse realer Herrschaftsverhältnisse sowie für deren Konzeption. Das galt nicht nur etwa für das Proletariat – hier betreffs der angeblich ‚schwindenden sozialen Milieus' –, sondern auch für jene Klassenkonstellationen, die in der Gegenwart soziale Herrschaft bestimmen. Darüber hinaus wurde dort an die Wurzeln eines gängigen, ‚herrschenden' Marxismus-Verständnisses gegangen, wo es um das Verhältnis von Politik und Ökonomie sowie um das von ‚ökonomischer Basis' und ‚politischem Überbau' ging, das dringend eines Neudurchdenkens bedurfte. Dass derartige Innovationspostulate jedoch keineswegs nur der Erfolg, die Einsicht von uns Zeitgenossen ist, sondern bereits in den ersten, ältesten Phasen der Marx-Rezeption, wenn auch nicht gehört, so doch zur Sprache gekommen war, lässt darauf hoffen, dass sich die zur Wissenschaft gehörende Kritikfähigkeit durchsetzt. Eben dieses erfordert dann aber auch eine grundlegende Kritik des Historischen Materialismus, und zwar durch ihn selbst und nicht als die heute billige Tageslosung nach seiner einfachen Negation.

Zu diesen drei inhaltlichen Abschnitten rufen die Herausgeberin und die Herausgeber eine Referenz auf: Werner Goldschmidt, dem dieser Band zum Ausscheiden aus der akademischen Lehre gewidmet ist. Die hier in Frage kommenden Aspekte von Weltpolitik, Gesellschaftsvertrag, von Herrschaftsverhältnissen und wissenschaftlichem Sozialismus hat Werner Goldschmidt in seinen bisherigen wissenschaftlichen Publikationen behandelt. Sein wissenschaftliches Werk steht dabei in der theoretischen Tradition von Aufklärung, Sozialökonomie und politischer sowie sozialer Emanzipation. Dieses Werk hat die betroffenen Wissenschaften, vor allem aber die hier beteiligten Wissenschaftlerinnen und Wissenschaftler immer wieder zu gemeinsamen fruchtbaren Diskussionen angeregt. Werner Goldschmidts wissenschaftliche Publikationen, um nur einige ausgewählte zu nennen, dokumentieren seine Arbeits- und Forschungsschwerpunkte

- im Bereich der Herrschaftsverhältnisse und im Hinblick auf soziale und politische Emanzipation: Klassenkämpfe in Westeuropa: Frankreich, Italien, Großbritannien (1971), Gesellschaftliche Krise und die Perspektive der Arbeiterbewegung in Frankreich (1973), der große Enzyklopädiebeitrag Politik (1999), Neoliberalismus – Hegemonie ohne Perspektive (2000) sowie der Lexikonartikel zu Herrschaft (2004);
- im Bereich der Gesellschaftsvertragstheorien bzw. zum Verhältnis von Vernunft und Freiheit: Vernunft und Politik (1988), Naturrecht, Menschenrecht und politische Gerechtigkeit (1994), 250 Jahre ‚Vom Geist der Gesetze' (1998);
- im Bereich der Weltpolitik und der Rolle der Europäischen Union: Die Zukunft der Demokratie in der Europäischen Union (2002), Die Welt zwischen Recht und Gewalt: Internationale Sozialordnung, Völkerrecht und Demokratie (2003), Von der Hegemonie zur Dominanz: Überlegungen zur Entwicklung der US-amerikanischen Weltpolitik seit dem 2. Weltkrieg (2003).

Das Stichwort, das für diesen thematischen Spannungsbogen als Summe des akademischen Wirkens von Werner Goldschmidt gegeben werden kann, heißt „Sozialökonomie" – eine wissenschaftliche Disziplin seit Ende des 19. Jahrhunderts, um deren Reformulierung und institutionelle Rekonstruktion er sich in Gestalt des *Zentrums für ökonomische und soziologische Studien* am Department Wirtschaft und Politik der Fakultät für Wirtschafts- und Sozialwissenschaften der Hamburger Universität eingesetzt und als dessen Direktor verdient gemacht hat.

Weltpolitik und die Krisen der EU sowie des Sozialstaats

Norman Paech

Die Rehabilitierung des Krieges

Die Mehrheit der Zeitgenossen ist davon überzeugt, dass wir uns in einer geschichtlichen Phase des Übergangs in ein System der Weltordnung befinden, dessen zukünftige Gestalt allerdings ziemlich unklar ist. Nur eines wird immer wieder mit auffälliger Gewissheit betont: Es liegt eine Ära der Unordnung, der Auflösung und des Chaos vor uns,[1] von der ebenfalls unklar ist, worin sie enden wird. Die Sicherheit dieser Prognose beruht auf der Erfahrung der Aggressivität, mit der der Kapitalismus seine Globalisierung bis in die letzten Rohstofflager, Märkte und Dörfer vorantreibt. In dieser Dynamik der imperialen Okkupation aller Ressourcen der Erde finden wir sämtliche Mittel der Politik, von der Drohung über die Erpressung, Täuschung und Bestechung bis hin zur gezielten militärischen Intervention und zum klassischen Krieg.[2] Aus der Perspektive der Länder, die eher zum Schlachtfeld als zur Kommandozentrale der zukünftigen Kriege gehören werden, ist die Wahrnehmung dieses Schicksals besonders nüchtern und klar. So bei dem indischen Schriftsteller Amitav Gosh, der die „Verbindung von Kapitalismus und Imperium" knapp zusammenfasst:

> Es ist merkwürdig, dass der Fall der Berliner Mauer weithin noch immer als Bestätigung des >Kapitalismus< verstanden wird. Denn in Wahrheit deuten die weltweiten Erfahrungen der vergangenen 15 Jahre viel eher darauf hin, dass ungebremster Kapitalismus unweigerlich imperiale Kriege und die Expansion von Imperien auslöst. Müsste nicht vielmehr die nahezu unbestrittene Herrschaft eines einzigen Systems in der Tat eine Epoche universellen Friedens herbeiführen? Oder doch zumindest eine Ära, in der große Übereinstimmung über die geeigneten Mittel zur Gewährleistung von Frieden herrscht? Was wir erleben, ist das genaue Gegenteil. Wir befinden uns in einer Periode außergewöhnlicher Instabilität und Angst, konfrontiert mit der Aussicht auf eine ständige Ausbreitung nur notdürftig getarnter Kolonialkriege [...] Mit anderen Worten: Die Verbindung von Kapitalismus und Imperium bedeutet ein Programm des permanenten Krieges, jener Vorstellung, an der sich erst die Trotzkisten berauschten und die sich nun jene Neokonservativen aufs

1 Vgl. nur Amin 1992; Wallerstein 2002, S. 73; Ramonet 2002.

2 Vgl. etwa Chossudovsky 2002; Mies 2004.

Neue zu eigen machen, die das „Projekt für das neue amerikanische Jahrhundert" ersonnen haben.[3]

1.

Was die Beobachter im Norden wie im Süden eint, ist die Überzeugung von der Kriegsträchtigkeit dessen, was allgemein als Globalisierung bezeichnet wird. Dieser Begriff steht allmählich nicht nur für die Verheißungen der ökonomischen und sozialen Entwicklung weltweit, sondern auch für die Erwartung, ja Unvermeidlichkeit kommender Kriege. Die Erwartung wird nicht nur durch die Empirie täglicher Kriegsberichterstattung aus allen vier Kontinenten untermauert, sondern wird auch durch die ausdrückliche Programmatik der neuesten Militärstrategien der NATO vom April 1999 und der USA vom September 2002 bestätigt. Selbst die Europäische Union, ursprünglich eine ausschließliche Wirtschaftsgemeinschaft und erst in den letzten Jahren zu einer politischen Union gereift, hat sich einen mächtigen militärischen Arm zugelegt, der laut „Europäischer Sicherheitsstrategie" von 2003 in Zukunft weltweite militärische „Verteidigungs"aufgaben übernehmen soll.[4]

1. Diese Doktrinen erfordern nicht nur eine Umorientierung der alten strategischen Planungen auf den neuen Feind und eine grundlegende Umrüstung der Streitkräfte. Es geht auch um die Erweiterung des Legitimationsrahmens für den Krieg als Mittel der Politik. Das ist in den USA zweifellos leichter zu erreichen als in Deutschland. Denn nach einer jüngsten Umfrage haben auf die Aussage „Unter Umständen muss Krieg geführt werden, um Gerechtigkeit zu erlangen", in den USA 82 % mit Zustimmung reagiert, in Deutschland jedoch nur 31 %.[5] Doch wird in der deutschen Politik und Literatur verstärkt der Anschluss an die US-amerikanische „Strategie-Kultur" der politischen Normalisierung des Kriegskonzepts gesucht. Dies geschieht zunächst dadurch, dass der Blick auf die neuen

3 Gosh 2005.

4 Im sog. Solana-Papier, vom Europäischen Rat im Dezember 2003 als „Europäische Sicherheitsstrategie" verabschiedet, heißt es: „Bei den neuen Bedrohungen wird die erste Verteidigungslinie oftmals im Ausland liegen. Die neuen Bedrohungen sind dynamischer Art. [....] Daher müssen wir bereit sein, vor Ausbruch einer Krise zu handeln. Konflikten und Bedrohungen kann nicht früh genug vorgebeugt werden. [...] Wir müssen eine Strategie-Kultur entwickeln, die ein frühzeitiges, rasches und wenn nötig robustes Eingreifen fördert [...] Als eine Union von 25 Mitgliedstaaten, die mehr als 160 Mrd. Euro für Verteidigung aufwenden, sollten wir mehrere Operationen gleichzeitig durchführen können." Diese „Strategie-Kultur" ist nicht allzu weit von dem Präventiv-Konzept der National Security Strategy der USA entfernt.

5 Transatlantic Trends 2004: Großbritannien 69 %, Niederlande 53 %, Türkei 50 %, Italien 35 %, Frankreich 33 %, Spanien 25 %.

Formen der Gewalt und des Kriegsgeschehens gerichtet wird, die gegenüber den Modalitäten des klassischen Staatenkrieges vielfältige Neuerungen erkennen lassen. Hier mögen die Stichworte „internationaler Terrorismus", „Privatisierung der Gewalt", „Staatszerfallkriege", „asymmetrische Kriege", „Bandenkriege/warlords", „low intensity warfare", „ethnische Säuberungen", „Kindersoldaten", „Söldnerfirmen" genügen, um einige der geläufigsten Topoi der Gewaltanalyse hervorzuheben. Sie werden im Anschluss an Mary Kaldor heute allgemein unter dem Begriff der „neuen Kriege"[6] subsumiert und vor allem als neue Herausforderung des Westens gesehen, die seine militärische Antwort notwendig macht.[7]

Das lenkt zunächst davon ab, dass fast alle Formen aus den klassischen Staatenkriegen weitgehend bekannt sind: Partisanenkrieg, Geiselerschießungen, Guerilla-Befreiungskampf, ethnische Säuberungen, Genozid und Söldnereinsatz. Der andere historische und geographische Zusammenhang der „neuen Kriege" sollte auch nicht den durchaus vergleichbaren Grad an Grausamkeit und Barbarei der Gewalt übersehen. So lässt die Unmittelbarkeit und mediale Präsens eines Terroraktes wie die Zerstörung des World Trade Centers durch zivile Flugzeuge mitunter die Ungeheuerlichkeit von Terrorakten wie die Abwürfe der ersten Atombomben auf Hiroshima und Nagasaki vergessen, und die Massaker an der Zivilbevölkerung in Zentralafrika überlagern die Barbarei der Massaker in Zentraleuropa im zweiten Weltkrieg wie die von Oradour, Lidice und Distomo. Richtig ist die stärkere Verselbständigung solcher Gewaltformen unabhängig vom Staatenkrieg. Sie entstehen zunehmend aus den internen sozialen und ökonomischen Widersprüchen der Gesellschaften selbst, die sie von innen heraus angreifen und in äußerst blutigen Kämpfen, die wir bisher Bürgerkriege nannten, zerstören. Von den 19 Kriegen, die das Stockholmer Friedensforschungsinstitut SIPRI für das Jahr 2004 aufgeführt hat (einer weniger als 2003), handelte es sich bei der überwiegenden Anzahl um langanhaltende interne Konflikte, die von außen zumeist als ethnische Konflikte wahrgenommen werden.

2. Der Gestaltwandel dieser Kriegsformen darf aber auch über einen zweiten Zusammenhang nicht hinwegtäuschen, der in der Konzentrierung auf die „neuen Krieg" regelmäßig zu kurz kommt: die Funktion und die Rolle der großen Staaten, die nicht ohne Grund in dem Kreis der G-8 Staaten zu identifizieren sind. Ihre Beteiligung an der Entstehung wie auch dem Verlauf dieser Kriege datiert zum einen aus den Nachwirkungen der kolonialen Vergangenheit, zum anderen aus den Ressourceninteressen oder strategischen Herrschaftszielen. Selbst ein so isolierter Konflikt wie der seit 1995 in Nepal wütende Bürgerkrieg hat die USA auf den Plan gerufen, die die königliche Regierung mit Waffen beliefert und ihren Gegner, die Communist Party of Nepal-Maoist, auf ihre Liste der Terror-

6 Kaldor 2000; Münkler 2002.

7 So mündet Münklers Darstellung der neuen Kriege im letzten Kapitel in der Erörterung der „militärischen Intervention und das Dilemma des Westens", S. 207 ff.

Organisationen gesetzt hat – als weiteren Gegner ihres nach dem 11. September 2001 verkündeten weltweiten „Krieges gegen den Terror". Auf der anderen Seite ist der Jahrzehnte dauernde Konflikt zwischen Israel und den Palästinensern – unzweifelhaft ein permanenter Krieg auf niedriger Stufe (low intensity warfare) – ohne die aktive Parteinahme der USA und verschiedener europäischer Staaten nicht zu verstehen. Dazwischen liegen zahlreiche und z.T. wegen ihrer langen Dauer aus dem Blickfeld der Medien geratene Kriege (z.B. in der Elfenbeinküste oder Indonesien/Aceh), bei denen die USA mit ihrem gigantischen Rüstungs- und Militärpotential die am weitläufigsten militärisch engagierte Macht sind. Die größeren europäischen Staaten, die in den meisten Regionen durch alte postkoloniale Beziehungen nach wie vor vertreten sind, streben den USA nunmehr unter dem Schirm der EU nach.[8] Es spricht daher vieles für die These, dass auch in Zukunft kaum ein lokaler Krieg ohne direkte oder indirekte Beteiligung dieser Mächte stattfinden wird.

Darüber hinaus geben die modernen Strategiepapiere der USA, NATO und der EU deutliche Hinweise auf militärische Interventionen in jenen Regionen, in denen die Staaten ihre zentralen ökonomischen und politischen Interessen gefährdet sehen. In den Worten ihrer akademischen Apologeten handelt es sich dabei um die „Herstellung von imperialer Ordnung zwecks Absicherung von Wohlstandszonen an den Rändern."[9] Entsprechend der militärische Prägung jeder imperialen Ordnung wird der Krieg als unvermeidbares Mittel der Absicherung eingeplant: „Der Zwang zu einer zunehmenden Politik der Intervention ist auch die Reaktion auf die Konsequenzen der Globalisierung an der Peripherie. Es bleibt die Frage, ob es gelingt, die zentralen Bereiche in die Wohlstandszonen zu inkludieren, also in der Fläche Ordnung herzustellen, und den Rest zu exkludieren. Es steht aber außer Frage, dass an diesen neuen ‚imperialen Barbarengrenzen' der Krieg endemisch wird, nämlich in Form von Pazifizierungskrieg aus dem Zentrum in die Peripherie hinein und in die Form von Verwüstungskrieg aus der Peripherie ins Zentrum."[10] Als Proben dieses „Pazifizierungskrieges" dürfen wir die Kriege gegen Jugoslawien, Afghanistan und den Irak begreifen, die nur notdürftig mit der Anrufung der Menschenrechte und dem Kampf gegen Terror und Massenvernichtungsmitteln legitimiert werden konnten. Der „Verwüstungskrieg aus der Peripherie" meint die verschiedenen Terroranschläge seit dem 11. 9. 2005, wobei der Begriff absichtsvoll über das jeweilige Ausmaß der Verwüstungen beider Kriegsarten hinwegtäuscht. Ja, wir werden aufgefor-

8 Vgl. Pflüger, Wagner 2005, S. 715 unter Hinweis auf das vom Institute for Security Studies (ISS) in Paris im Mai 2004 herausgegebene European Defence Paper.

9 Münkler, Senghaas 2004, S. 539 ff., 549. Münkler fügt hinzu: „In diesem Modell gibt es zentrale Regionen, die müssen inkludiert, also territorial kontrolliert werden – das ist zum Beispiel die Golfregion."

10 Ebd., S. 549 f.

dert, „die Kategorie des Imperiums in Zukunft [...] als eine alternative Ordnungskategorie des Politischen, nämlich als Alternative zur Form des Territorialstaates" zu akzeptieren. Das derart installierte imperiale Gewaltverhältnis muss deshalb als „Friedensgarant", als „Aufseher über politische, kulturelle Werte und Absicherer großräumiger Handelsbeziehungen und Wirtschaftsstrukturen"[11] gepriesen werden, wobei dem Autor offensichtlich sein Rückfall in Wilhelminische Vorstellungen verborgen bleibt.[12]

2.

Alle politischen und moralischen Begründungsversuche leiden jedoch unter dem Mangel einer universellen Anerkennung und dem zumeist nicht unbegründeten Verdacht, hinter ihrer Fassade andere politische und ökonomische Interessen zu verfolgen. Deshalb bedarf es einer Referenz, die außerhalb der nationalen Interessen und mit dem Ausweis der Universalität die Ansprüche an eine allgemein anerkannte Legitimation erfüllt. Dieses vermag nach dem Verlust allgemeiner moralischer Standards allein noch das internationale Recht, welches in der UN-Charta die Forderung nach universeller Anerkennung einlösen kann. Deshalb fehlt in keiner Militärstrategie und keiner politischen wie wissenschaftlichen Abhandlung der Bezug auf das Völkerrecht und die UN-Charta. Selbst in den Fällen geplanter und offener Verletzung des Völkerrechts, wie in den beiden Kriegen gegen Jugoslawien und den Irak, spielte der „Kampf um das Völkerrecht" sowohl in der Vorbereitung des Angriffs wie in der Folgediskussion um die Rechtfertigung eine zentrale Rolle. Während allerdings die Regierungen zu relativ einfachen und stereotypen Behauptungen greifen („humanitäre Intervention", „präventiver Schutz vor Massenvernichtungsmitteln"), entwickelt sich in der wissenschaftlichen Diskussion ein wesentlich differenzierteres Angebot der juristischen Rechtfertigung. Sie bedient sich im Wesentlichen dreier Argumentationsfiguren: 1. der völkerrechtsüberwölbenden Legitimität, 2. der Interpretation und 3. der Völkerrechtsentwicklung.

1. Überlegungen zur politischen bzw. moralischen Rechtfertigung eindeutiger Rechtsverstöße spielen in der völkerrechtlichen Literatur seit langem eine Rolle.[13] Mit dem Ende des Kalten Krieges führten sie jedoch vor allem mit dem ersten europäischen Krieg nach dem zweiten Weltkrieg zu breiten öffentlichen Kontroversen, da er erhebliche Legitimationsprobleme für die kriegführenden NATO-Staaten aufwarf. Der Überfall auf Jugoslawien im Frühjahr 1999 war unter klarem Verstoß gegen das Gewaltverbot des Art. 2. Z. 4 UNO-Charta erfolgt und

[11] Münkler, 2004.

[12] Auf die von Münkler kalkulierte mediale Wirkung seines Konzepts macht Prümm 2005.

[13] Vgl. die Artikel von Kohen 2003 und von Roth 2003.

konnte keine der anerkannten Rechtfertigungen der Selbstverteidigung gem. Art. 51 oder des Mandats durch den Sicherheitsrat gem. Art. 39/42 UNO-Charta aufweisen. Dieser Befund war nicht zu leugnen, führte aber zu der Frage: Wie kann ein Verstoß gegen das Gewaltverbot dennoch gerechtfertigt werden, wenn die Gewaltanwendung schwerste Verbrechen beenden soll, ihre Notwendigkeit offenkundig und ihre humanitäre Absicht klar ist? In der positivistisch orientierten Wissenschaft überwogen die Bedenken gegen die Konstruktion und Einführung einer neuen Regel, um die humanitäre Intervention zu erlauben, da damit ihrer missbräuchlichen Berufung Vorschub geleistet werden könne. Der Vorschlag von Oskar Schachter schon 1991 lautete: „It would be better to acquiesce in a violation that is considered necessary and desirable in the particular circumstances than to adopt a principle that would open a wide gap in the barrier against unilateral use of force."[14] Dieser moralistische Positivismus findet auch in Europa Zustimmung, wo z.B. Bruno Simma die ausnahmsweise Verletzung der UNO-Charta durch die Bombardierung Jugoslawiens mit ihrer „overwhelming humanitarian necessity" rechtfertigt, aber gleichzeitig vor einer Wiederholung wie vor einer Änderung des Rechts warnt: „The decisive point is that we should not change the rule simply to follow our humanitarian impulses; we should not set new standards only to do the right thing in a single case. The legal issues presented by the Kosovo crisis are particularly impressive proof that hard cases make bad law."[15] Abgesehen davon, dass die faktische Basis des „humanitären Impulses" gerade beim Kosovo-Konflikt nach wie vor umstritten ist,[16] endet die Konkurrenz zwischen Recht und Moral, Legalität und Legitimität immer wieder in der Aporie, vor der sie die Autoren bewahren wollen, wenn sie Moral und Legitimität über das Recht stellen. Da fragt es sich dann, welchen wirklichen „Nutzen des Völkerrechts" die US-amerikanischen Autoren im Auge haben, wenn sie es lediglich als Unterfutter der Legitimiät behandeln und schreiben: „Legitimität erwächst aus der Überzeugung, dass sich staatliches Handeln innerhalb eines rechtlichen Rahmens abspielt, und zwar in zweierlei Hinsicht: Erstens muss 1dafür eine rechtlich gesicherte Grundlage bestehen, handeln darf also nur eine politische Institution, die ein Recht für ihr Vorgehen hat. Zweitens darf staatliches Handeln keine gesetzlichen oder ethischen Normen verletzen. Letztendlich ist Legitimität freilich in einer allgemeinen Vorstellung von Rechtmäßigkeit verwurzelt. Daher kann staatliches Handeln, auch wenn es in dem einen oder anderen Sinne gegen Gesetze verstößt, von der öffentlichen Meinung dennoch als legitim angesehen werden."[17]

[14] Schachter 1991. Ähnlich Henkin 1999, S. 824.

[15] Simma 1999, S. 14. Ähnlich Thürer 2003, S. 277 ff.

[16] Vgl. die Zweifel bei Loquai 2000; Lutz 2000.

[17] Tucker, Hendrickson 2004.

2. Um diese zirkuläre Argumentation aus ihrer Sackgasse zu befreien, löst die politik-orientierte Rechtswissenschaft der New Haven Schule den eher statischen Rechtsbegriff des Positivismus auf und flexibilisiert ihn zu einem „ongoing process of authoritative and controlling decision through which members of a community seek to clarify and secure their common interest.“[18] Hinter diesem Konzept steht die dienstbare Anpassung des Rechts an die Politik, wie sie W. Michael Reisman, einer der bekennenden Vertreter dieser Schule, in unmissverständlicher Klarheit ausdrückt: „Positivist Jurisprudence, which lends itself to decision-making by many of the levels of a bureaucracy, identifies lawfulness in terms of compliance with rules. The decision-maker at the pinnacle, in contrast, does not think in terms of compliance with rules, but in terms of making decisions that optimise the many policies that may be expressed in rules, but which are presented for decision in situations that are anything but routine... From the perspective of the jurist who is deploying a positivist jurisprudential frame, the decision-maker is acting unilaterally and unlawfully. Using a different and quite possibly more appropriate jurisprudential lens could lead to the opposite conclusion."[19] Angewandt auf den Jugoslawienkrieg argumentiert Reisman, dass sich ein Staat angesichts massiver Menschenrechtsverletzungen gegenüber den eigenen Bürgern nicht mehr auf den Grundsatz der Nichteinmischung in die inneren Angelegenheiten des Art. 2 Z. 7 UNO-Charta berufen könne. Diese „Schrumpfung“ („contraction“) des Art. 2 Z. 7 müsse eine „Anpassung“ („appropriate adjustement“) des Art. 2 Z. 4 UNO-Charta mit sich bringen, der damit nicht mehr einer Intervention aus humanitären Gründen nicht entgegengehalten werden könne. Eine „subversivere Konzeptualisierung der internationalen Legalität“ (Brad R. Roth[20]) kann man sich kaum vorstellen. Sie taugt zur Legalisierung jeglicher unilateraler Intervention der starken Mächte, wenn man ihr nur einen humanitären Hintergrund verschaffen kann. Mit dieser Operation rechtfertigte Reisman die NATO-Bombardierung Jugoslawiens,[21] die US-Interventionen 1989 in Panama[22] und 1983 in Grenada.[23] Was sie als vermeintliche Stärkung des Rechts durch den Abbau des moralischen Übergewichts vorgibt, schwächt sie gleichzeitig durch die soziologisierende Reduzierung des Rechts auf soziale Fakten und Prozesse.[24] Die Bandbreite der Argumentation ist weit und reicht bis zu Goldsmith und Posner, die dem Völkerrecht generell gegenüber der Interessenpolitik keine besondere normative Kraft und „Eigenleben“ mehr einräumen wol-

18 So z.B. Wiessner, Willard 1999, S. 316 ff., 319.

19 Reisman 2000, S. 3 ff., 5 n. 2.

20 Roth 2003, S. 246.

21 Reisman 1999, S. 860 ff.

22 Reisman 1990, S. 866 ff.

23 Reisman 1984, S. 642 ff.

24 Vgl. zur Kritik Roth 2003, S. 242 und Koskenniemi 2000, S. 17 ff.

len.[25] Ihr Rechtsrelativismus nährt sich aus dem Realismus machtpolitischer Interessenvertretung, die sich aus nationaler Sicht um das Wohlergehen der eigenen Bevölkerung und nicht der Welt und daher auch nicht um das internationale Recht zu kümmern habe.

3. Diejenigen, die den subversiven Strategien der Rechts-Jongleure misstrauen, aber dennoch einen juristischen Weg zur Legalisierung der unilateralen Kriege suchen, knüpfen an die Dynamik des Völkerrechts, an die gewohnheitsrechtliche Fortentwicklung durch die Praxis der Staaten. Diese Form der Rechtsentwicklung, die ohne vertragliche Änderung der großen Konventionen, wie z.B. der UNO-Charta, allein durch das Handeln der Staaten im Bewusstsein eigener Rechtsverpflichtung sich vollzieht, bedarf allerdings der Unterstützung der überzeugenden Mehrheit der Staaten. So erkannte UN-Generalsekretär Kofi Annan im Rückblick auf den Jugoslawien-Krieg zwar „a developing international norm in favour of intervention to protect civilians from wholesale slaughter", betonte aber, dass die „intervention must be based on legitimate and universal principles if it is to enjoy the sustained support of the world's peoples".[26] Fortentwicklung bedeutet Veränderung des überkommenen Rechts, die sich zunächst in seiner Verletzung, dem Bruch mit der herkömmlichen Rechtsüberzeugung manifestiert. Weite Bereiche des Völkerrechts haben sich auf diese Weise durch die Jahrhunderte fortentwickelt. In der Zeit nach 1945 hat sich allerdings die Kodifizierung durch vertragliche Übereinkunft immer mehr als Mittel der Rechtsentwicklung durchgesetzt. Insbesondere die Durchbrechung und Veränderung zwingenden Rechts (ius cogens), wie das Gewaltverbot des Art. 2 Z. 4 UNO-Charta, ist nur durch Entwicklung einer dritten Ausnahme neben Art. 51 und 42 UNO-Charta als neues zwingendes Recht möglich.[27] Es fehlt zwar auch nicht die Ansicht, dass das Gewaltverbot auf Grund der zahlreichen Verletzungen durch Kriege ohnehin seine Rechtskraft verloren habe,[28] aber sie ist vereinzelt geblieben. Insofern hat es auch bisher nur vereinzelte Stimmen gegeben, die bereits im Frühjahr 1999 zu

[25] Goldsmith, Posner 2005.

[26] Secretary-General Annual Report to General Assembly, UN Press Release Doc. SG/SM/7136, GA/9596 v. 20. Sept. 1999. Am 26. März 1999 war ein von China, Russland und Namibia unterstützter Resolutionsentwurf im UN-Sicherheitsrat am Widerstand aller anderen Mitglieder gescheitert, der den unilateralen Einsatz von Gewalt durch die NATO als „a flagrant violation of the United Nations Charter" verurteilte und einen sofortigen Stopp der Bombardierungen forderte. UN Press Release Doc. SC/6659.

[27] Dies ergibt sich aus Art. 53 S. 2 Wiener Übereinkommen über das Recht der Verträge v. 1969.

[28] So Glennon 2003, sowie Glennon 2004, S. 7.

Beginn der Bombardierung Jugoslawiens die humanitäre Intervention als gewohnheitsrechtliche Ausnahme vom Gewaltverbot ausgegeben haben.[29]

Doch der Druck auf eine „solide" völkerrechtliche Grundlage für Interventionen, die humanitäre und größere Katastrophen vorbeugen sollen, wächst. Als Reaktion auf das Scheitern des UN-Sicherheitsrats angesichts der Kosovo-Krise und des Ruanda-Völkermords forderte UN-Generalsekretär Kofin Annan die Völkergemeinschaft mehrfach auf, die Probleme der völkerrechtlichen Instrumente angesichts derartiger Katastrophen zu überprüfen und neue Prinzipien zu entwickeln: „[...] if humanitarian intervention is, indeed, an unacceptable assault on sovereignty, how should we respond to a Rwanda, to a Srebrenica – to gross and systematic violations of human rights that offend every precept of our common humanity?"[30] Die kanadische Regierung nahm die Anregung auf und bildete die „International Commission on Intervention and State Sovereignty" (ICISS). Sie schlug in ihrem Bericht vom Dezember 2001 eine neue Doktrin „The responsibility to protect" vor,[31] die von der Verpflichtung der UN-Mitgliedstaaten ausgeht, das Leben, die Freiheit und die fundamentalen Menschenrechte ihrer Bürger zu schützen. Sollten sie dieser Verpflichtung nicht nachkommen können oder wollen, so habe die internationale Völkergemeinschaft die Verpflichtung, einzugreifen. Diese Doktrin hat viel Beifall, aber auch manche Kritik erhalten, da sie letztlich wieder auf den Krieg zur Lösung sozialer Konflikte setze. Zudem laden derartige Entwürfe zur Erweiterung ein, was Lee Feinstein und Anne-Marie Slaughter nutzten, um die Doktrin um eine „duty to prevent" zu ergänzen.[32] Auf dem Feld der globalen Sicherheit möchten sie den Staaten eine Verpflichtung auferlegen, „to prevent nations run by rulers without checks on their power from acquiring or using weapons of mass destruction." Eine willkommene nachträgliche Rechtfertigung des Überfalls auf den Irak. Denn dass es bereits lange vor dem Kriegsbeginn im Frühjahr 2003 genügend Beweise dafür gab, dass das irakische Regime nicht mehr über Massenvernichtungsmittel verfügte, wurde der Weltöffentlichkeit damals vorenthalten und wird erst jetzt enthüllt.[33]

Die unverblümte Ankündigung kommender Kriege bedarf starker Antikriegskräfte, um ihnen zu begegnen. Die landläufige Theorie allerdings, dass demokratische Staaten zumindest nicht gegeneinander Krieg führen werden, geht von

29 Vgl. die eingehende Prüfung und Kritik von Cassese 1999, S. 23 ff. Ferner Paech 1999, S. 82 ff.

30 Annan 2000.

31 ICISS, 2001.

32 Vgl. Feinstein, Slaughter 2004.

33 Vgl. The Sunday Times v. 12. Juni 2005 über jüngst enthüllte Protokolle über ein Treffen in Downing Street mit Tony Blair im Juli 2002, auf dem es darum ging, der bereits beschlossenen militärischen Beseitigung Saddam Husseins den Anschein der Legalität zu verschaffen.

zweifelhaften Prämissen aus und verbreitet eine trügerische Sicherheit. Bis auf wenige Ausnahmen liefert die herrschende politische und juristische Theorie keine Grundlagen, die den Widerstand gegen die Rehabilitierung des Krieges stärken könnte. Die akademische Welt lässt die Friedensbewegung allein – das wäre nicht das erste Mal.

Literatur

Amin, S., 1992, Das Reich des Chaos, Hamburg.

Annan, K., 2000, Millennium Report to the General Assembly, New York.

Cassese, A., Ex iniuria ius oritur: Are we moving towards International Legitimation of Forcible Humanitarian Countermeasures in the World Community? In: 10 European Yearbook of International Law.

Chossudovsky, M., 2002, GLOBAL BRUTAL Der entfesselte Welthandel, die Armut, der Krieg, Frankfurt a.M.

Feinstein, L, Slaughter, A.-M., 2004, A Duty to Prevent. In: Foreign Affairs, January/February.

Glennon, M., J., 2003, Showdown at Turtle Bay. In: Foreign Affairs 3.

– 2004, Welche Rolle spielt das Völkerrecht wirklich? In: Frankfurter Allgemeine Zeitung vom 27.09.

Goldsmith, J. L., Posner, E. A., 2005, The Limits of International Law

Gosh, A. 2005, Das Leben in Amerika ist angenehm. Aber kein Modell für alle. In: Die Zeit Nr. 18.

Henkin, L., 1999, Kosovo and the Law of Humanitarian Intervention, 93 American Journal of International Law, 1999.

ICISS, Evans, G., Sahnoun, M., 2001, The Responsibility to Protect, Ottawa.

Kaldor, M., 2000, Neue und alte Kriege. Organisierte Gewalt im Zeitalter der Globalisierung, Frankfurt a.M.

Kohen, M. G., 2003, US Use of Force after the Cold War. In: Byers, M., Nolte, G. (ed), United States Hegemony and the Foundation of International Law, Cambridge 2003.

Koskenniemi, M., 2000, Carl Schmitt, Hans Morgenthau, and the Image of Law in International Relations. In: Byers, M. (ed), The Role of Law in International Politics, Oxford.

Loquai, H., 2000, Der Kosovo-Konflikt. Wege in einen vermeidbaren Konflikt. Baden – Baden.

Lutz, D. S., 2000, Krieg nach Gefühl. Manipulationen: Neue Zweifel am Kosovo-Einsatz im Kosovo. In: FAZ v. 15. Dezember, S. 12.

Mies, M., 2004, Krieg ohne Grenzen. Die neue Kolonisierung der Welt, Köln.

Münkler, H., 2002, Die neuen Kriege, Reinbek bei Hamburg.

–, Senghaas, D., 2004, Alte Hegemonie und Neue Kriege. In: Blätter für deutsche und internationale Politik 5.

Paech, N., 1999, „Humanitäre Intervention" und Völkerrecht. In: Albrecht, U., Schäfer, P. (Hg.), Der Kosovo-Krieg, Köln 1999.

– , 2002, Die NATO-Strategie vor dem Bundesverfassungsgericht, In: Blätter für deutsche und internationale Politik H.1.

– 2005, Die Europäische Verfassung – ein Schritt zu mehr Demokratie? Arbeitspapiere für Staatswissenschaften, Universität Hamburg, Department Wirtschaft und Politik, Ausgabe 15.

Pflüger, T., Wagner, J., 2005, Europas Kriege der Zukunft. In: Blätter für deutsche und internationale Politik H. 6.

Prümm, K., 2005, Die Historiographie der „neuen Kriege" muss Mediengeschichte sein, in: Zeithistorische Forschungen/Studies in Contemporary History, Online-Ausgabe 2, H. 1. www.zeithistorische-forschungen.de/16126041-Pruemm-1-2005

Reisman, W. M., 1984, Coercion and Self-Determination: Construing Charter Article 2 (4). In: 78 American Journal of International Law.

– , Sovereignty and Human Rights in Contemporary International Law. In: 84 American Journal of International Law.

– , 1999, Kosovo's Antinomies. In: 93 American Journal of International Law.

– , 2000, Unilateral Actions and the Transformations of the World Constitutive Process: The Special Problem of Humanitarian Intervention. In: 11 European Journal of International Law.

Roth, B. R., 2003, Bending the Law, breaking it, or developing it? The United States and the humanitarian use of force in the post-Cold War era. In: Byers, M., Nolte, G. (ed), United States Hegemony and the Foundation of International Law, Cambridge.

Schachter, O., 1991, International Law in Theory and Practice, Boston. Ähnlich

Simma, B., 1999, NATO, the UN, and the Use of Force: Legal Aspects. In: 10 European Journal of International Law.

Thürer, D., 2003, Comments on Chapter 7 (Kohen) and 8 (Roth). In: Byers, M., Nolte, G., Nolte (ed.), United States Hegemony and the Foundation of International Law, Cambridge.

Tucker, R. W., Hendrickson, D. C., 2004, Vom Nutzen des Völkerrechts. In: Foreign Affairs, deutsche Fassung in: Rheinischer Merkur Nr. 45.

Wiessner, S., Willard, A. R., 1999, Policy-Oriented Jurisprudence and Human Rights,. Abuses in Internal Conflict: Toward A World Public Order of Human Dignity. In: 93 American Journal of International Law.

Frank Deppe

Stürzt das europäische Haus ein?

Zur Krise der Europäischen Union (EU) im Jahre 2005

1.

Um die Mitte des Jahres 2005 befindet sich die EU in einer tiefen Krise, die von den Journalisten schon als GAU, also als der denkbar schlimmste Unfall, bezeichnet wird. Knapp 55 Prozent der Wähler hatten beim Referendum über den EU-Verfassungsvertrag mit „Nein" gestimmt. Drei Tage später votierten in den Niederlanden sogar 62 Prozent gegen die EU-Verfassung (bei einer – zumindest im Vergleich zu den Europawahlen – relativ hohen Wahlbeteiligung von über 63 Prozent). Kurz danach setzte die britische Regierung die für das kommende Jahr geplante Volksabstimmung zur EU-Verfassung ab, während einige Regierungen verkündeten, dass sie den Ratifizierungsprozess fortsetzen wollen.

Die Krise manifestierte sich nicht allein in den Ergebnissen dieser Abstimmungen, sondern auch in der Unsicherheit über das weitere Vorgehen. Bei vergleichbaren Abstimmungen in Dänemark (1992) – nach Maastricht – und in Irland (2001) – nach Nizza – wurde sofort die Möglichkeit einer Wiederholung des Referendums ins Auge gefasst. Nunmehr wagte niemand, eine solche Variante vorzuschlagen. Das Gewicht von Frankreich und den Niederlanden, zwei Gründungsstaaten der EWG im Jahre 1958, ist in der EU einfach zu groß, um das klare Votum wegzumanipulieren. Schließlich hatte auch das noch deutlichere Ergebnis in den Niederlanden deshalb eine eigene Bedeutung, weil bei früheren Wahlen und Abstimmungen sowie bei Meinungsumfragen lange Zeit die Niederländer als eines der Völker galten, die gegenüber der europäischen Idee und Politik besonders freundlich eingestellt waren. Angesichts der klaren Entscheidung konnte auch Ministerpräsident Balkenende nur versichern, dass er – obwohl zutiefst enttäuscht und rechtlich nicht an das Referendum gebunden, wie der französische Staatspräsident – selbstverständlich das Ergebnis respektieren werde.
Der Europäische Rat kam zwei Wochen später zusammen. Am ersten Tag konnten sich die Staats- und Regierungschefs der 25 noch darauf einigen, im Ratifizierungsverfahren der Verfassung eine „Reflexionspause" bis Anfang 2006 einzulegen und dann über den weiteren Fortgang des Verfahrens zu entscheiden. Am zweiten Tag stand der Beschluss des Rates über die europäische Finanzverfassung für die Jahre 2007 bis 2013 auf der Tagesordnung. Über das Finanzvolumen in Höhe von 1,06 Prozent der EU-Wirtschaftsleistung konnte noch müh-

sam eine Einigung erreicht werden. Der Konflikt brach jedoch über die Verteilung der Mittel aus. Der britische Premier Tony Blair weigerte sich – unterstützt von dem Niederländer Balkenende – zum Schluss, über eine Verminderung des sog. „Britenrabatts“ zu verhandeln, sofern nicht eine „strukturelle Reform“ bei den Agrarausgaben – d.h. eine generelle Umverteilung von den Agrarausgaben zu anderen Politikfeldern, wie Wissenschaft, Forschung, Wettbewerbsförderung usw. – vorgenommen wird. Blair musste wissen, dass diese Position für den französischen Präsidenten Chirac, aber auch für die neuen Mitgliedsländer im Osten, die schon ihre Kompromissbereitschaft hinsichtlich der Senkung der Agrarausgaben signalisiert hatten, unannehmbar war.

Blair, der zum 1. Juli die EU-Präsidentschaft übernahm, ging auch nach dem geplatzten Gipfel in die Offensive und spitzte damit die Krise noch zu. Er verteidigte am 23. Juni 2005 vor dem Europäischen Parlament in Brüssel die britische Position: einer neuen Finanzplanung kann nur zugestimmt werden, wenn die Etatstrukturen selbst grundlegend reformiert werden. Dabei ging er deutlich über die Kritik an der EU-Agrarpolitik hinaus. Nunmehr attackierte er auch das „europäische Sozialmodell“: „Es habe 20 Millionen Arbeitslose produziert, die Produktivität gesenkt und Europa hinke wissenschaftlich und technisch hinter den USA, Indien und China hinterher“.[1] Als Alternative verwies er auf die britische Wirtschafts- und Sozialpolitik und darauf, dass die ‚Wettbewerbsfähigkeit‘ das Ziel sein müsse.

2.

In der Geschichte der europäischen Integration seit den 1950er Jahren sind Krisen nichts ungewöhnliches. Das Scheitern der EVG im Jahre 1954, die Politik des „leeren Stuhls“, die Frankreich Mitte der 1960er Jahre praktizierte, das Scheitern des „Werner-Planes“ einer Wirtschafts- und Währungsunion Anfang der 1970er Jahre, die viel beklagte „Eurosklerose“ der späten 1970er und frühen 1980er Jahre, die Reaktionen auf den Maastricht-Vertrag in Frankreich und Dänemark im Jahre 1992 und der Rücktritt der gesamten EU-Kommission unter Jacques Santer im März 1999 waren – um nur einige ausgewählte Beispiele anzuführen – Wegemarken in einem politischen Prozess, der von den kritischen Beobachtern als Ausdruck fundamentaler Widersprüche der europäischen Architektur, von den „Eurooptimisten“ hingegen als Ausdruck der „schöpferischen Potenzen“ der Integrationspolitik gedeutet wurde. „Die Geschichte der europäi-

1 Frankfurter Rundschau v. 26.6.05, S. 1.

schen Einigung ist eine Geschichte von Krisen, vom Umgang mit Krisen (als Krisenmanagement) und von der Überwindung von Krisen".[2]

Für diese These spricht, dass die Integration durchgängig als eine „Erfolgsgeschichte" interpretiert wird. Das heißt: die zahlreichen Krisen waren keine Existenzkrisen, die den Bestand der EWG/EG bedrohten, sondern es handelte sich um Entwicklungskrisen, die – in unterschiedlichen Zeiträumen – schließlich bewältigt und überwunden wurden. Immer wieder wurde durch Verhandlungen und ein kluges Politikmanagement schließlich der Kompromiss zwischen gemeinschaftlichen und partikularen, nationalen Interessen neu definiert und geregelt. Keine Regierung hat jemals ernsthaft an den Ausstieg aus dem gemeinsamen Projekt gedacht; denn auch bei ungeliebten Entscheidungen wussten die Akteure, dass die Kosten des Ausstieges allemal höher sein würden als diejenigen Kosten, die aus der Zustimmung zu Kompromissen bzw. zu den sog. „package deals" entstehen. Die gemeinschaftlichen Interessen, die sich mit dem Integrationsprojekt seit seiner Gründung verbinden, kollidieren zwar immer wieder mit den partikularen, nationalen Interessen. Gleichwohl haben die sozialen und politischen Kräfte, die das Projekt unterstützten und unterstützen stets die Wirtschafts- und Marktintegration als notwendige Bedingung für das Wirtschaftswachstum im eigenen Lande und für die Verbesserung der Wettbewerbsfähigkeit des westeuropäischen Kapitalismus auf dem Weltmarkt (vor allem gegenüber den USA und Ostasien) angesehen. In den Zeiten des Kalten Krieges und der Systemkonkurrenz wurde darüber hinaus die Integration als „Bollwerk" gegen den Kommunismus im Osten Europas konzipiert und als solche von den USA, der Führungsmacht des Westens, unterstützt, wenngleich die USA in Einzelfragen (z.B. hinsichtlich der Öffnung des EG-Agrarmarktes) immer auch bereit waren, „Hähnchen-" oder „Sojakriege" mit der EG zu führen.

3.

Die „alten Krisen" waren stets charakterisiert durch zeitweilig nicht zu lösende Konflikte zwischen nationalen Regierungen über Grundsatzentscheidungen europäischer Politik und Strategie. Gleichwohl wirkte über lange Zeit die Systemkonfrontation – und mit ihr die Unterordnung der europäischen Integration unter die transatlantischen Beziehungen – als Basiskonsens zwischen den Akteuren. Oftmals spielten die Krisen in Brüssel in der öffentliche Meinung und in den Auseinandersetzungen zwischen den großen Parteien im eigenen Lande nur eine untergeordnete Rolle. Die Meinungsumfragen des „Euro-Barometers" konstatier-

2 Kirt 2001, S. 11. Zur Geschichte der Krisen im europäischen Integrationsprozess vgl. des Weiteren Kohler 1970, Läufer 1974, Deppe 1976, Busch 1978, Deppe 1993, Deppe 2001.

ten für den gesamten Zeitraum überwiegend positive Einstellungen zu Europa – vor allem in der Bundesrepublik, in Italien und den Benelux-Staaten.

Diese Konstellation hat sich seit der großen weltpolitischen Wende der Jahre 1989-1991 grundlegend verändert. Mit dem Ende des Kalten Krieges hatte sich die Funktion der transatlantischen Beziehungen maßgeblich gewandelt und die Öffnung der EG/EU nach Mittel-, Ost- und Südosteuropa stand unvermeidlich auf der Tagesordnung. Mit der Implosion der Sowjetunion und des „sozialistischen Staatensystems" hat sich der kapitalistische Weltmarkt nicht nur räumlich universalisiert, sondern definiert auch neue Anforderungen an die Wettbewerbsfähigkeit des europäischen Kapitalismus und die Konkurrenz zwischen den verschiedenen Kapitalismusmodellen in der Welt. Seit den 1980er Jahren ist die EU daher herausgefordert, sich diesen neuen Anforderungen zu stellen.

Die neue Integrationsdynamik wurde – unter der Präsidentschaft von Jacques Delors seit 1984 – mit dem Projekt „Binnenmarkt '92" (Einheitliche Europäische Akte) eingeleitet.[3] Sie erreichte mit dem „Maastricht-Vertrag" (1991) einen ersten Höhepunkt: neben dem Binnenmarkt wurde jetzt die Wirtschafts- und Währungsunion als Ziel anvisiert. Gleichzeitig wurde den Gewerkschaften mit dem „Sozialdialog" und dem „Sozialprotokoll" (zum Maastrichter Vertrag) ein Kooperationsangebot mit dem Ziel der Parallelisierung von Markt- und Sozialintegration unterbreitet. Der EU-Vertrag legte die Grundlagen für die GASP (Gemeinsame Außen- und Sicherheitspolitik) und für erste Schritte auf dem Gebiet einer gemeinsamen Innen- und Rechtspolitik (in den Bereichen Asyl und Einwanderung). Die Union erweiterte sich von 12 auf 15 Mitglieder (plus: Österreich, Schweden, Finnland). Mit den – ehemals sozialistischen – Beitrittskandidaten wurden Verhandlungen eröffnet, die bis zum Jahre 2004 zum Beitritt von 10 neuen Mitgliedsstaaten führten. Zusammen mit der Währungsunion (Einführung des Euro, Europäische Zentralbank) wurden weitere Projekte – wie z.B. die Schaffung eines einheitlichen europäischen Finanzmarktes, die Beschäftigungspolitik nach dem Amsterdamer Vertrag sowie die Umsetzung von Liberalisierungsschritten im Zusammenhang des Binnenmarktprogramms (z.B. die Liberalisierung des Dienstleistungssektor, die sog. „Bolkestein-Richtlinie") in Angriff genommen. Im Jahre 2000 verkündete der europäische Rat die sog. „Lissabon-Strategie": bis 2010 soll die EU zum „wettbewerbsfähigsten und dynamischsten wissensbasierten Wirtschaftsraum der Welt" umgebaut werden, „der fähig ist, ein dauerhaftes Wirtschaftswachstum mit mehr und besseren Arbeitsplätzen und einen größeren Zusammenhalt zu erreichen".[4]

Mit der neuen Integrationsdynamik veränderte sich der „Eurokapitalismus" (Beckmann u.a. 2003). Solange der „Nationalstaat in der Lage" war, „hinter kontrollierten Außengrenzen die Wirtschaftsabläufe zu beeinflussen und sozialstaat-

[3] Vgl. Delors 2004, S. 213 ff.

[4] Vgl. Dräger 2005.

liche wie andere marktkorrigierende Regeln durchzusetzen", war die „normative Reichweite von europäischer Politik" von vornherein begrenzt.[5] Mit der Beschleunigung und Vertiefung der Marktintegration setzte sich jedoch ein „neuer Konstitutionalismus" (Gill) durch. Dessen „strukturelle Merkmale bestehen vor allem darin, durch trans- oder supranationale vertragliche, institutionelle und regulative Arrangements einen Handlungsrahmen zu schaffen, der einerseits relativ rigide wirtschafts-, geld- und finanzpolitische Kriterien definiert und diese andererseits zugleich der demokratischen Kontrolle und Einflussnahme tendenziell entzieht. Die Regierungen und politischen Entscheidungsträger werden hierdurch einer Disziplin unterworfen, die in erster Linie durch den globalen Markt und transnationale Wirtschaftsakteure bestimmt ist und demokratische Verfahren substanziell beschneidet".[6]

4.

Jacques Delors erklärte Anfang 1993, kurz vor seinem Ausscheiden aus dem Amt: „Es gibt eine doppelte Kluft – eine Kluft zwischen den Zielsetzungen des Maastrichter Vertrages und der Bereitschaft von Teilen der Bevölkerung, diese mitzutragen; und es gibt eine Kluft zwischen dem Vertragsinhalt und den Anforderungen, die in der heutigen interdependenten Welt an die Gemeinschaft gestellt werden".[7] Mit anderen Worten: je mehr die Union sich an die Anforderungen der neuen weltwirtschaftlichen und -politischen Realität durch die Beschleunigung der wirtschaftlichen und politischen Integration anzupassen versucht, umso mehr entsteht ein Legitimationsproblem der Integrationsprojekte gegenüber den „Bevölkerungen", deren Einfluss auf die EU-Politik ohnehin beschränkt ist. Dieses Legitimationsproblem kann auch noch schärfer definiert werden: seit dem Binnenmarktprojekt dominiert in der EU die „negative Integration", die durch die Beseitigung von Marktschranken sowie von Hindernisse des freien Wettbewerbs gerichtet ist.[8] Mit der Währungsunion haben die Regierungen ihre Kompetenzen im Bereich der Währungs- und (zu einem Teil) in der Fiskalpolitik auf die europäische Zentralbank übertragen. Alle diese Projekte (einer neoliberalen Deregulierungspolitik) werden mit der Notwenigkeit begründet, die europäische Wirtschaft wettbewerbsfähig zu machen, damit das Wachstum zu erhöhen und die Probleme des Arbeitsmarktes (Massenarbeitslosigkeit in den meisten Mitgliedstaaten) zu beseitigen.

In der Periode eines konjunkturellen Einbruchs 1992/93 nahm jedoch das Misstrauen in der Bevölkerung gegenüber den Fortschritten der Europapolitik

5 Jessop 1995.
6 Bieling 2004, S. 136.
7 Delors 1993, S. 3.
8 Vgl. Scharpf 1999.

beständig zu. Die Politik der negativen Integration führte gerade nicht dazu, die Ängste großer Bevölkerungsteile vor den Folgen von Rezession und Arbeitslosigkeit abzubauen. Im Gegenteil – der „neue Konstitutionalismus“ führt gerade dazu, dass die Handlungsunfähigkeit der Politik auf der nationalen Ebene gegenüber den Folgen der grenzüberschreitenden Marktliberalisierung und Deregulierung verstärkt wird. Die Regierungen berufen sich nunmehr auf den Sachzwang der „Globalisierung“, um zusätzlich die nationalen Sozialsysteme „umzubauen“, weil die hohe Arbeitslosigkeit und das geringe Wachstum – zusammen mit der durch die „Konvergenzkriterien“ des Maastrichter Vertrages vorgegebenen Austeritätspolitik und einer nationalen Steuerpolitik, die sich von der Senkung der Steuern für die Unternehmen und die Reichen zusätzliche Wachstumsimpulse verspricht – den Staatshaushalt einschnürt und damit die Möglichkeit einer auf die Steigerung der Binnennachfrage orientierte, antizyklische Wirtschaftspolitik der Regierung begrenzt.

Die Spaltung zwischen der politische Klasse und den Völkern, die schon Anfang der 1990er Jahre in dem Widerspruch zwischen hohen Zustimmungsraten zum Maastricht-Vertrag in den nationalen Parlamenten, aber einer sinkenden Zustimmung bei Volksabstimmungen und Meinungsumfragen zum Ausdruck kam, war einerseits ein früher Reflex auf den neoliberalen Umbau von Wirtschaft und Politik in der EU, andererseits auf das Scheitern der Delors'schen (sozialdemokratisch und gewerkschaftlichen) Vision einer Parallelität von Wirtschafts- und Sozialintegration. Die „wettbewerbsstaatliche Integrationsweise“[9] setzte sich auch deshalb durch, weil Delors für das Binnenmarktprojekt starke Bündnispartner z.B. mit dem *European Round Table of Industrialists*[10] fand, während die europäischen Gewerkschaften auf der einen Seite auf der nationalen Ebene mit ihrer Schwäche kämpften, andererseits der Gefahr ausgesetzt waren (und sind), „dass sie durch eine zu enge Einbindung in die vorherrschende Politik die Möglichkeit verlieren, sich für ein soziales Europa einzusetzen, in dem die Interessen der Beschäftigten Vorrang haben“.[11]

5.

Bis zum Jahre 2005 haben sich die Widerspruchskomplexe, die sich in der Post-Maastricht-Krise verdichteten, noch verstärkt. In der zweiten Hälfte der 1990er Jahre herrschte noch eine verhalten optimistische Stimmung. Die Stimmung bei den Wählern hatte sich von den Vertretern des harten Neoliberalismus abgewandt; in fast allen Mitgliedstaaten der EU waren bis zum Jahre 2000 die Sozialdemokraten in der Regierung vertreten. Vor dem Hintergrund des Booms in

9 Ziltener 1999.

10 Siehe dazu van Appeldoorn 2000.

11 Hyman 2004, S. 217.

den USA machte sich zeitweilig eine optimistische Stimmung breit, die auch in der Verkündung der „Lissabon-Strategie" im Jahre 2000 zum Ausdruck kam. Das Jahr 2001 markierte jedoch einen erneuten, tiefen Einschnitt: der Boom der US-Konjunktur (vor allem auf den Finanzmärkten) brach ein und löste eine weltweite Rezession aus, die – in der EU – bis zum Jahre 2005 nicht überwunden wurde. In den Wahlen in der EU wurden zuerst die Sozialdemokraten abgestraft. Als das Mitte-Links-Projekt zusammenbrach, wurde deutlich, dass diese Regierungen auch auf der EU-Ebene nicht in der Lage waren, die zerbrochene Kohärenz von Markt- und Sozialintegration zu „reparieren".[12]

Nach dem terroristischen Anschlag auf das World Trade Centre in New York am 11. September 2001 erklärte die Führung der USA dem weltweiten Terrorismus – zunächst in Afghanistan – den Krieg, verfolgte eine Politik des Unilateralismus („Koalition der Willigen") und beschloss eine drastische Erhöhung der Rüstungsausgaben. In der öffentlichen Debatte in den USA erklärten die Neokonservativen jetzt die USA zum „imperialen Weltpolizisten" (Deppe u.a. 2004), der dann im Jahre 2003 – mit der Unterstützung von Großbritannien und andere EU-Mitgliedstaaten – den militärischen Überfall auf den Irak inszenierte. Die Krise in den transatlantischen Beziehungen, die auch in der Kritik der französisch-belgisch-deutschen Allianz an der US-Politik zum Ausdruck kam, forderte zugleich die Profilierung der Außenpolitik der EU heraus. Mit der Erweiterung nach Osten, die bis zum Jahre 2004 realisiert war, und der Ankündigung von Beitrittsverhandlungen mit der Türkei war ohnehin ein Kurs eingeschlagen, der gleichsam naturwüchsig die Bedeutung der EU als Wirtschaftsmacht, aber auch als weltpolitischen „Global Player" mit regionalem Gewicht unterstreichen musste. Erweiterungskommissar Verheugen hat diese Implikationen sehr deutlich benannt: „Die Mitgliedschaft der Türkei bedeutet für die weltpolitische Rolle der EU einen qualitativen Schritt nach vorn. In dem Moment, wo die Türkei Mitglied ist, wird Europa ein globaler Akteur. [...] Das Gebot der Stunde ist: dass sich Europa etablieren muss als eine Weltmacht, die einen Gestaltungsanspruch erhebt. Nicht mit militärischen Mitteln: Wir wollen eine Weltmacht anderen Typs sein – aber schon eine, die ihre Interessen und ihren Gestaltungswillen bei der Lösung globaler Probleme notfalls mit robusten Mitteln schützen kann".[13]

Die Spezifik der Krise des Jahres 2005 resultiert aus der Zusammenballung verschiedener Widerspruchskomplexe, die sich seit den 1990er Jahren akkumuliert haben. Dass die Wähler ihre ungeliebten nationalen Regierungen abgestraft haben, ist nur die halbe Wahrheit, sofern nicht der Zusammenhang zwischen der EU-Politik und der erodierenden Handlungsfähigkeit und Glaubwürdigkeit der politischen Klasse auf der nationalen Ebene berücksichtigt wird. Die Ablehnung des Verfassungsvertrages ist daher Ausdruck einer tiefen Legitimationskrise des

[12] Vgl. Dräger 2002.
[13] Verheugen 2005, S. 36 f.

europäischen Projektes, während der Streit um den Finanzrahmen jener Konfliktdimension entspricht, die aus der Spannung zwischen nationalen Interessen und Gemeinschaftsinteresse entstehen. Die Tiefe der „Doppelkrise" besteht vermutlich in der Verbindung dieser beiden Dimensionen.

Nach dem Scheitern eines Kompromisses in der Haushaltsfrage brachen sofort grundsätzliche Differenzen über Konzeption und Ziel der europäischen Politik auf. Während Tony Blair seinen „Reformvorschlag" noch in dem Bewusstsein radikalisierte (vgl. w.o.), dass er damit den Dissens innerhalb der EU noch zuspitzen wird, konstatierte der amtierende Ratspräsident Jean-Claude Juncker (Luxemburg) entnervt: „Es gibt jene, die, ohne es wirklich zusagen, einen großen Markt wollen, und jene, die ein politisch integriertes Europa wollen".[14] Damit rückt die grundsätzliche Frage der Zukunft des europäischen Projektes in den Mittelpunkt: der – seit Margaret Thatcher – „ungeliebte Partner" stellt die Konzeption der politischen Integration in Frage – und dies betrifft eben nicht nur den Haushalt der EU, sondern den gesamten Bereich der GASP und der Profilierung der EU als einer „Weltmacht". Dass Blair dabei nicht für das Ziel einer europäischen Zivilmacht mit erweiterter demokratischer und sozialer Legitimation streitet, sondern seine Blockadehaltung aus der neoliberalen Ideologie (Markt statt Staat) ableitet und dabei im Auftrag der US-Regierung agiert, die auf jeden Fall Europa im Zustand eines „subimperialistischen Partners" erhalten will (in dem Großbritannien eine führende Rolle spielen kann), deutet umso mehr auf das Aufbrechen grundsätzlicher Differenzen hin, die in der Vergangenheit präsent waren, aber durch Kompromisse überbrückt werden konnten.

Falls sich die Regierungen in den kommenden Monaten auf eine Lösung der Haushaltskrise verständigen sollten, wird jedoch die Krise der Legitimation europäischer Politik durch demokratische Verfahren und die Zustimmung von Mehrheiten in der Wahlbevölkerung nicht überwunden sein. Die These von der „Überdehnung" („overstretch") europäischer Politik in den letzten Jahren – durch die Großprojekte Binnenmarkt, Währungsunion, Osterweiterung, GASP, Aufbau einer sicherheitspolitischen Dimension usw. – greift ebenfalls zu kurz, sofern sie nicht im Zusammenhang der allgemeinen sozialen und ökonomischen Entwicklung in der EU seit Maastricht differenziert wird. Vor allem seit dem Umschlag in die ökonomische Krise im Jahre 2001 hat sich in fast allen Mitgliedstaaten der EU die Arbeitslosigkeit erneut erhöht, die Deregulierung auf dem Arbeitsmarkt in Gestalt der prekären Beschäftigungsverhältnisse nimmt beständig zu.[15] Die Regierungen reagieren darauf mit Maßnahmen, die den sozialen Schutz abbauen, in allen Bereichen (vor allem bei den Renten und im Gesundheitswesen) den Anteil privater Versicherungsleistungen erhöhen, den öffentlichen Sektor „dekommodifizieren", d.h. privatisieren und die Flexibilität auf den

[14] Frankfurter Rundschau 26.6.2005.

[15] Vgl. Dörre 2005.

Arbeitsmärkten steigern – vor allem durch die Legalisierung eines Niedriglohnsektors und die Schwächung von kollektiven Regelungen (z.B. Flächentarifverträge), damit die Schwächung der Gewerkschaften vorantreiben.[16] Dabei berufen sie sich auf die angeblichen „Sachzwänge", die durch die Anforderungen der globalen Wettbewerbsfähigkeit einerseits, die neuen Realitäten im „Gemeinsamen Markt", in der „Währungsunion", in der nach Osteuropa erweiterten EU andererseits vorgegeben werden. Die Unzufriedenheit über diese – von der politischen Klasse und den Eliten selbst hergestellten Verbindung – nimmt aber in dem Maße zu, wie die damit verbundenen Versprechen auf eine Verbesserung der sozialen und wirtschaftlichen Lage nicht eingelöst werden und auf der Ebene des Alltagsbewusstseins immer deutlicher die zunehmende Kluft zwischen arm und reich, oben und unten, zwischen dem Bereicherungstrieb der Eliten und ihren kriminellen Energien, wenn es um ihre eigenen Vorteile geht, und den Verzichtspredigen ihrer Ideologen für das „einfache Volk", zwischen der Steigerung der Unternehmensgewinne und der Managergehälter sowie der Ankündigung von Massenentlassungen wahrgenommen wird.

Die Krise der EU hat so eine neue Dimension gewonnen. In ihr reflektiert sich eine politische Reartikulation der europäischen Linken, die in den 1980er und 1990er Jahren in eine tiefe Krise – vor allem der Parteien und Gewerkschaften – geraten war, aus der sie sich nur langsam herausarbeitet. Ein Moment dieser Krise war auch die Umorientierung der Mehrheit der Sozialdemokratie in Westeuropa. Sie hatte sich auf dem Felde der Europapolitik längst von „der Linken" verabschiedet. Ihre konzeptiven Ideologen verkünden deshalb auch unaufhörlich, dass sie mit den alten Begriffen „rechts" und „links" nichts mehr anfangen können. Die europäische Linke befindet sich daher in einem langwierigen und sehr widersprüchlichen Prozess der Neugründung – links von der Sozialdemokratie. Seit Mitte der 1990er Jahre hat sich – ausgehend von der Streikbewegung in Frankreich – sozialer Protest gegen die Politik des Neoliberalismus artikuliert. In den letzten Jahren haben in vielen Mitgliedstaaten Generalstreiks und Großdemonstrationen der Gewerkschaften stattgefunden, die gegen die sogenannten „Reformen" des Sozialstaates gerichtet waren. Inzwischen wird vielfach schon wieder von einer Renaissance der Gewerkschafts- und Arbeiterbewegung gesprochen.

Dieser Prozess der Reorganisation wird jedoch auch durch die globalisierungskritische Bewegung gestärkt, die seit „Seattle 1999" und über das Weltsozialforum in Porto Alegre dazu beigetragen hat, dass die kapitalistische Globalisierung immer kritischer – über die Wahrnehmung ihrer Schattenseiten und im Blick auf die möglichen Alternativen – bewertet wird. Die Ausdifferenzierung dieser Bewegung über die Europäischen Sozialforen und nationale Aktivitäten von NGOs (z.B. „attac") haben dazu beigetragen, in der Öffentlichkeit die Groß-

16 Vgl. Bischoff u.a. 2005.

projekte der kapitalistischen Globalisierung (von den Weltherrschafts- und Kriegsplänen des George W. Bush und seiner Mannschaft; über die Politik von WTO und IWF bis hin zum Projekt der neoliberalen Restrukturierung der EU und der Politik der nationalen Regierungen, z.B. die „Agenda 2010" und die Hartz-IV-Gesetze der „rot-grünen" Regierung in Deutschland) kritisch zu diskutieren, Widerstand dagegen zu organisieren und Alternativen in die politische Debatte einzubringen. So ist es zum ersten Mal gelungen, eine breite europäische Debatte über die sog. „Bolkestein-Richtlinie" zur Liberalisierung der Dienstleistungen in der EU und über die möglichen sozialökonomischen Konsequenzen von „Niederlassungsfreiheit" und „Herkunftslandsprinzip" als den beiden Säulen der gesamten Konzeption – zu entfachen.[17] Dabei ist es in Frankreich – auf einem hohen Niveau der Information und der kontroversen Debatte – auch gelungen, mit einer positiven Orientierung auf das demokratische und soziale Europa die rechtsradikalen Anhänger von Le Pen mit ihrer nationalistischen Kampagne gegen Europa an den Rand zu drängen. Bislang prallte der soziale Protest gegen die herrschende Politik mehr oder weniger von den (ideologischen und medialen) Schutzwällen die politische Klasse um das politische System gebaut hat. Daher die Spaltung zwischen „politischer Klasse" und Mehrheiten in der Bevölkerung, die dieser misstrauen. In den Referenden zur EU-Verfassung hat sich dieser Widerspruch deutlich artikuliert und die politischen Klasse erkennbar geschmerzt. Es bleibt zu hoffen, dass die politische Artikulation des sozialen Protestes zugleich eine wichtige Rolle für die Formierung einer neuen, europäischen Linken spielen wird.

Literatur

Beckmann, M. u.a. (Hg.), 2003, „Euro-Kapitalismus" und globale politische Ökonomie, Hamburg.

Bieling, H.-J., 2004, Europäische Integration. Determinanten und Handlungsmöglichkeiten. In: Beerhorst, J. u.a. (Hg.), Kritische Theorie und gesellschaftlicher Strukturwandel, Frankfurt/M., S. 129-152.

Bischoff, J./ F. Deppe/ R. Detje/ S. Mayer/ C. Weissbach, 2005, Deregulierungsgemeinschaft Europa. In: Sozialismus (Hamburg), 3/2005, S. 22-26.

Busch, K., 1978, Die Krise der Europäischen Gemeinschaft, Köln.

Delors, J., 1993, Entwicklungsperspektiven der Europäischen Gemeinschaft. In: Aus Politik und Zeitgeschichte, B 1/1993.

Delors, J., 2004, Memoires, Paris.

Deppe, F., 1976, Westeuropäische Integration als Krisenprozess. In: Ders. (Hg.), Arbeiterbewegung und westeuropäische Integration, Köln, S. 9-70.

[17] Vgl. Fritz 2005.

– , 1993, Von der „Europhorie“ zur Erosion – Anmerkungen zur Post-Maastricht-Krise der EG. In: Ders. / M. Felder, Zur Post-Maastricht-Krise der Europäischen Gemeinschaft (EG), Marburg, S. 7-62.

– , 2001, Zur Post-Maastricht-Krise der Europäischen Union. In: Kirt, 2001, S. 205-216.

– , 2003, Die Gewerkschaften und der „Euro-Kapitalismus“. In: Beckmann u.a. (Hg.), S. 169-195.

– / S. Heidbrink/ D. Salomon/ S. Schoppengerd/ I. Solty, 2004, Der neue Imperialismus, Heilbronn.

Dörre, K., 2005, Prekarität. Eine arbeitspolitische Herausforderung. In: WSI-Mitteilungen, 5/2005, S. 250-258.

Dräger, K., 2002, Das Scheitern des Mitte-Links-Projektes in Europa. In: Widerspruch (Zürich), 43/ 2002, S. 5-16.

– , 2005, Jedem seine zweite Chance? Lieber nicht. Die Lissabon-Strategie der Europäischen Union und ihr „Neubeginn“. In: Etxezarreta, Miren u.a., EuroMemo 2004, Hamburg, S. 41-58.

Fritz, T., 2005, Auf dem Weg zur Sonderwirtschaftszone. Die Dienstleistungsrichtlinien der EU. In: Etxezarreta, Miren u.a., EuroMemo 2004, Hamburg, S. 73-95.

Hyman, R., 2004, Europäische Integration und Arbeitsbeziehungen: Strategische Dilemmata für die Gewerkschaften. In: Hein, E. u.a. (Hg.), Europas Wirtschaft gestalten, Hamburg, S. 216-239.

Jessop, B., 1995, Die Zukunft des Nationalstaates. Erosion oder Reorganisation. Grundsätzliche Überlegungen zu Westeuropa. In: Ders. u.a., Europäische Integration und politische Regulierung, FEG-Studie, Nr. 5, Marburg, S. 9-47.

Kirt, R. (Hg.), 2001, Die Europäische Union und ihre Krisen, Baden-Baden.

Kohler, B. (Hg.), 1970, Erfolge und Krisen der Integration, Köln.

Läufer, D., 1974, Krisen in den Europäischen und Atlantischen Organisationen, Berlin.

Scharpf, F. W., 1999, Regieren in Europa. Effektiv und demokratisch? Frankfurt/M./ New York.

van Appeldoorn, B., 2000, Transnationale Klassen und europäisches Regieren. Der European Round Table of Industrialists. In: Bieling, H.-J./ J. Steinhilber (Hg.), Die Konfiguration Europas. Dimensionen einer kritischen Integrationstheorie, Münster, S. 189-221.

Verheugen, G., 2005, „Europa muss Weltmacht werden!“. In: Internationale Politik, Januar 2005, S. 34-43.

Ziltener, P., 1999, Strukturwandel der europäischen Integration, Münster.

Leonhard Hajen

Privatisierung im Konflikt mit dem europäischen Sozialmodell?

Einleitung

Der Prozess der europäischen Integration ist von der Schaffung eines Binnenmarktes und einer gemeinsamen Geld- und Währungspolitik dominiert, aber die Europäische Union ist auch sozialen Zielen verpflichtet. Unter Sozialpolitik wird im Sinne der Definition von Thomas Marshall die Umverteilung von Macht und Einkommen verstanden. Die Hypothese dieser Arbeit ist, dass die Binnenmarktregeln und das Wettbewerbsrecht Rückwirkungen auf die Entwicklung der nationalen Sozialpolitik haben, aber kein unmittelbarer Druck zugunsten von Privatisierungen sozialer Leistungen ausgeübt wird. Unter Privatisierung wird nicht nur die Umwandlung von öffentlichen in private Unternehmen verstanden wird, sondern auch größere Marktförmigkeit bei der Leistungserstellung und die Verlagerung von Risiken aus der kollektiven in die individuelle Absicherung.

Strategien der Privatisierung – Formelle und materielle Privatisierung

Die Wohlfahrtsproduktion findet zwischen den drei Bereichen Familie, Markt und Staat statt, die in sich noch einmal stark differenziert sind. In den Mitgliedsstaaten gibt es unterschiedliche Typen des Wohlfahrtsstaates, die Ausdruck ihrer jeweiligen kulturellen und sozialen Entwicklung sind.[1] Bei der Wohlfahrtsproduktion ist zu unterscheiden, ob die Finanzierung und damit die Absicherung der sozialen Risiken kollektiv oder individuell erfolgt und ob der Prozess der Leistungserstellung, also der Güter und Dienstleistungen, die den Wohlstand ausmachen, über die eine Gesellschaft verfügen kann, von privaten oder öffentlichen Unternehmen erfolgt.Für die Abdeckung von sozialen Risiken ist die kollektive Finanzierung entscheidend, denn die Verfügung über Einkommen ermöglicht den Kauf der gewünschten Güter und Dienstleistungen auf Märkten. Die großen Sicherungssysteme gegen die Risiken des Alters, der Invalidität, der Arbeitslosigkeit oder der Armut sind Transfersysteme, die Einkommen umverteilen. Über die Einkommensverwendung entscheiden die Individuen oder privaten Haushalte. Je generöser und je sicherer das kollektiv garantierte Einkommen bei Eintritt

[1] Esping-Andersen 2002, S. 11 ff.

eines sozialen Risikos ist, desto unerheblicher ist die Frage, ob die nachgefragten Leistungen privat oder öffentlich produziert werden.

Neben der Umverteilung von Einkommen bestimmt die unentgeltliche Bereitstellung sozialer Leistungen das kollektiv finanzierte Wohlfahrtsniveau, wobei für das Problem der Privatisierung von Leistungserbringern die Krankenhäuser von zunehmender Bedeutung sind, weil nicht nur in Deutschland eine Tendenz zur privaten Finanzierung zu beobachten ist. Die Regeln der Europäischen Verträge machen keine Vorgaben, ob Leistungen in privaten oder öffentlichen Unternehmen erbracht werden. Das haben ausschließlich die Mitgliedsstaaten zu entscheiden.[2] Es gibt von der europäischen Ebene keinen rechtlichen Druck auf die Privatisierung öffentlicher Krankenhäuser oder anderer sozialer Einrichtungen.

Wenn es in den Mitgliedsländern der EU zu Privatisierungen kommt, sind das nationale Entscheidungen. Zu unterscheiden sind dabei formelle und materielle Privatisierungen. Formelle Privatisierungen sind lediglich ein Wechsel der Rechtsform. Eigentümer bleiben der Staat oder die Kommune, die je nach der gewählten Rechtsform Möglichkeiten haben, sozialpolitische Ziele durchzusetzen. Durch eine formelle Privatisierung kann sich der Staat im Hinblick auf die nationalen Kriterien bis zur Höhe der Staatsverschuldung zusätzlichen Spielraum verschaffen, weil die Unternehmen nicht mehr Teil des Haushaltes sind und eine „ausgelagerte" Schuld die Verschuldungsquote optisch senkt. Den Defizitkriterien des Stabilitäts- und Wachstumspaktes auf EU-Ebene entgeht man damit jedoch nicht, weil das Haushaltsdefizit auf der Basis der Zahlen der Volkswirtschaftlichen Gesamtrechnung ermittelt wird, in das die Defizite der Unternehmen eingehen, wenn sie zu mehr als 50% im öffentlichen Eigentum sind.

Die sozialpolitischen Ziele der Europäischen Union geben dem Zugang zu sozialen Versorgungssystemen eine hohe Priorität, auch wenn die Durchführung von Programmen Aufgabe der Mitgliedsländer ist. In Deutschland gibt es sogar gesetzliche Pflichten, die Versorgung sicherzustellen: Für die ambulante Gesundheitsversorgung sind das die kassenärztlichen Vereinigungen, die vom Gesetzgeber dazu beauftragt sind, bei der Krankenhausversorgung haben die Länder einen Sicherstellungsauftrag. Allerdings können auch privatisierte Krankenhäuser oder Pflegeeinrichtungen Gegenstand sozialpolitischer Regulierung sein, indem sie auf Versorgungsaufträge und Qualitätsstandards gesetzlich verpflichtet werden, um sozialpolitische Ziele durchzusetzen, in Deutschland beispielsweise durch die Krankenhausplanung der Länder. Eine Privatisierung von Leistungsanbietern von Gütern und Dienstleistungen, die der sozialen Risikoabsicherung

2 Artikel III-278 (7) des Vertrages über eine Verfassung für Europa (CIG 87//04 vom 13. 10. 2004).

dienen, kann deshalb eine Re-Regulierung nach sich ziehen, um sozialpolitische Ziele zu verfolgen.[3]

Gerade in Deutschland wird Krankenhausprivatisierung angesichts der Zunahme privater Krankenhäuser und des verschärften Wettbewerbs zwischen den Krankenhäusern, die nach Einführung der Fallpauschalenfinanzierung ihre Überkapazitäten abbauen müssen, eine größere Bedeutung bekommen. Aber es gibt keine quasi automatische Übertragung der Binnenmarktregeln auf öffentliche Unternehmen, sondern entscheidend ist die Beurteilung, ob es sich um eine Teilnahme am Markt handelt, also um marktförmiges Handeln. In seinen Urteilen zur Leistungspflicht sozialer Krankenversicherungen, wenn Versicherte ohne vorherige Genehmigung Leistungen im EU-Ausland in Anspruch nehmen und zu Festbeträgen in der Arzneimittelversorgung, hat der Europäische Gerichtshof noch einmal bestätigt, dass eine Unternehmenseigenschaft zu verneinen ist, wenn Art und Menge der Leistungen und die Höhe der Beiträge politisch festgelegt werden, also nicht Ergebnis eines Verhandlungsprozesses über Preise und Mengen auf Märkten sind.[4] Es kommt also auf das Regulierungssystem an, das von den Mitgliedsstaaten nach ihren sozialpolitischen Prioritäten gestaltet werden kann.

Mehr Markt bei der Leistungserstellung

Sozialstaaten wollen die Verfügung über soziale Güter und Dienstleistungen nicht vom individuellen Einkommen abhängig machen, sondern definieren einen Bedarf, der kollektiv finanziert wird, sei es über das Steuersystem oder über Zwangsmitgliedschaft in einer Sozialversicherung. Probleme einer effektiven Leistungserstellung gibt es in der Krankenversorgung und Langzeitpflege, weil hier nicht lediglich Einkommen umverteilt wird, über dessen Verwendung die Empfänger entscheiden, sondern eine Dienstleistung erstellt wird, um den sozialen Zweck zu erreichen.

Eine Lösung des Konfliktes kann darin bestehen, mehr Wettbewerb unter den Leistungsanbietern zu ermöglichen. Am Beispiel des Gesundheitssektors kann gezeigt werden, dass Wettbewerb auf zwei verschiedene Weisen organisiert werden kann, nämlich durch Transparenz in Verhandlungssystemen und durch Surrogate des Marktwettbewerbs. Die erste Form bedeutet, dass die Qualität von Strukturen, Prozessen und Ergebnissen der Gesundheitsversorgung offen gelegt werden. Aus dem Messen von Ergebnissen und dem Vergleich mit dem besten Beispiel werden verbindliche Leitlinien und finanzielle Sanktionen oder Beloh-

3 Eine skeptische Einschätzung zu den Möglichkeiten nationalstaatlicher Steuerung in der EU bei Bruckenberger 2003, S. 93 ff.

4 EuGH Urteile C-159/91 (Poucet/Pistre vom 17. 2. 1993) und C-264/01 (AOK-Bundesverband vom16.3.2004).

nungen abgeleitet, die im Idealfall zu wirtschaftlichen Lösungen bei hoher Qualität führen. Die größere Transparenz und Vergleichbarkeit von Kosten und Leistungen verändert die Verhandlungssituation über die Verteilung der staatlichen Budgets für soziale Leistungen, weil dadurch ein stärkerer Argumentationsdruck ausgeübt werden kann, eine definierte Qualität zu den Kosten des „Best-Practice-Vorbildes" zu erbringen, was den Wettbewerb unter den Leistungsanbietern verstärkt.

Im internationalen Vergleich zeigen dabei staatliche Gesundheitssysteme bessere Ergebnisse, weil sie mit weniger Veto-Positionen konfrontiert sind und über direkte finanzielle Lenkungsinstrumente verfügen können. Auf der europäischen Ebene steht das Instrument der Offenen Methode der Koordinierung, das bei der Beschäftigungs- und Armutspolitik bereits zur Anwendung kommt, vor einer Ausdehnung auf die Gesundheitspolitik.[5] Das ist ein schwieriger Prozess, weil eine Verständigung über Ziele der Gesundheitspolitik notwendig ist und die Frage, durch welche Indikatoren Erfolg oder Misserfolg zu messen ist, komplizierter ist als in den sozialpolitischen Feldern, in denen die Methode bisher angewendet wurde.[6] Aber am Ende kann ein politischer Druck entstehen, die Leistungserstellung und die Art der Finanzierung der Leistung nach dem Vorbild der „Klassenbesten" zu organisieren, wobei die Entscheidung darüber nach dem Subsidiaritätsprinzip nur und ausschließlich den Mitgliedsländern obliegt, die sich aber als Teil des politischen Wettbewerbs gegenüber ihren Wählern legitimieren müssen, wenn das eigene Versorgungssystem schlechtere Ergebnisse zeigt als bei europäischen Nachbarn. Damit es dazu kommt, müssen allerdings zwei wichtige Voraussetzungen erfüllt sein:

Es muss eine öffentliche Diskussion über Ziele und Effizienz der nationalen Gesundheitspolitik in den Mitgliedsländern geführt werden, die sich ausdrücklich auf gute Vorbilder in anderen Mitgliedsstaaten bezieht.

Dem Mainstream der veröffentlichten Meinung, die in hohen Sozialausgaben einen den Wettbewerb behindernden Faktor sieht, muss eine Position entgegengesetzt werden, die soziale Sicherung als eine Voraussetzung für hohe Produktivität begreift und die Europäische Union nicht auf die Schaffung eines Binnenmarktes reduziert, sondern mit der europäischen Integration auch ein sozialpolitisches Modell verwirklichen will.

Gegenwärtig sind die Bedingungen dafür schlecht, weil unter dem Druck hoher Arbeitslosigkeit und geringer Wachstumsraten der Lissabon-Prozess, der beides intendierte, nämlich hohe Wirtschaftsdynamik *und* soziale Kohäsion auf eine reine Wettbewerbsstrategie verkürzt wird. Bestes Beispiel für diese Tendenz ist der Bericht einer Kommission unter der Leitung von Wim Kok an den Europäischen Rat zur Halbzeitbilanz des Lissabon-Prozesses, in dem die soziale Di-

5 Kommission der Europäischen Gemeinschaften 2003.

6 Gerlinger/Urban 2004, S. 274 ff.

mension nicht mehr auftaucht, so dass sich die Luxemburger Präsidentschaft, die die Ratssitzung für das Frühjahr 2005 vorbereitet, zu einer Erklärung veranlasst sah, dass von den sozialen Zielen der EU keine Abstriche gemacht werden.[7] Der Rat hat auf seiner Frühjahrstagung 2005 dann auch noch einmal die „drei Dimensionen der Lissabon-Strategie (Wirtschaft, Soziales, Umwelt)“ unterstrichen, aber Konkretisierungen sind im Gegensatz zu den wachstums- und beschäftigungspolitischen Maßnahmen nicht erfolgt. Es dominiert die Auffassung, dass Wachstum und die Anhebung der Beschäftigungsquote der beste Beitrag zur Sicherung des Sozialschutzes ist.[8]

Wettbewerb kann zweitens dadurch erzeugt werden, dass die Trägerschaft der Finanzierung der sozialen Leistung strikt von der Leistungserstellung getrennt wird. Die Finanzierer, also die nationalen Gesundheitsbehörden oder regionale Institutionen verteilen ihre Budgets jährlich oder in längeren Zeiträumen auf die Leistungsersteller, z.B. Krankenhäuser oder niedergelassene Ärzte, die untereinander im Wettbewerb um diese Aufträge stehen. Dieser „Provision-Provider-Split“ ist der Kern der Reform des National Health Service in Großbritannien, die von Margret Thatcher begonnen wurde und von der Labour-Regierung, allerdings mit anderer Schwerpunktsetzung, fortgeführt wurde. Standen bei Thatcher und Major der durch verbindliche Ausschreibung der Leistungen erzwungene Wettbewerb im Vordergrund, behielten die Blair-Reformen die Form des Einkaufs der Leistungen bei, aber der „Einkäufer“ war nun die Regional Health Organisation, in der alle Interessen im Gesundheitssektor repräsentiert sind, also auch die regionalen Leistungsanbieter. Der Reformschwerpunkt liegt auf Kooperation zugunsten besserer Qualität, aber erwünschtes oder unerwünschtes Verhalten kann auch finanziell sanktioniert werden und dazu führen, dass Leistungsanbieter keinen Versorgungsvertrag mehr bekommen.[9]

Mitgliedsländer mit Sozialversicherungssystemen kennzeichnet im Grundsatz bereits die Trennung von Funktionen der Finanzierung und Leistungserstellung, aber staatliche Regulierungen ziehen einen engen Rahmen für die korporatistische Steuerung, so dass der im Prinzip mögliche Wettbewerb verhindert wird. Im Gesundheitssektor in Deutschland ist dies die Vorschrift, seitens der Krankenkassen „gemeinsam und einheitlich“ zu verhandeln und die Monopolstellung der Kassenärztlichen Vereinigungen in der ambulanten Versorgung. Allerdings sind mit der Gesundheitsreform 2004 im § 140 SGB V weit reichende Änderungen zur Integrationsversorgung Gesetz geworden, die erstmals direkte Verhandlun-

7 Bericht der Hochrangigen Sachverständigengruppe unter Vorsitz von Wim Kok 2005 und Biltgen 2005.

8 Rat der Europäischen Union, Tagung des Europäischen Rates, Brüssel, 22./23. März 2005, Schlussfolgerungen des Vorsitzenden, DOC/05/1 vom 23. 3. 2005, Ziff. 6. und Ziff. 30.

9 Ham 1999, S. 27 ff.

gen zwischen einzelnen Kassen und einzelnen Leistungsanbietern ermöglichen, was den Wettbewerb um medizinische Dienstleitungen ermöglicht.

Von erheblicher Relevanz für den Sozial- und Gesundheitssektor ist die Dienstleistungsfreiheit. Die Europäische Kommission bevorzugt erkennbar ein Modell des „Provision-Provider-Split", das Wettbewerb unter den Leistungsanbietern ermöglicht und dem Staat die Rolle der Finanzierung, Lenkung und Aufsicht überträgt. Am deutlichsten wird diese Haltung im Weißbuch zu den Dienstleistungen im allgemeinen Interesse, wo die Rolle des Staates darin gesehen wird, die Gemeinwohlaufgaben und das Versorgungsniveau festzulegen, die Finanzierung zu sichern und Kontrolle auszuüben, aber die Leistungen selber im offenen Wettbewerb mit der Privatwirtschaft zu erbringen sind.[10] Das kann zwar bestehende Konflikt zwischen den Binnenmarktfreiheiten und dem Gemeinwohlauftrag mindern, aber nicht auflösen, weil die Mitgliedsstaaten nach den Europäischen Verträgen einen Gemeinwohlauftrag haben.

Der Konflikt über eine europäische Regulierung von Dienstleistungen wird zurzeit in zwei Bereichen ausgetragen, nämlich dem Entwurf einer Dienstleistungsrichtlinie (nach dem in der vorherigen Kommission zuständigen Kommissar „Bolkestein-Richtlinie" genannt) und einer Richtlinie zu Dienstleistungen im allgemeinen Interesse.[11] Die Dienstleistungsrichtlinie hat zum Ziel, die bisher im Warenverkehr erreichte Freiheit des Binnenmarktes auch auf Dienstleistungen zu übertragen. Strittig an der Richtlinie ist vor allem, welche Ausnahmebereiche sie formuliert, ob beispielsweise soziale Dienstleistungen ganz ausgeschlossen werden sollen, oder statt einer umfassenden Richtlinie bereichspezifische Lösungen vorzuziehen sind, wie es sie z.B. für Finanzdienstleistungen schon gibt, das Herkunftslandprinzip, d. h. dass für die Anbieter von Dienstleistungen das Recht ihres Herkunftslands gilt und die Rechtsaufsicht ebenfalls von dort ausgeübt werden soll, was auf der praktischen Ebene schwer vorstellbar ist.

In der Konsequenz hieße das, dass auf dem Territorium eines Mitgliedsstaates 25 verschiedene Rechtsordnungen gelten, was der friedenssichernden Funktion des Rechts diametral zuwider laufen würde. Auch Wettbewerbsmärkte funktionieren nur im Rahmen klar definierter Rechte und Pflichten der Vertragsparteien, deshalb ist es nicht überraschend, dass die Richtlinie zwischen den Mitgliedsstaaten und der Kommission, aber auch zwischen Kommission und Europäischem Parlament hoch streitig ist und eine Verabschiedung in der vorgelegten Fassung unwahrscheinlich bleibt. Selbst der zuständige EU-Kommissar McCreevy sah sich genötigt, Änderungen anzukündigen.[12] Der Rat hat auf seiner Frühjahrstagung 2005 keine Richtlinie beschlossen, sondern die Bedeutung der

[10] Kommission der Europäischen Gemeinschaften 2004, S. 19 ff.

[11] Kommission der Europäischen Gemeinschaften 2004a und Kommission der Europäischen Gemeinschaften 2003a.

[12] Winter 2005.

Dienstleistungen für den Binnenmarkt benannt, aber auch darauf verwiesen, dass „zugleich das europäische Sozialmodell zu wahren ist". Es soll ein „breiter Konsens" herbeigeführt werden, „der allen Zielen gerecht wird". Daraus lässt sich nicht erkennen, was nach Auffassung des Rates der Inhalt einer Dienstleistungsrichtlinie sein sollte.[13]

Von den Befürwortern wird die Bolkestein-Richtlinie als eine logische Folge des Binnenmarktes gesehen, die aus offenen Märkten die Chance zu mehr Wettbewerb ableitet. Die Kritiker sehen darin ein Einfallstor für Lohndumping und eine Aushöhlung nationaler Sozialstandards, weil Anbieter das Mitgliedsland mit den niedrigsten Anforderungen als Sitzland wählen können, um dann von dort die Dienstleistungen in andere Mitgliedsländer zu exportieren und das Territorialprinzip, das für Arbeitsmärkte gilt, zu unterlaufen. So könnte ein Pflegeheim oder Krankenhaus von einem ausländischen Dienstleister im Inland betrieben werden, der dafür Ärzte und Pflegekräfte aus seinem Heimatland zu den dortigen Bedingungen beschäftigt. Ökonomisch würden die Anreize so gesetzt. Wenn die Richtlinie verabschiedet würde, wie sie von der Kommission vorgelegt wurde, wären die Europäischen Verträge, die den Mitgliedsstaaten die Kompetenz zur Regulierung der Sozialen Sicherung übertragen, in wichtigen Bereichen ausgehebelt. Denn gerade im Bereich sozialer Dienstleistungen wird die Regulierung der Angebotsseite auch genutzt, um Qualitätsstandards zu definieren oder die Versorgung zu steuern, was gegenüber Anbietern aus anderen Mitgliedsländern nicht mehr durchgesetzt werden könnte, weil sie ihrem jeweiligen nationalen Recht unterliegen. Gerade wenn zwischen Finanzierungs- und Versorgungsfunktion getrennt wird, um mehr Wettbewerb zu ermöglichen, könnte dadurch die Steuerungsfunktion des Staates zur Sicherung der sozialstaatlichen Ziele gefährdet werden. Das mag je nach ordnungspolitischem Standpunkt auch erwünscht sein, aber der erklärten Zielsetzung der Europäischen Union als ein Modell wirtschaftlicher Dynamik und sozialen Fortschritts entspräche das nicht, sondern es wäre ein sehr weitgehender Schritt negativer Integration durch Abbau nationaler Regulierungen, ohne eine entsprechende europäische Regelung an die Stelle zu setzen.

Ein Ausweg könnte eine Richtlinie zu Dienstleistungen im allgemeinen Interesse sein, die von der Kommission im Jahr 2003 durch ein Grünbuch vorbereitet wurde und ein Jahr später durch die Vorlage eines Weißbuches, in dem die Konsequenzen aus der Problembeschreibung und der öffentlichen Diskussion gezogen wurden, vorläufig beendet wurde.[14] Der Ausgangspunkt der Kommission ist auch unter sozialstaatlichen Gesichtspunkten nicht zu kritisieren, denn der Zugang zu allen Dienstleistungen im allgemeinen Interesse, die sie als mit dem Gemeinwohl verbunden definiert, soll allen Bürgern der Europäischen Union zu

13 Rat der Europäischen Union, a. a. O., Ziff. 22.

14 Kommission der Europäischen Gemeinschaften 2004.

erschwinglichen Preisen offen stehen. Der universelle Zugang wird dabei aber so bestimmt, dass keine Benachteiligung aus einer regionalen Randlage erfolgen soll. Dies Universaldienstkonzept ist im Hinblick auf gleiche Wettbewerbsbedingungen für alle Anbieter in der EU bezogen auf netzgebundene Dienstleistungen wie Energie und Telekommunikation und Postdienste zwingend, weil sonst Anbieter einen Wettbewerbsvorsprung hätten, die sich zum Beispiel auf die Versorgung von Ballungszentren konzentrieren dürften.

Bezogen auf soziale Dienstleistungen wie medizinische Versorgung oder Langzeitpflege sind die Ausschlussmechanismen sicher auch durch regionale Verteilung der Leistungsangebote wirksam, aber noch stärker wirken die in der Zugehörigkeit zu einer sozialen Schicht und der Kaufkraft begründeten Ausschlussmechanismen. Das ist der Grund für sozialstaatliche Regulierung auf der Ebene der Mitgliedsländer und Art. 86 EGV lässt auch keinen Zweifel, dass bei einem Konflikt zwischen der Marktfreiheit und einem Gemeinwohlziel das allgemeine Wohl Vorrang genießt: „für Unternehmen, die mit Dienstleistungen von allgemeinem wirtschaftlichen Interesse betraut sind gelten die Vorschriften dieses Vertrags, insbesondere die Wettbewerbsregeln, soweit die Anwendung dieser Vorschriften nicht die Erfüllung der ihnen übertragenen Aufgaben rechtlich oder tatsächlich verhindert." Was wiederum inhaltlich als Dienstleistungen im allgemeinen Interesse definiert wird, ist Aufgabe der Mitgliedsländer. Auch die Kommission erkennt den Vorrang des Allgemeinwohlinteresses an, aber sie sieht darin eine Absicherung der Aufgabe, nicht aber der Art und Weise, wie sie erfüllt werden soll, worin wiederum die Grundlinie der Kommission zu erkennen ist, Versorgung im Sinne von Gewährleistung und Bereitstellung von der Leistungserstellung zu trennen, um so ein größeres Feld zu schaffen, dass den Binnenmarktfreiheiten unterliegt.[15]

Privatisierung von Risiken

Der letzte hier zu behandelnde Aspekt der Privatisierung und möglicher Auswirkungen auf das europäische Sozialstaatsmodell betrifft die Privatisierung von Risiken. Oben wurde ausgeführt, dass Wohlfahrtsrisiken durch das Individuum bzw. die Familie, den Markt oder staatliche Institutionen abgesichert werden können. In allen europäischen Staaten gibt es ein Problem, den Ausgabenanstieg der Sozialhaushalte zu begrenzen und finanzielle Nachhaltigkeit zu sichern. Eine verbreitete Strategie besteht deshalb darin, unter dem Schlagwort der Stärkung von Eigenverantwortung Kosten der sozialen Sicherung auf die privaten Haushalte zu verlagern.

Die Formen der Kostenverlagerung ähneln sich und zeigen keine relevanten Unterschiede, ob es sich nun um steuerfinanzierte oder beitragsfinanzierte Sys-

[15] Kommission der Europäischen Gemeinschaften 2004, S. 8.

teme handelt. Soweit es sich um Geldtransfers handelt wie bei den Altersrenten wird das Versorgungsniveau abgesenkt und die Zahl der Anspruchsberechtigten wird begrenzt, z.B. durch eine Erhöhung des Rentenalters. Die Versorgungslücke zu einem Einkommen, das den Lebensstandard absichert, muss dann durch private Vorsorge geschlossen werden. Bei hinreichend hohem Einkommen kann gespart werden und durch Formen privater Versicherung können Ansprüche auf künftiges Sozialprodukt bebildet werden.

Dabei ist es eine Illusion, dass die kapitalgedeckte Altersversorgung eine größere Sicherheit gegen demographische Veränderungen bietet als das Umlageverfahren der Sozialversicherung, denn konsumiert wird aus laufendem Einkommen und der künftige Wert einer Kapitalanlage und die Möglichkeiten, aus den laufenden Erträgen oder Veräußerungsgewinnen zu konsumieren, wird ebenfalls in hohem Maße durch die Entwicklung der Altersstruktur bestimmt.[16] Auf jeden Fall öffnen sich für private Versicherungsgesellschaften neue Märkte und zusätzliche Gewinnmöglichkeiten, die zwar aus der Sicht der Versicherten Kosten der privaten Absicherung sind, aber es kann nicht überraschen, dass die Privatisierung sozialer Risiken in der Versicherungswirtschaft und bei ihren zahlreichen Unterstützern in Wissenschaft und Politik eine europaweite Lobby hat.

Bei der kollektiv finanzierten Bereitstellung von Gütern und Dienstleistungen für medizinische Versorgung oder Pflege werden Risken und damit Kosten auf die privaten Haushalte verlagert, indem der Umfang der Leistungen begrenzt wird, beispielsweise durch Ausgliederung von Teilen der Zahnversorgung aus dem Leistungskatalog oder Begrenzung der Leistungen auf „Kernleistungen", wobei von den Befürwortern gerne im Unklaren gelassen wird, was denn der „Kern" ist. Im Zweifelsfall steht auch hier die private Versicherungswirtschaft bereit, durch Zusatzversicherungen das Risiko abzudecken – wenn man es bezahlen kann. Die zweite Form der Risikoverlagerung findet über vielfältige Formen von Zuzahlungen bei sozialer Krankenversicherung oder in nationalen Gesundheitsdiensten statt, sei es durch Gebühren bei einem Arztbesuch, prozentuale Beteiligungen oder Pauschbeträge bei der Inanspruchnahme von Leistungen oder Wahltarifen mit erhöhter Selbstbeteiligung. Selbst wenn die Zuzahlungen durch Höchstbeträge sozial gedeckelt sind, sind sie im Hinblick auf das sozialstaatliche Grundanliegen, die Risiken von Krankheit gesellschaftlich abzusichern, eine schlechte Alternative, weil sie diejenigen belasten, die krank oder pflegebedürftig werden.

Zu den Ausschlussmechanismen gehören auch Wartelisten in der ärztlichen Versorgung, die immer dann problematisch sind, wenn das medizinisch Notwendige nicht gemacht wird. Der EuGH hat mit seiner Rechtssprechung zur medizinischen Behandlung in einem anderen Mitgliedsstaat zu Lasten des Finanzierungsträgers des Heimatlandes das Recht der EU-Bürger auf Zugang zu medizi-

[16] Barr 2002, S. 3 ff.

nischer Versorgung betont, wobei er die Besonderheiten des Krankenhaussektors wegen der hohen Investitionen und Planungsnotwendigkeiten anerkennt und deshalb den Mitgliedsstaaten eine größere Gestaltungsfreiheit zugesteht.[17] Aber dies ist ein Beispiel, wo durch die europäischen Normen, hier die Dienstleistungsfreiheit, und die Betonung europäischer Bürgerrechte sehr wohl ein Druck auf Mitgliedsstaaten ausgehen kann, ihre nationalen Versorgungssysteme so auszulegen, dass sie das sozialpolitische Ziel der EU des Nicht-Ausschlusses realisieren.

Fazit

Die Privatisierung von sozialen Risiken in den drei beschriebenen Formen hat Auswirkungen auf die Verteilung von Einkommen und die Inanspruchnahme von Versorgungsleistungen. Die geringsten Wirkungen auf den Sozialstaat sind durch die Privatisierung von Versorgungseinrichtungen zu erwarten, wenn der Zugang durch die soziale Finanzierung gesichert ist. Sehr viel stärkere Wirkungen können von größerer Marktförmigkeit bei der Leistungserbringung und der Privatisierung von Risiken ausgehen.

Literatur

Biltgen, F., 2005, „We remain totally committed to Social Europe", Press Release 03-03-2005, http://.eu2005.lu/en/actualities/communiques/2005/03/03epsco/index.html. (7. 3.).

Bruckenberger, E., 2003, Wettbewerb und Planung in: Arnold, M./ Klauber, J./ Schellschmidt, H. (Hg)., Krankenhausreport 2002, Stuttgart.

Esping-Andersen, G., 2002, Towards the Good Society, Once Again? In: ders. et al., Eds., Why We Need a New Welfare State?, Oxford, New York, S. 11 ff.

Gerlinger, Th./Urban, H.-J., Auf neuen Wegen zu neuen Zielen? Die Offene Methode der Koordinierung und die Zukunft der Gesundheitspolitik in Europa, in: Kaelble, H./ Schmid, G. (Hg), Das europäische Sozialmodell, Berlin.

Ham, Ch., 1999, Health Policy in Britain, 4th ed., Houndmills et al.

Kok, W., 2005, Die Herausforderung annehmen, Die Lissabon Strategie für Wachstum und Beschäftigung, November 2004, http://europa.eu.int/comm/lisbon_strategy/index-_de.html (4. 3.).

Kommission der Europäischen Gemeinschaften, 2003, Mitteilung an den Rat et al., Stärkung der sozialen Dimension der Lissabonner Strategie: Straffung der offenen Koordinierung im Bereich Sozialschutz, KOM(2003) 261 endg. (27. 5.)

[17] EuGH-Urteil C-157/99 (Smits/Peerboom vom 12. 7. 2001).

Kommission der Europäischen Gemeinschaften, 2003a, Grünbuch zu Dienstleistungen von allgemeinem Interesse, KOM(2003) 270 endgültig vom 21. 5. 2003, Brüssel.

Kommission der Europäischen Gemeinschaften, 2004, Weißbuch zu Dienstleistungen im allgemeinen Interesse, KOM(2004) 374 endg. vom 12. 5. 2004, Brüssel.

Kommission der Europäischen Gemeinschaften, 2004a, Vorschlag für eine Richtlinie des Europäischen Parlaments und des Rates über Dienstleistungen im Binnenmarkt, KOM(2004) 2 endgültig/2 vom 25. 2. 2004, Brüssel.

Winter, M., 2005, Brüssel knickt bei Dienstleistungen ein, Frankfurter Rundschau vom 4. 3.

Harald Mattfeldt

Tendenzieller Fall der Profitrate? Zur makroökonomischen Rentabilitätsentwicklung in der Bundesrepublik Deutschland

1. Deutschland in der Stagnation

Seit einiger Zeit befindet sich die BR Deutschland in einer zählebigen stagnativen Phase. Von Wirtschaftsforschungsinstituten prognostizierte Wachstumsraten mit einer bescheidenen Eins vor dem Komma wurden schon nach kurzer Zeit wieder nach unten korrigiert und gegen eine Null ausgetauscht. Der immer wieder von der Bundesregierung behauptete bevorstehende Aufschwung ist nicht eingetroffen. Die beim Antritt der rot-grünen Regierung 1998 wie die mit Hartz IV ab Januar 2005 anvisierten Ziele bei der Bekämpfung der Arbeitslosigkeit wurden weit verfehlt. Die „Nun konsumiert doch endlich!"-Appelle sind angesichts der Massenarbeitslosigkeit und der angeblich „alternativlosen" Reformen ebenso wirkungslos wie ähnliche Aufrufe Ludwig Erhards in der ersten Nachkriegskrise der Bundesrepublik Deutschland Mitte der 60er Jahre.

Krisenhafte und stagnative Entwicklungen im Kapitalismus sind darauf zurückzuführen, dass die vorhandenen Produktionskapazitäten nicht in dem erwarteten Maße ausgelastet werden und die gesamtwirtschaftliche Nachfrage nicht ausreicht, um die erwartete Rentabilität des eingesetzten Kapitals zu gewährleisten. Die makroökonomische Logik verlangt bei dieser Sachlage zusätzliche gesamtwirtschaftliche Nachfrage. Dem stehen allerdings die einzelwirtschaftlichen Kalküle der Unternehmen wie der Verbraucher entgegen. Selbst niedrige Kreditzinsen führen dann nicht zu zusätzlicher Nachfrage nach Konsum- und Investitionsgütern. Die Profiterwartungen sind in dieser Situation nicht ausreichend, um die Investoren dazu zu bewegen, ihre Portefeuilles zu Lasten ihrer Finanzanlagen und zugunsten von neuem Realkapital umzuschichten, und die Zukunftsangst der Konsumenten vergrößert das Sparen. Schauen wir uns die Entwicklung der Gewinne für die jüngste Vergangenheit an, so ist dies deutlich zu erkennen. In der Zeit von 1998 (2. Quartal) bis 2003 (2.Quartal) hat sich die nominale Profitmasse unter Einschluss der Vermögenseinkommen kaum verändert (Abbildung 1). Durchschnittlich wuchsen die Bruttogewinne gegenüber dem Vorjahresquartal lediglich um 0,45 Prozent. Dass eine solche Situation die Investitionsneigung der Unternehmen nicht erhöht und damit keine privatwirtschaftlichen Wachstumskräfte mobilisiert, ist nachvollziehbar. Die privaten Nettoinvestitionen sind in den Jahren 2001 bis 2004 gesunken, durchschnittlich pro Jahr um -18,7 Prozent.

Ein zentraler Ursachenkomplex, der für diese Entwicklung immer wieder genannt wird, ist die Vereinigung und die kreditfinanzierte Vereinigungspolitik. Die Wirkung der Vereinigung wird als eine Art Stop oder sogar als Rückwärtsgang bei der notwendigen sektoralen Strukturveränderung gedeutet. Die Nachkriegs-BRD hatte ja bekanntlich einen überdimensionierten Industriesektor mit entsprechend hohem Beschäftigungsanteil. Dies wurde begünstigt durch die Nachholjahre nach dem Krieg mit ihrem Aufbauboom und verschiedenen Konsumwellen und später durch hohe Wachstumsraten beim Export, verursacht durch die günstige Lohnstückkosten-Produktivitätsrelation und vorteilhafte Wechselkurse. Die Wirtschaft der DDR war bis zu ihrem Ende

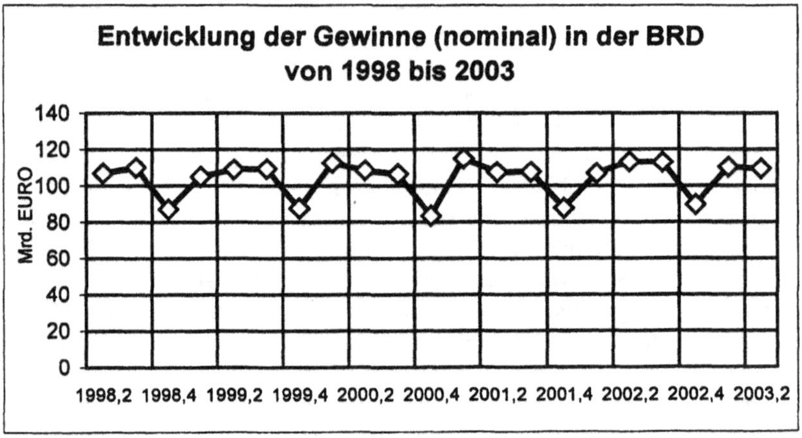

Abbildung 1: Entwicklung der Einkommen aus Unternehmertätigkeit und Vermögen (nominal) in der BRD vom 2. Quartal 1998 bis zum 2. Quartal 2003

ebenfalls geprägt durch einen großen industriellen Sektor mit hohen Beschäftigungszahlen. Die verschiedenen „Bereinigungskrisen" (Kohle, Stahl, Schiffbau, Bau) in Westdeutschland mussten in diesem Sinne in Ostdeutschland nachgeholt werden, bei insgesamt weit schlechteren wirtschaftlichen Ausgangsbedingungen als in Westdeutschland und noch höheren sozialen Kosten. Deutschland war nach der Vereinigung und im Vergleich zu anderen hoch entwickelten Ökonomien „überindustrialisiert". Für viele Zeitgenossen aus Wissenschaft und Politik ist dieser ökonomische Strukturtyp mit dem darin eingelagerten Sozialstaat kein fortschreibbares Zukunftsmodell mehr.

Ein weiterer Ursachenkomplex ist die Ausrichtung der Finanz-, Geld- und Wirtschaftspolitik, die zu einem erheblichen Rückgang der staatlichen Investitionen führte, mit der Folge hoher negativer Multiplikatoreffekte. Wirtschaftspolitische Selbstverstümmelung durch neoklassische Ideologie und selbstfabrizierte Killer-Phrasen der Politiker, die jede weitere öffentliche Kreditaufnahme als Sündenfall stigmatisieren, verhindern jede wirksame Gegensteuerung. Deutschland und andere europäische Länder sind umstellt von neoklassischen Bodyguards, der wachstumshemmenden Geldpolitik der Europäischen Zentralbank sowie den Maastricht-Kriterien. [1]

2. Ein neuer Akkumulationstyp?

Das für eine Beibehaltung des Akkumulationsmodells des „rheinischen Kapitalismus" erforderliche Wachstum mit hohem Beschäftigungsgrad und entsprechend komplementären Gewinnmargen lässt sich, so die Mehrheitsmeinung, mit der bisherigen gesamtdeutschen ökonomischen und gesellschaftlichen Struktur einschließlich seiner Industrial-Relations-Kultur nicht mehr (in den bisherigen Bahnen) organisieren und verwirklichen. Die erzielten Profite der Unternehmen wie die Sparsummen der Haushalte können augenscheinlich nicht mehr privatwirtschaftlich und marktgesteuert in den bisherigen realen binnenwirtschaftlichen Kreisläufen in wachstums- und beschäftigungsfördernder Höhe untergebracht werden. Wenn dies alles zutrifft, so ist zu erwarten, dass sich das auf den zentralen makroökonomischen Indikator kapitalistischer Ökonomien, die Profitrate, auswirkt.

Nicht erst seit der Vereinigung, sondern bereits einige Jahre davor gab es im deutschsprachigen Raum Thesen, die – mit empirischen Bezug zur BRD – seit Mitte der 70er Jahre von einer neuen kapitalistischen Entwicklungsphase, einem neuen Akkumulationstyp ausgehen. Aus der Beobachtung der nachlassenden Wachstumsdynamik, ablesbar nicht nur an den durchschnittlich geringeren Wachstumsraten, sondern insbesondere an den schwachen Konjunkturaufschwüngen, wird nach den Hintergründen dieser Erscheinungen gesucht.[2] Als wesentliche Ursachen werden der kapital- und arbeitssparende technische Fortschritt angesehen, die Entkoppelung der Geldvermögens- von der Sachkapitalbildung, die Dominanz der Finanzkapitalbildung im konzentrierten Bereich der Wirtschaft sowie die kontinuierliche Einführung von Prozessinnovationen, auch unabhängig von der konjunkturellen Entwicklung. Trotz zurückgehender Akkumulation war aber wider Erwarten die Kapitalrentabilität seit den 70er Jahren vergleichsweise stabil.[3] Dies passt nicht in das bisherige Schema eines durch die Steigerung des Kapitalkoeffizienten und der Kapitalintensität hervorgerufenen (tendenziellen) Profitratenfalls. Die Gesamtanalyse führte deshalb zu der These, dass sich ab den 70er Jahren ein neuer Akkumulationstyp entwickelt habe und ab

1 Vgl. Schafmeister 2005; Mattfeldt 2003.
2 Vgl. Hickel 1987; Priewe 1988.
3 Hickel 1987, S. 187.

Mitte der 80er Jahre, also bereits vor der Vereinigung, dominant geworden sei. Damit wird behauptet, dass das Gesetz vom tendenziellen Fall der Profitrate im neuen Akkumulationstyp keine Gültigkeit mehr habe (wenn es denn überhaupt jemals empirisch relevant war). Die Skepsis gegenüber diesem Gesetz und damit gegenüber Analysen, die diese Gesetzmäßigkeit als zentralen Bezugspunkt ihrer Interpretation und Prognose kapitalistischer Entwicklung wie zur Deutung konkreter privatwirtschaftlicher und wirtschaftspolitischer Entscheidungen verwenden, spielt in der neueren politökonomischen Diskussion eine wichtige Rolle.[4]

3. Die Profitrate als Indikator kapitalistischer Entwicklungen

Die Profitrate (R) fasst – als gesamtwirtschaftliche Rentabilitätskennziffer – die Ergebnisse des Produktions- und Kapitalstockwachstums, also der Akkumulationsprozesse ebenso wie die der Arbeitsmarkt-, Lohn-, Geldwert- und Verteilungsentwicklung zusammen, ist sie doch definiert als R = G/K, erweitert mit 1/Y ergibt sich R = (G/Y)/(K/Y),[5] d.h. die Profitrate lässt sich errechnen aus der Gewinnquote (GQ) als Anteil der Gewinne am Volkseinkommen und dem Kapitalkoeffizienten (Kapkoeff). Da sich das Volkseinkommen aus der Summe der Gewinne und der Löhne zusammensetzt, kann die Profitratenformel auch als R = (1- LQ)/Kapkoeff geschrieben werden. In dieser Form wird der Zeitpfad der Profitrate durch die Verteilungsentwicklung und die des Kapitalkoeffizienten und deren jeweiligen Komponenten reguliert.

Das Gesetz des tendenziellen Falls der Profitrate und die damit verbundenen krisentheoretischen Auseinandersetzungen prägten das Bild in der politökonomischen Abteilung der Wirtschaftswissenschaften in den 70er und 80er Jahren in der BRD.[6] Neuere empirische Untersuchungen, unter Einschluss solcher für die BRD, stammen von dem us-amerikanischen Wirtschaftshistoriker Robert Brenner[7], der die Profitrate als Grundlage für seine Interpretationen der nationalen und weltwirtschaftlichen Entwicklungen benutzt. Dies unterscheidet ihn von zahlreichen Regulationstheoretikern und von einer in der aktuellen Diskussion vertretenen Position, die das Profitratenfallgesetz für eine marxistische Analyse des Kapitalismus und seiner Entwicklungsrichtung als entbehrlich ansieht. Aktu-

4 Vgl. z.B. Heinrich, 2003, insbesondere S. 327 ff. sowie verschiedene Beiträge auf seiner Webseite www.oekonomiekritik.de.

5 R=Profitrate, G=Gewinnsumme, K=Kapital, Y=Output bzw. Volkseinkommen, L=Lohnsumme, l=Durchschnittslohn, P=Preis, A=Anzahl der abhängig Beschäftigten, GQ=Profitquote, LQ=Lohnquote.

6 Vgl. die Übersicht bei Berger 1979, S. 120 ff.; Altvater u.a. 1979 oder auch Krüger 1986.

7 Siehe Brenner 2002.

alisierte empirische Untersuchungen zur Untermauerung dieser Behauptung liegen bisher kaum und spielen deshalb in dieser Diskussion (noch) keine Rolle.[8]

Das neoklassische Lager, z.B. die Europäische Zentralbank (EZB) als eine der wichtigsten wirtschaftspolitischen Akteure in Europa hat die empirische Analyse der Profitratenentwicklung auf ihrer Forschungsagenda ebenso wie das wirtschaftswissenschaftliche Forschungsinstitut der Arbeitgeber, was zunächst erstaunt.[9] Die EZB gibt in ihrer Profitratenanalyse die wirtschaftspolitische Stoßrichtung ihrer Untersuchungen zu erkennen. In der entsprechenden Abhandlung heißt es: „[...] it is important that an adequate rate of return be attained in the euro area to stimulate investment and to sustain economic growth" und dann „Continued labour and product market reforms are necessary to ensure an efficient allocation of resources and price-setting behaviour within a competitive environment. This process must also be supported by continued wage moderation."[10] Insgesamt kommt die Studie (erwartungsgemäß) bei einem Vergleich der Euro-Zone mit den USA zu dem Schluss, dass die Profitperformance der US-Ökonomie in den vergangenen drei Jahrzehnten besser war als die der Euro-Zone. Ob es insgesamt eine dominante Komponente gibt, die für die Profitratenentwicklung im jeweiligen Wirtschaftsraum prägend ist, wird nicht untersucht.

4. Profitratenregime

Um die jeweils einflussreichste Komponente für die Höhe der Profitrate und damit den vorherrschenden Regulationsmechanismus für ihre Stabilität bzw. Instabilität genauer ausmachen zu können, ist es notwendig, die Profitrate in Komponenten zu zerlegen. Die Lohnquote (im Zähler der Profitratenformel) wird berechnet aus der Lohnsumme als Produkt aus Durchschnittslohn und Anzahl der abhängig Beschäftigten, dividiert durch das Produkt aus realem Volkseinkommen und Preisniveau: LQ = (l*A)/(Yreal*P). Der Nenner der Profitrate, also der Kapitalkoeffizient, kann wiederum zerlegt werden in die Kapitalintensität (K/A) sowie den Arbeitskoeffizienten (A/Y) bzw. seinen Kehrwert, die Arbeitsproduktivität (Y/A). Insgesamt kann die Profitrate aus dem Zusammenwirken der folgenden Größen berechnet werden:

$$R = \frac{1 - (l*A)/(Yreal*P)}{(K/Y)} = \frac{[1 - (l*A)/(Yreal*P)]*(Y/A)}{(K/A)}\ .$$

8 Vgl. Heinrich 2003.

9 Vgl. Lichtblau u.a. 2002.

10 O.V., ECB, Monthly Bulletin 2004, S. 63.

Bei steigendem Kapitalkoeffizienten verändert sich die Profitrate nicht, wenn die Lohnquote entsprechend sinken würde. Letzteres kann insbesondere durch Senkung der Anzahl der Beschäftigten oder durch Preissteigerungen bewirkt werden. Steigt die Arbeitsproduktivität in gleichem Maße wie die Kapitalintensität, so trägt dies ebenfalls zur Profitratenstabilisierung bei. Die Einflüsse der einzelnen Komponenten und ihre Kombinationen können mit Hilfe der obigen Profitratenformeln systematisiert werden. So lassen sich „Profitratenregime" nach den dominanten Komponenteneinflüssen typologisiere. Wenn es zu starken, empirisch feststellbaren Veränderungen bei der Einflussintensität der einzelnen Komponenten in einem Land kommt, etwa von einem bisher durch den Kapitalkoeffizienten dominierten längerfristigen Profitratenfall hin zu einer Profitquotendominanz mit langanhaltender Konstanz bzw. sogar einem Anstieg der Profitrate über mehrere Konjunkturzyklen, so liegt die Vermutung nahe, dass sich ein neues Profitratenregime (ein „neuer Akkumulationstyp") etabliert hat. Vergleichende Studien für viele Länder sind allerdings notwendig, um solch eine These als allgemeingültig zu erhärten oder um sie als „Sonderentwicklung" in einem Land zu qualifizieren.

5. Ergebnisse einiger Untersuchungen der ersten Nachkriegsjahrzehnte

Zu den ausführlicheren empirischen Arbeiten zum Themenkomplex der Entwicklung der Profitrate für die ersten Jahrzehnte der BRD gehören die Analysen von Dirk Ipsen, Elmar Altvater u.a., Stephan Krüger und Jan Priewe.[11] Sie alle untersuchen in etwa denselben Zeitraum der bundesdeutschen Nachkriegsgeschichte. Die Autoren verwenden dabei zum Teil unterschiedliches statistisches Zahlenmaterial. Um einen Vergleich zu vereinfachen, wurde das von den Verfassern veröffentliche Datenmaterial in einheitlicher Weise aufbereitet. Sollten sich die Ergebnisse zum Profitratenfallgesetz trotz unterschiedlicher Ausgangsdaten gleichen oder stark ähneln, ist dies ein Hinweis auf die Robustheit der gemeinsamen Ergebnisse.

[11] Ipsen 1983; Altvater u.a. 1979; Krüger 1986; Priewe 1988.

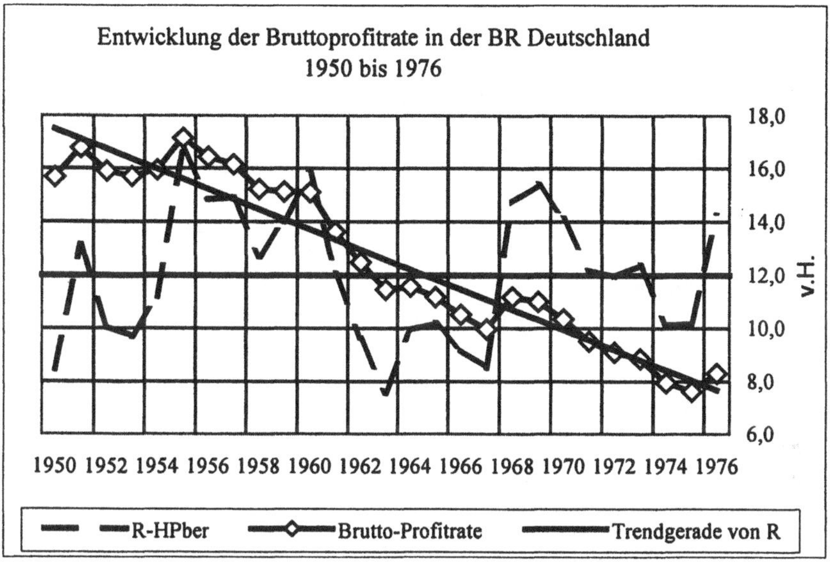

Abbildung 2: Entwicklung und Zyklizität (HPFilterbereingte Werte) der Bruttoprofitrate in der BR Deutschland als Ergebnis der Veränderung von Gewinnquote und Kapitalkoeffizienten (Datenquelle: Ipsen 1983, S. 251 ff)

Unter Verwendung des Datenmaterials von Ipsen und der Definition der Veränderung der Profitrate – als Differenz der Wachstumsrate der Profitquote und des Kapitalkoeffizienten – lassen sich die Resultate für die Periode von 1950 bis 1976 folgendermaßen zusammenfassen:

Für die Bruttoprofitrate[12] ergibt sich ein starker Abwärtstrend (Abbildung 2). Der (lineare) Trend für die Profitrate für die gesamte Periode zeigt eine signifikante negative Steigung, das Bestimmtheitsmaß der Trendregression ist hochsignifikant und widerspricht damit nicht dem Profitratenfallgesetz. Für Teilperioden gibt es jedoch, deutlich konjunkturabhängig, kurzfristige positive Wachstumsraten der Profitrate.

Die Zunahme des Kapitalkoeffizienten war in der untersuchten Periode der dominante Faktor. Für 15 der 26 Jahre ist seine Wachstumsrate absolut größer als die der Gewinnquote. Letztere nimmt in dem Zeitraum von 1950 bis 1976 durchschnittlich um 1,5 Prozent ab und verstärkt damit den durch die Steigerung des Kapitalkoeffizienten verursachten Fall der Profitrate. Der Kapitalkoeffizient hat dagegen von 1951 bis 1976 um durchschnittlich 1,1 Prozent zugenommen.

12 Bruttoprofitrate, weil die in die Berechnung eingehende Profitquote auf der Basis von Bruttogewinnen ermittelt wurde.

Dabei ist die Volatilität der Veränderungsraten des Kapitalkoeffizienten – gemessen durch die jeweilige Varianz – weitaus ausgeprägter als die der Gewinnquote. Eine multiple lineare Regression der Profitrate als abhängiger Variabler und der Profitquote und dem Kapitalkoeffizienten, mit den Ipsen-Daten gerechnet, zeigt ebenfalls das Übergewicht des Kapitalkoeffizienten für die Entwicklung der Profitrate in dieser Zeit (in Klammern die zugehörigen t-Werte, die unter Berücksichtigung des Autokorrelations-Korrekturterms AR(1), alle mit 0,01 Irrtumswahrscheinlichkeit signifikant sind, der DW-Wert beträgt 1,81):

$$\text{Profitrate} = \underset{(6,6)}{15{,}6} + \underset{(6,6)}{28{,}8} * PQ - \underset{(-11,3)}{4{,}5} * \text{Kapkoeff} + \underset{(4,6)}{0{,}8} * AR(1).$$

Stellen wir diese Ergebnisse denen von Altvater/Hoffmann/Semmler (AHS) aus ihrer sehr detailreichen Untersuchung der Profitratenentwicklung für die BR Deutschland für die drei Nachkriegsjahrzehnte gegenüber, so zeigen sich erhebliche Unterschiede beim Niveau der Profitraten. Sie liegen in dem gesamten untersuchten Zeitraum von 1950 bis 1977 über denen von Ipsen und Krüger. Sie sind jeweils mehr als doppelt bis dreifach höher. Dies ist offenbar auf verschiedene Berechnungsarten zurückzuführen.[13] Insofern ist es für unsere Fragestellung hinsichtlich der Tendenz der Profitrate sinnvoll, die Entwicklung der Profitraten im Untersuchungszeitraum von 1950 bis 1977 nicht anhand ihrer absoluten Höhe zu vergleichen, sondern ihre Wachstumsraten und deren Trends gegenüberzustellen. Hier zeigen sich zwischen den drei Analysen große Übereinstimmungen sowohl in der Zyklizität wie im Trend. Der Abwärtstrend bei den Wachstumsraten der Profitrate ist am ausgeprägtesten in der Untersuchung von Krüger, die Wachstumstrends bei Ipsen und AHS unterscheiden sich dagegen nicht sehr stark, sind aber ebenfalls negativ (vgl. Abbildung 3).

Priewe stützt sich in seinen Berechnungen auf die Daten von Ipsen und vom DIW sowie von Görgens, die er für die Zeit von 1965 bis 1960 rückverkettet. Die Ergebnisse für die beiden letzteren seien durch eine Grafik veranschaulicht (Abbildung 4). Es ist deutlich erkennbar, dass der insgesamt abwärtsgerichtete Trend der Profitrate nur bis Mitte der 70er Jahre vorhanden ist. Ein weiterer Unterschied ergibt sich, wenn wir die relative Bedeutung der beiden Komponenten, der Gewinnquote und des Kapitalkoeffizienten betrachten, mit Hilfe von Regres-

[13] AHS beschränken sich auf den Bereich der Industrie, die Berechnungen für die Profitquote beziehen sich nicht wie in den anderen Untersuchungen auf eine Sozialproduktsgröße wie dem Volkseinkommen (üblicherweise mit Y abgekürzt), sondern um Anteile an der Bruttowertschöpfung (bei AHS ebenfalls mit Y bezeichnet). Die bei AHS als Lohnquoten ausgewiesene Zahlen um 35 bis 40 Prozent bzw. Profitquoten über 60 Prozent, also höher als Lohnquoten, hat es in der Geschichte der BRD ja nicht gegeben. Vgl. Altvater u.a 1979, Tabelle 6, S. 88.

sionsfunktionen geschätzt. Durch die Einbeziehung von weiteren sechs (DIW) bzw. neun (Görgens/Priewe) Jahren der Nachkriegszeit ergibt sich ein dominanter Einfluss der Verteilungsgröße. Dies ist möglicherweise schon ein Hinweis auf einen sich seit Mitte der 70er Jahre entwickelnden neuen Akkumulationstyp.

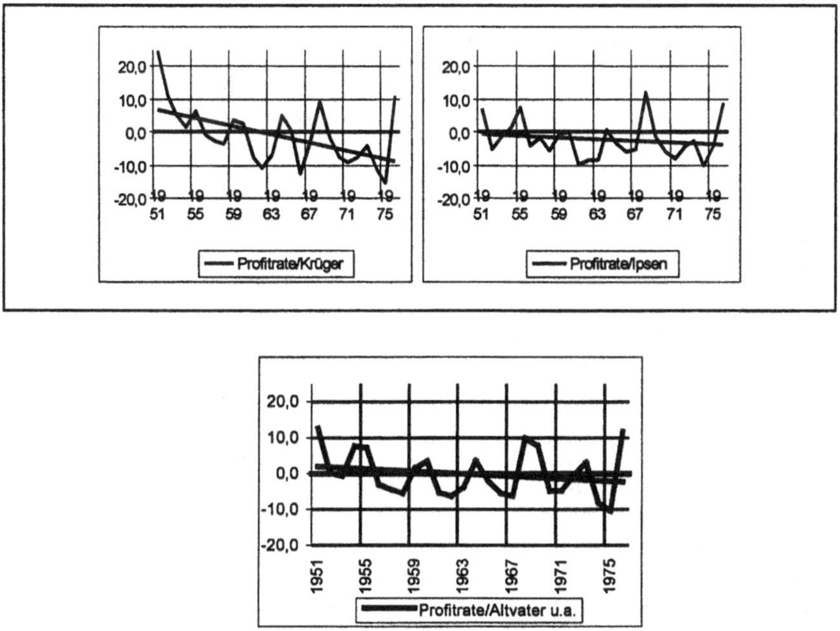

Abbildung 3: Profitratenzyklizität und -trend (Wachstumsraten der Profitrate) für die BRD von 1950 bis 1977 bei Krüger, Ipsen und Altvater/Hoffmann/Semmler

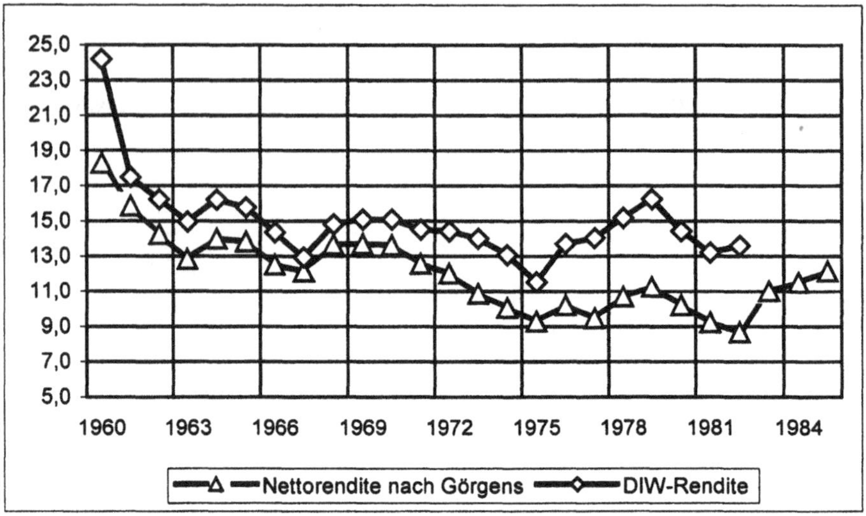

Abbildung 4: Gegenüberstellung der Profitratenberechnungen bei Priewe nach dem Daten-Material von Görgens und dem Deutschen Institut für Wirtschaftsforschung

6. Kurzer Blick von heute auf die vergangenen drei Jahrzehnte

Durch die deutsche Vereinigung sind empirische Untersuchungen, die sich mit der gesamten Nachkriegszeit bis heute befassen wollen, schwieriger geworden. Viele Zeitreihen weisen ab 1991 erhebliche Niveausprünge auf, der Vereinigungsboom hat die Zyklizität verschoben, wenn nicht verändert. Sollen die daraus folgenden Komplikationen für empirische Analysen vermieden werden, müsste man sich auf den Zeitraum seit 1991 beschränken. Dann schrumpfen allerdings die Zeitreihenlängen erheblich. Auf der Grundlage von zwölf oder dreizehn Jahreszahlen auf längerfristige Trends oder Tendenzen schließen zu wollen, ist sehr problematisch. Die Alternative, weitere Jahre bzw. Jahrzehnte abzuwarten, ist ebenfalls nicht befriedigend. Da es sich allerdings bei den Komponenten, die in die Berechnung der Profitrate eingehen, um Verhältniszahlen handelt und nicht um Niveaugrößen, dürften die vereinigungsbedingten „Verzerrungen" nicht so erheblich sein. Unter dieser Annahme können auf der Grundlage von durchgehenden Datenreihen für die Periode von 1960 bis 2004 Anhaltspunkte für Kontinuitäten bzw. Brüche gesucht werden. Kontinuität würde in diesem Zusammenhang bedeuten, dass die Profitratendaten ab Mitte der 70er Jahre bis 2004 weiterhin eine deutliche Tendenz nach unten aufweisen würden. Zeigt die Profitrate dauerhaft ein anderes Muster (konstant oder sogar aufwärts), so wird die These vom neuen Akkumulationstyp als plausibel angesehen, jedenfalls nicht abgelehnt. Sollte sich ein zusätzlicher Strukturbruch ab der Vereinigung ergeben, mit einem anschließenden wiederum neuen Entwicklungspfad, so bedarf dies einer eigenen Erörterung.

Die AMECO-Datenbank der EU stellt für verschiedene Länder normierte Datensätze für die Zeit von 1960 bis 2004 zur Verfügung. Für die „alte" Bundesrepublik sind dies Datenreihen für den Zeitraum von 1960 bis 1991,

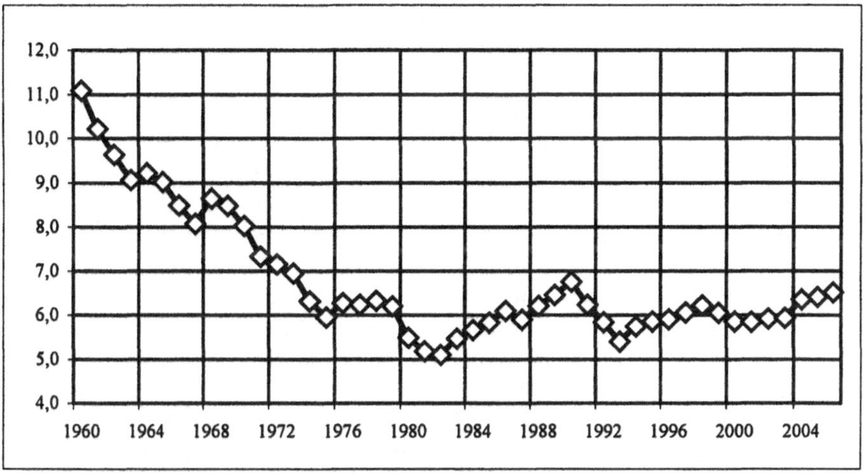

Abbildung 5: Profitratenentwicklung von 1960 bis 2004; Berechnungsgrundlage sind die Zeitreihen der Ameco-Datenbank der Europäischen Union

für das vereinte Deutschland von 1991 bis 2004. Weiterhin enthält die Datenbank Schätzungen für die Jahre 2005 und 2006. Berechnen wir auf der Grundlage der Zeitreihen aus der Ameco-Datenbank[14] die Profitrate für die Periode von 1960 bis 2004, so wird die Veränderung von einem tendenziellen Fall der Profitrate hin zu einer tendenziellen Konstanz bzw. einem leichten Anstieg seit Mitte der 70er Jahre sehr deutlich erkennbar (Abbildung 5). Dies könnte ein Hinweis auf ein vom bisherigen Typ abweichendes Profitratenregime, einen anderen Akkumulationstyp, sein. Damit ist das Gesetz vom tendenziellen Fall der Profitrate jedoch keineswegs für alle Zeiten obsolet. Es ist lediglich festzuhalten, dass das Profitratenfallgesetz mit dem verwendeten Datensatz für die BR Deutschland nicht durchgängig identifizierbar ist bzw. sich seine Wirkung nicht erkennbar in den Daten für die gesamte Periode niedergeschlagen hat. Dies ist aber auch nicht die Behauptung, da es zahlreiche dem Fall der Profitrate entgegenwirkende Faktoren gibt. Einige davon sind bereits angesprochen worden. Obenan stehen neue

[14] Internetzugriff am 10. April 2005 unter http://europa.eu.int/comm/economy-finance/indicators/

technologische Entwicklungen, die andere Formen der Rationalisierung und Intensivierung und damit der Produktivitätserhöhung hervorbringen. Kapital- und arbeitssparender technischer Fortschritt schwächen längerfristig sowohl die Massenkaufkraft wie die Investitionsnachfrage aus dem Inland. Gesteigerte Konzentration, vermachtete Märkte und administrierte Preise in vielen Bereichen versperren außerdem den kurzfristigen Ausweg durch Preissenkungen.[15]

7. Schlussbemerkungen

Als Ergebnis eines ersten skizzenhaften Überblicks über einige Resultate von Profitratenanalysen für die BRD der Nachkriegszeit kann festgehalten werden, dass sich bis zur Mitte der 70er Jahre die Wirkung des Gesetzes vom tendenziellen Fall der Profitrate in den verwendeten Daten deutlich feststellen lässt. In den jeweiligen interpretativen Ausführungen der Autoren erweist sich diese Gesetzmäßigkeit zweifellos als erkenntnisfördernd. Die Analyse einzelner Komponenten der Profitrate erleichterte den Verfassern der zitierten Studien qualitative und quantitative Einschätzungen von wirtschaftspolitischen Maßnahmen. Ab Mitte der 70er Jahre ist das Profitratenfallgesetz nicht mehr eindeutig erkennbar. Die Daten für die BRD zeigen „in der Tendenz" eher einen leichten Anstieg der Profitrate, der als Aufkommen eines anderen Profitratenregimes, eines neuen Akkumulationstyps gedeutet werden kann. Die Frage, die sich anschließt wäre, ob ein verändertes Profitratenregime das ökonomisch-gesellschaftliche System der BR Deutschland insgesamt so verändert hat, dass festgestellt werden muss, dass die Nachkriegsphase mit dem damit verbundenen nachfragedominierten Akkumulationstyp endgültig vorüber ist. Damit öffnet sich ein weites theoretisches und empirisches interdisziplinäres Forschungsfeld. Weitere Untersuchungen müssten prüfen, inwieweit so eine für die BRD konstatierte Entwicklung auch für andere entwickelte kapitalistische Ökonomien zutreffend ist. Ob bei einer Bestätigung ähnlicher Entwicklungen in anderen Ländern das Profitratenfallgesetz für die Kapitalismusanalyse wie für die Interpretation von wirtschaftspolitischen Maßnahmen entbehrlich ist, wird sich erst dann fundierter diskutieren lassen.

[15] Eine ausführliche Beschreibung der einzelnen Faktoren findet sich bei Priewe 1988, S. 279 ff.

Literatur

Altvater, E. u.a., 1979, Vom Wirtschaftswunder zur Wirtschaftskrise. Ökonomie und Politik in der Bundesrepublik, Berlin.

Berger, J., 1979, Der Grundgedanke der Marxschen Krisentheorie, in: Alternative Wirtschaftspolitik. Methodische Grundlagen-Analysen und Diskussionen, Argument Sonderband AS 35, Berlin , S. 120 ff.

Brenner, R., 2002, Boom und Bubble. Die USA in der Weltwirtschaft, Hamburg.

Diefenbach, Ch. u.a.., 1976, Wie real ist die Realanalyse? In: Prokla, Heft 24, 6. Jg., Nr. 3, S. 173 ff.

Heinrich, M., 2003, Die Wissenschaft vom Wert, 3. Aufl., Münster.

Hickel, R., 1987, Ein neuer Typ der Akkumulation? Anatomie des ökonomischen Strukturwandels – Kritik der Marktorthodoxie, Hamburg. http://europa.eu.int/comm/ economy-finance/indicators/

Ipsen, D., 1983, Die Stabilität des Wachstums. Theoretische Kontroversen und empirische Untersuchungen zur Destabilisierung der Nachkriegsentwicklung, Frankfurt-New York.

Krüger, S., 1986, Allgemeine Theorie der Kapitalakkumulation. Langfristige Entwicklung und konjunktureller Zyklus, Hamburg.

Lichtblau, K., Schäfer, H., Stolte, I., 2002, Analyse: Umsatzrenditen, empirische Bestandsaufnahme und ökonometrische Ursachenanalyse für sechs Industrieländer, in: iw-Trends (Hrsg. Institut der deutschen Wirtschaft).

Mattfeldt, H., 2003, Die Maastricht-Kriterien: Ausdruck neoklassischen Gedankenguts?, Diskussionsbeiträge aus dem Fachgebiet Volkswirtschaftslehre an der HWP, Hamburg (www.hwp-hamburg.de/fach/fg_vwl/DP_VWL/dp_vwl.htm)

o.V., 2004, Measuring and analysing profit developments in the euro area, in: ECB, Monthly Bulletin, January.

Priewe, J., 1988, Krisenzyklen und Stagnationstendenzen in der Bundesrepublik Deutschland., Köln.

Schafmeister, S., 2005, Die „ausgeblendeten" Ursachen der deutschen Wirtschaftskrise. Ein Vergleich der Entwicklung seit 1991 in den USA, in Deutschland und in der übrigen Eurozone, Österreichisches Institut für Wirtschaftsforschung, Wien.

Herbert Schui

Was hat den Sozialstaat in die Krise gebracht?

Kapitalismus und nicht-bürgerlicher Gegenpol

Sozialstaat im Kapitalismus ist eine Frage für die Politische Ökonomie. Demnach können seine Entstehung und sein Niedergang nur beurteilt werden im Kontext der kapitalistischen Entwicklung. Der Schlüsselbegriff für den Sozialstaat ist der gesellschaftliche Überschuss. Ein wesentliches Merkmal des Kapitalismus ist, dass er diesen Überschuss nicht nur mit den üblichen Zwangsmitteln, sondern durch eine Verbesserung der Produktionstechnik zu steigern sucht. Die Zwangsmittel stellen sich unter kapitalistischen Bedingungen dar als freier, unregulierter Arbeitsmarkt. Dieser beschränkt den Massenkonsum; hält sich überdies der Konsum der Kapitalisten in Grenzen, weil sie die Akkumulation einer feudalen Lebenshaltung vorziehen, dann steigt der Umfang der Ressourcen zur Herstellung von Realkapital. Das Ergebnis ist eine stets beschleunigte Akkumulation und Industrialisierung.

Steigt in dieser Entwicklungsetappe der Kapitalknappheit (der Kapitalrestriktion) der Konsum der Nicht-Gewinnbezieher (als Lohn, als Sozialleistungen), dann verlangsamt dies das Tempo der Akkumulation, soweit nicht der Konsum der Kapitalisten (oder noch bestehender vorkapitalistischer Schichten) als Puffer dient. In der politischen Realität allerdings stellt sich die Frage nicht einfach als Wahl zwischen einem höheren Lebensstandard der Arbeitenden oder mehr Akkumulation und Kapitalrentabilität: Vielmehr kann die Wirtschaftordnung insgesamt gefährdet sein, wenn keine Zugeständnisse gemacht werden. Bei Zugeständnissen aber muss der Eindruck vermieden werden, dass gegenüber dem organisierten gesellschaftlichen Druck der Arbeiterbewegung nachgegeben worden wäre. Denn dies würde als Ermunterung verstanden, mehr und weiteres zu verlangen. Dieser strategische Zug ist offenbar nicht ohne Wirkung geblieben: Nicht selten wird behauptet, der ganze moderne Sozialstaat sei paternalistisch, d.h. entmündigende Fürsorge; er sei also im Grunde ebenso gegen Emanzipation gerichtet wie die ungeschminkte Unterdrückung. Der Fehler an dieser Kritik ist, dass sie diese Sozialstaatsregelung nicht begreift als eine unausweichliche Reaktion auf den Druck der organisierten Arbeiterschaft und nicht unterscheidet zwischen den strategischen Tricks auf der einen Seite, die bei Zugeständnissen notwendig sind, um den Verlust an Autorität, den Elan der Arbeiterbewegung und den Schaden insgesamt möglichst in Grenzen zu halten, und dem materiellen Gehalt der Regelung auf der anderen Seite, die, wenn sie Bedrohung durch Armut und Not begrenzt, doch der Befreiung der Menschen objektiv voran helfen kann. Diese falsche Beurteilung der Anfänge des Sozialstaates greift der Neoliberalismus auf, indem er argumentiert, dass der Sozialstaat mit seinen gesetzlichen Pflichtversicherungen gegen die persönliche Freiheit gerichtet sei.

Dies kann deutlich machen, unter welchen Gesichtspunkten der Zusammenhang zwischen Sozialstaat und Kapitalismus zu überprüfen ist: Der Sozialstaat ist nicht vereinbar mit der Eigenschaft des Kapitalismus als System der Minimierung des Massenkonsums, seine Wechselwirkungen mit der Akkumulation und dem Wirtschaftswachstum allgemein sind *unter Beachtung des Entwicklungsstandes des Kapitalismus* zu klären und es ist – dies betrifft besonders den modernen Sozialstaat der Nachkriegszeit – seine Ausformung offen zu legen: Der Kapitalismus wird notwendigerweise auf den Sozialstaat einwirken, ihn wenigstens insoweit zu deformieren versuchen, dass sein eigentlich transzendierender Gehalt, die in ihm enthaltene dynamische Eigenschaft, das System überwinden zu können, eingedämmt wird oder ganz verloren geht.

Der Sozialstaat aber braucht eine dauerhafte und systematische institutionelle Absicherung. Folglich ist ein politischer Gegenpol zum Markt und zur Privatwirtschaft notwendig, der, wie Schumpeter[1] dies für den vordemokratischen Kapitalismus ausgedrückt hat, aus nicht-bürgerlichem Material gefertigt sein muss. Im modernen Kapitalismus kann sich dieser Gegenpol darstellen als Parlamentsmehrheit in einer Demokratie oder als Gewerkschaft, die beide ihren Gegner zwingen können, die Freiheit des Marktes zu begrenzen. In diesem Rahmen können Sozialgesetze entstehen oder Lohntarifverträge, die von legalisierten Vertragsparteien ausgehandelt werden. Zerbröckelt dieser Gegenpol, weil etwa die Gewerkschaften an Macht verlieren, weil von der Sozialdemokratie behauptet werden kann, dass sie nicht mehr *nicht-bürgerliches* Material ist, oder weil die Regierung nicht mehr als selbständiges Subjekt das gesamtkapitalistische Interesse verfolgt, sondern auf Zuruf aus den unterschiedlichen unternehmerischen Milieus reagiert, dann gibt es für den Sozialstaat keine Garantie mehr: Er zerfällt und mit ihm erlahmt die wirtschaftliche Dynamik.

Der Umfang des Sozialstaates ist demnach bestimmt vom Verhältnis des Gegenpols zu den Kapitalisten – und vom Ausmaß der Ressourcen, die als wirtschaftliche Basis für den Sozialstaat bereitstehen können. Dies ist Gegenstand der kapitalistischen Entwicklung: Für den klassischen Kapitalismus hat gegolten, dass im Grundsatz zwischen Akkumulation und Sozialstaat zu wählen ist. Und mehr noch: Es ist die Wahl zwischen mehr Beschäftigung und Sozialstaat; denn je rascher das Tempo der Akkumulation, umso mehr Produktionsstätten werden geschaffen und umso niedriger fällt die Arbeitslosigkeit aus. Für den entwickelten Kapitalismus stellt sich *diese* Wahl nicht mehr, auch wenn die Rechte darauf

1 Schumpeter 1993, S. 225.

besteht, dass das alte Muster des klassischen Kapitalismus, die Kapitalrestriktion, immer noch gilt.

Unterkonsumtion als Entwicklungsbarriere

Die Entwicklungsschranke des modernen Kapitalismus der Industrieländer ist die Nachfragrestriktion. Die theoretische Begründung hierfür haben bereits einige Autoren der Klassik geliefert, so Malthus, auf den sich dann später Keynes beruft. Ebenfalls betont Marx bei der Behandlung der Realisierungsfrage, dass die Nachfrage der Kapitalisten nach Konsumgütern wegen ihres „Akkumulationsbetriebes" beschränkt ist, die der Arbeiter wegen der „antagonistischen Distributionsverhältnisse, welche die Konsumtion der großen Masse der Gesellschaft auf ein nur innerhalb mehr oder minder engen Grenzen veränderliches Minimum reduziert".[2] Da zwischen dem Konsum als finalem Output und der Nachfrage nach Realkapital als intermediärem Input bestimmte Proportionen herrschen (die „Proportionalität der verschiedenen Produktionszweige"), kann die Gesamtnachfrage geringer ausfallen als die Vollbeschäftigungsproduktion. In diesem Zusammenhang ist zu betonen: Die „Proportionen", oder in moderner Terminologie, die Input-Output-Relationen zwischen dem Finaloutput Konsum und dem intermediärem Input Realkapital sind nicht fix, sondern Gegenstand des technischen, des Produktivkraftfortschritts; es gibt keine automatische Kompensation der Konsumschwäche durch Investitionsgüternachfrage: Der Realkapitalbedarf nimmt nicht dann und deswegen zu, wenn und weil die Konsumgüternachfrage unzureichend ansteigt.[3] Im Sinne von Marx steuert das System auf einen Widerspruch zu: „Je mehr sich [...] die Produktivkraft entwickelt, um so mehr gerät sie in Widerstreit mit der engen Basis, worauf die Konsumtionsverhältnisse beruhen."[4] Und da die Produktivkraftentwicklung die Arbeitsproduktivität anwachsen lässt, folgt, dass dieser Widerspruch durch mehr Konsumnachfrage eingedämmt werden kann.

Keynes greift dieselbe Frage auf. Der Wirtschaftstheorie von Mill und seinen Nachfolgern hält er vor, dass sie „die Theorien des Unterverbrauchs" in den „Winterschlaf" versetzt hätten: „Ihre Methode war, das Problem vom corpus der Wirtschaftslehre abzuweisen, nicht indem sie es lösten, sondern indem sie es nicht erwähnten."[5] (Diese Bemühungen sind bekanntlich intensiver denn je.) Auch den Zusammenhang von Konsumausgaben und Einkommensverteilung (Marx' Distributionsverhältnisse und die Konsumtion der großen Masse der Gesellschaft) benennt Keynes: „Der Betrag, den das Gemeinwesen für den Ver-

[2] Marx 1973, S. 254 f.
[3] Schui 1999, S. 753.
[4] Marx 1973, S. 254 f.
[5] Keynes 1936, S. 308.

brauch ausgibt, stützt sich offenbar [...] teilweise [auf] die Grundsätze, nach denen das Einkommen [...] verteilt wird."[6] Auf diese Grundsätze soll der Staat einwirken: Er soll „einen leitenden Einfluß auf den Hang zum Verbrauch teilweise durch sein System der Besteuerung, teilweise durch Festlegung des Zinsfußes [...] ausüben [...]".[7] Für Marx und Keynes wird der fehlende Konsum durch steigende Investitionen kompensiert. Marx weist auf die Proportionalität der Industriezweige hin, Keynes betont, „daß ein verhältnismäßig schwacher Hang zum Verbrauch dadurch beiträgt, Arbeitslosigkeit zu verursachen, daß er die Begleitung durch eine ausgleichende Menge neuer Investitionen erfordert, aber *nicht* erhält".[8]

Unter diesen neuen Bedingungen sind Akkumulation und Konsum nicht mehr konkurrierende Ziele. Dies ist die Grundlage des modernen Sozialstaates: Was an Produktionsmöglichkeiten nicht für die Herstellung von Realkapital benötigt wird, soll für den Konsum (den öffentlichen ebenso wie den privaten) genutzt werden. Damit bringt der Sozialstaat eine Nachfrage und damit eine Produktion hervor, die ohne ihn nicht zustande käme. Die reformierten Produktionsverhältnisse, der Sozialstaat, schaffen sich selbst ihre wirtschaftlichen Voraussetzungen. Er ist das Verfahren, mit dem der überaus entwickelte Produktivkraftstand für vermehrte allgemeine Wohlfahrt genutzt werden kann.

Sozialstaat im Interesse der Unternehmen?

Dass der Sozialstaat bei dieser Gelegenheit für ausgelastete Kapazitäten und ein dynamisches Wachstum sorgt, hat eine Reihe von recht unsinnigen Diskussionen ausgelöst: Orthodoxe Marxisten fühlten sich um den Zusammenbruch des Kapitalismus als Folge des tendenziellen Falls der Profitrate betrogen, störend wurde auch empfunden, dass Keynes' Lösung der Realisierungsfrage die Wirtschaftstheorie der Sozialdemokratie und damit der größten Arbeiterparteien im Westen wurde: Dies lenke von der Revolution ab. Umgekehrt glaubten viele Sozialdemokraten, eine Lösung gefunden zu haben, bei der sie sich mit den Kapitalisten arrangieren könnten, ohne das System selbst in Frage stellen zu müssen.

Objektiv aber kann der Sozialstaat kein dauerhafter Klassenkompromiss sein. Und ebenfalls ist seine Durchsetzung nicht eine Frage der Aufklärung der Unternehmer, die dann, wenn sie wirklich Bescheid wüssten, ihn zu ihrem politischen Ziel machen würden. Dafür sind drei Gründe entscheidend: Erstens senkt der Sozialstaat die Profitrate ab. Denn wenn der je Arbeitseinheit erzeugte Überschuss niedriger ausfällt, muss bei jeweils gegebener Ausrüstung der Arbeit mit Realkapital die Relation Überschuss zu Realkapital, d.h. die Profitraten niedriger

6 Ebd., S. 78, auch Keynes 1937, S 219 ff.

7 Keynes 1936, S. 318.

8 Ebd., S. 313.

ausfallen als dies ohne den Sozialstaat der Fall wäre. Auch wenn ohne Sozialstaat das Wachstum sehr gering ausfällt: Solange wie bei weniger Sozialstaat und damit höherer Profitrate die gesamtwirtschaftliche Nachfrage hinreichend ist, um die Kapazitäten einigermaßen auszulasten, werden die Unternehmen dies der Vollbeschäftigung und einem dynamischen Wachstum vorziehen. (Bei anhaltender Unterauslastung der Kapazitäten werden sie die Lösung in Staatsdefiziten suchen; dies bringt mehr Nachfrage, ohne die Profitrate zu schmälern.) Nicht konstante, sondern maximale Rentabilität ist das Ziel – nicht aber Vollbeschäftigung und wirtschaftliche Dynamik bei verringerter Profitrate.

Der zweite Grund für die Ablehnung von Sozialstaat und Vollbeschäftigung ist die Gefährdung der unternehmerischen Autonomie, die Verschiebung der gesellschaftlichen Machtverhältnisse. Fehlt die Furcht vor Arbeitslosigkeit, ist es schwieriger, die Arbeiterschaft zu disziplinieren.[9] Hinzu kommt, dass die positiven Erfahrungen bei der Durchsetzung des Sozialstaates ihre eigene Dynamik auslösen. Weitere Verbesserungen werden verlangt; freimütiger als sonst wird über grundlegende Veränderungen debattiert. Gefördert werden diese Strömungen, weil bei mehr Sozialstaat und sinkender Profitrate die kapitalistische Dynamik erlahmt und politische Planung und Verstaatlichung erforderlich werden könnte.

Dies führt zu einem dritten Argument, das einen dauerhaften Kompromiss in Frage stellt: Ein dynamisches Wachstum der Nachfrage eröffnet den Unternehmen Preiserhöhungsspielräume. Indem diese genutzt werden, sind die Möglichkeiten der Verteilungspolitik eingeengt. Dem Lohn und der Steuer als politische Strategien steht nun die unternehmerische Preisgestaltung entgegen. Hierbei muss es sich keineswegs, wie dies in den 1970er Jahren auf der Grundlage der britischen Erfahrungen diskutiert wurde, um den Versuch der Unternehmen handeln, eine Profitrate zu erreichen, die die Investitionen wieder lohnend macht; zu beachten ist vielmehr, dass die Unternehmen aus dem Markt das herausholen, was möglich ist – gleichgültig, welches Niveau die Profitrate hat. In Frankreich wurde versucht, diese Frage durch weitreichende Verstaatlichungen zu lösen. Ein großer öffentlicher Sektor sollte die Preise maßgeblich beeinflussen, eine gezielte und billige Kreditversorgung ermöglichen und die Investitionsplanung unabhängig machen von der Profitrate.[10] Ähnliches stand in Italien auf der Tagesordnung.[11] Einzig in Frankreich ist 1981 mit der Wahl Mitterands zum Staatspräsidenten und mit dem Wahlsieg der Volksfront versucht worden, diese Pläne zu verwirklichen. Allgemein aber setzte sich in den 1970er Jahren in allen Ländern der Monetarismus als Strategie gegen die steigenden Preise durch. Hohe Zinsen und eine Drosselung der Geldversorgung haben wesentlich dazu beigetragen, die

9 Kalecki 1987, S. 235 ff.
10 PSF und PCF 1972; PCF 1978.
11 PCI 1977.

Inflationsrate abzusenken. Die Theorie des Monetarismus aber ist damit nicht bestätigt. Vielmehr hat der Monetarismus keynesianisch gewirkt: Die Verteuerung kreditfinanzierter Ausgaben hat die Dynamik des Nachfragewachstum gebrochen und die Preiserhöhungsspielräume verringert. Arrondiert wurde dies mit Druck auf die Gewerkschaften und mit Steuervergünstigungen für die Unternehmen (etwa Investitionszulagen). Diese Verteilungspolitik hat die Massennachfrage gedämpft und damit ebenfalls die Möglichkeiten für Preiserhöhungen beschränkt.

Der Konsumismus als ideologische Deformation des Erreichten

Die Neutralisierung der Verteilungspolitik durch Preissteigerungen und die falsche Reaktion der Politik hierauf ist der entscheidende wirtschaftliche Grund für den allmählichen Verfall des Sozialstaates. Aber nicht weniger wichtig ist die Frage, aus welchem Grund es in den meisten Ländern keine wirksame Massenbewegung gab, den Sozialstaat zu verteidigen. Wäre dies der Fall gewesen, so hätte eine politisierte Bevölkerung wenigstens eine begründete Aussicht gehabt, das Erreichte mit Erfolg zu verteidigen. Zwei Gesichtspunkte sind hier von besonderer Bedeutung, nämlich, was im Sinne der Frankfurter Schule als Konsumismus kritisiert worden ist und weiter die Art und Weise der Bewältigung der Planungsaufgaben, die sich zwingend stellen, wenn die Verteilung und Verwendung des Nationalproduktes nicht mehr dem Markt und der wirtschaftlichen Macht überlassen ist.

Grundlage der reformistischen Lösung ist mehr Massenkonsum. Dieser kann sich ausformen als individueller Konsum bei höherem Einkommen, ebenso gut aber als öffentlicher Konsum oder als geringere Arbeitszeit bei gleichem Lohn. Auch wenn das eine wie das andere den Unternehmen dieselben Kosten verursacht: das System wird eine starken Hang dazu entwickeln, den individuellen Konsum zu betonen. (Die privaten Unternehmen wollen den höheren Massenwohlstand in ihrem Interesse als Konsumnachfrage ausformen.) Hierbei ist der Konsum selbst nicht die entscheidende Größe, sondern die Manipulation durch Werbung. Hinzu kommt eine teilweise Vereinheitlichung des Konsums im Rahmen der Massenproduktion. Damit ist nicht gegen den privaten Konsum an sich argumentiert. Wichtig ist vielmehr, dass der Konsum aus der Sphäre des Gebrauchswertes herausgehoben wird, um ihn zum Symbol des sozialen Status und des Aufstieges zu machen, zum Versprechen: „Ihr werdet sein wie Bourgeois“. Mit dieser Losung aber lässt sich der Sozialstaat nicht verteidigen oder verbessern – besonders dann nicht, wenn seine Bewahrung Maßnahmen erfordert, die über das kapitalistische System hinausreichen. Die Suggestivkraft der Losung setzt darauf, die rationalen Persönlichkeitsanteile zu umgehen: Sie steht der Aneignung grundlegender wirtschaftstheoretischer Kenntnisse entgegen, damit der vernunftgeleiteten politischen Aktion und schließlich dem Bewusstsein, dass die

Besserung der Verhältnisse nicht damit zu erreichen ist, dass alle Bourgeois werden. Dies nämlich ist objektiv nicht möglich. Das Ergebnis kann nur die subjektive Vorstellung der Zugehörigkeit zum Bürgertum im sozialen Status der abhängig beschäftigten Lohnarbeit sein: Es entsteht der moderne Kleinbürger der „neuen Mitte“, der sich – oft im Gefolge seines sozialen Aufstiegs – unkritisch mit dem gesellschaftlichen status quo identifiziert, wegen einer verkürzten Bildung (Universitätsabschlüsse ändern daran nichts) zu Vorteilen neigt und nicht fähig ist zu erkennen, was erforderlich werden kann, um auch nur seinen materiellen Stand abzusichern.

Diese zutreffende Kritik am Konsumismus ist in der Folge oft genug popularisiert und verballhornt worden als allgemeine Kritik an der Sozialstaatsidee und der Steuerung der Nachfrage durch Verteilungspolitik. Der Einwand war zumeist eine Verbindung von Umwelt- und Sättigungsargumenten – wobei von Sättigung als Folge der Einkommensverteilung weniger die Rede war: Mehr Nachfrage sei wegen der Überversorgung mit Konsumgütern (Überflussgesellschaft) und aus Umweltgründen (Wegwerfgesellschaft) nicht zu vertreten. Auch kleinbürgerliche Gewerkschaftsfeindlichkeit (nicht selten im akademischen Milieu) konnte in diesen Argumenten zum Zuge kommen: Lohnforderungen sind Forderungen nach mehr Umweltverschmutzung.

Sozialstaatsplanung: die widersprüchliche Funktion des Korporatismus

Aber nicht nur der Konsumismus hat dazu beigetragen, den systemtranszendierenden Gehalt des modernen Sozialstaates zu verwässern: Mit dem Sozialstaat müssen notwendigerweise Institutionen mit Koordinations- und Planungsaufgaben herausgebildet werden. In diesem neuen gemischtwirtschaftlichen System (so der Begriff in den Lehrbüchern der Nachkriegszeit) ist – nach der Logik und nicht nach der politischen Praxis geordnet – zunächst die Arbeitszeit festzulegen, hieraus folgt bei gegebener Arbeitsproduktivität der Output. Der Output kann öffentlich oder privat verwendet werden, für Investitionen oder Konsum. Nachdem Unternehmen und Staat das erforderliche Investitionsvolumen festgelegt haben, ist über die Höhe des öffentlichen und des privaten Konsums zu entscheiden, über die genauen Eigenschaften des öffentlichen Konsums und darüber, wie hoch im privaten Sektor der Konsum der Gewinnbezieher und der Massenkonsum ausfallen sollen. All dies erfordert, die Einkommensverteilung festzulegen, damit die Nachfrage so hoch ist wie die Produktion bei Vollbeschäftigung. Dass der Markt diese Abstimmungsaufgaben nicht erfüllen kann, ist mit der Sozialstaatsidee anerkannt. Damit müssen die Parlamente, die Regierungen und die Gewerkschaften als Einrichtungen außerhalb des Marktes neue, planerische Verfahren der Abstimmung der wirtschaftlichen Größen entwickeln. Das Neue an diesen institutionellen Veränderungen ist die ausdrückliche Orientierung des Verteilungskonfliktes an einer makroökonomischen Theorie. Diese Phase vermehrter

Planung im Kapitalismus ist oft als Korporatismus zu erfassen versucht worden: Unterstellt wurde das „ordnungspolitisches Ziel [...], die Gewerkschaften und andere Interessenorganisationen der Arbeiterklasse den Kapitalinteressen unterzuordnen und dies mit einem ‚imaginären Gemeinwohl' zu begründen".[12]

Von vorneherein aber muss ein solches Ziel nicht unterstellt werden. Die neuen Institutionen und Verfahren (Planungsbehörden und entsprechende politische Gremien, konzertierte Aktionen, Zusammenarbeit von Kammern, Verbänden und Gewerkschaften) drücken aus, dass das Steuerungssystem Markt und Wettbewerb durch den Gesamtplan ergänzt wird. Dieser setzt den engen Rahmen, in dessen Grenzen den einzelnen Unternehmen eine Restautonomie verbleibt. (Diese politische Zielsetzung wird in den Programmen der sozialdemokratischen Parteien deutlich dokumentiert.) Der Konflikt zwischen Kapital und Arbeit, oder kennzeichnend für den Sozialstaat: der Widerspruch zwischen dem Anspruch des Kapitalismus, den Massenkonsum zu minimieren, und dem Anspruch der Mehrheit, durch vermehrten Massenkonsum zu Vollbeschäftigung und allgemein verbesserten Lebensverhältnissen zu kommen, wird nun in Einrichtungen verlagert, die von den Verfassungen und politischen Systemen nicht vorgesehen und von der öffentlichen Einflussnahme abgeschirmt sind. Damit entsteht die Gefahr, dass diese veränderte Institutionalisierung des Konfliktes die überkommenen Konfliktformen eindämmt (etwa den Streik), an ihrer Stelle aber keine anderen entstehen, die den neuen Anforderungen (etwa der Wirtschaftsplanung) besser entsprechen. Die Maßregel für die neuen Einrichtungen muss sein, die Massenwohlfahrt zu maximieren. Damit ist das Maß an unternehmerischer Autonomie bestimmt, das ein gesamtwirtschaftlicher Plan vernünftigerweise übrig lässt. Es kann folglich nicht einen beliebigen Kompromiss geben zwischen Massenwohlfahrt und Unternehmensfreiheit.

In diesem gemischtwirtschaftlichen System kann die Lösung nicht einfach im Zurück zu den Konfliktformen des klassischen Kapitalismus gesucht werden. Damit würden in orthodoxer Weise die systemüberwindenden Eigenschaften der Planungseinrichtungen des Sozialstaates geleugnet. Aber wenn nicht Klarheit darüber herrscht, dass der Widerspruch nicht überwunden, sondern nur anders und auch in vielfältigeren Formen auszutragen ist, wenn die Öffentlichkeit, die große Mehrheit, um deren Lage es geht, unzureichend informiert wird, wenn sie möglichst ferngehalten wird von den wichtigen Entscheidungen, kaum Möglichkeiten der Einwirkung hat, dann hat der Sozialstaat im gemischtwirtschaftlichen System schließlich nicht mehr genug Kraft, um sich konsequent zu verteidigen und fortzuentwickeln. Was als Institutionen gedacht war, um die Autonomie der Kapitalisten zu begrenzen, kann unter diesen Bedingungen ein Werkzeug werden, um die Verfassung und den Parlamentarismus zu umgehen und die Bevölkerung politisch zu bändigen.

[12] Rachel 1981, S. 11 ff.

Der Konsum als Sozialstatus, die Ausgestaltung der neuen Planung und besonders die Neutralisierung der Verteilungspolitik durch unternehmerische Preispolitik haben die Beseitigung des Sozialstaates eingeleitet. Sicherlich wurden, um den Prozess zu beschleunigen, die Konjunkturkrise der Jahre ab 1973 oder die Erhöhung der Ölpreise propagandistisch genutzt. Nicht zu unterschätzen ist ebenfalls der Druck, der von der Verdichtung der internationalen Wirtschaftsbeziehungen ausgegangen ist. Aber gerade bei der weltweiten Wirtschaftsliberalisierung ist zu beachten: Sie ist nicht eine exogene Variable im Prozess; diese Liberalisierung ist vielmehr die Folge internationaler Übereinkommen, die nicht zuletzt vom Internationalen Währungsfonds umgesetzt werden. Diese Politik ist von den Regierungen so gewollt, und diese Politik konnte durchgesetzt werden, weil in den jeweiligen Ländern die inneren Voraussetzungen für einen Wandel entstanden waren. Die Praxis des Sozialstaates hat die genannten wesentlichen Momente hervorgebracht, die dann zur Grundlage für seine schrittweise Beseitigung geworden sind. Ob ein Neubeginn möglich ist? Die objektiven ökonomischen Voraussetzungen sind mit der Nachfragrestriktion gegeben. Die zunehmende Verarmung der Bevölkerung bei steigender Produktivität ihrer Arbeit kann die soziale Schubkraft werden. Soll der Neubeginn erfolgreich sein, dann ist die Geschichte da, um aus ihr zu lernen.

Literatur

Kalecki, M., 1987, Politische Aspekte der Vollbeschäftigung. In: Ders., Krise und Prosperität im Kapitalismus. Ausgewählte Essays 1933-1971, Marburg.

Keynes, J. M., 1936, Allgemeine Theorie der Beschäftigung, des Zinses und des Geldes, Berlin.

– , 1937, The General Theory of Employment. In: The Quarterly Journal of Economics, Februar 1937, hier zitiert nach: Keynes, J. M, The General Theory of Employment. In: The Collected Writings of John Maynard Keynes, Volume XIV, The General Theory and after, Part II Defence and Development, London and Basingstoke, S. 119f.

Marx, K., 1973, Das Kapital. Band 3. MEW 25, Berlin.

PCF, 1978, Partie Communiste Français. Programme Commun de Gouvernement actualisé. Introduction de Georges Marchais, Paris.

PCI, 1977, Partito Communista Italiano. Der kommunistische Vorschlag. Entwurf eines Programms zur Umgestaltung Italiens. Mit einer Einleitung von G. Napolitano, Hamburg.

PSF (Partie Socialiste Français) und PCF (Partie Communiste Français), 1972, Das gemeinsame Regierungsprogramm der Sozialisten und Kommunisten in Frankreich, hrsg. und eingeleitet von W. Goldschmidt, Köln.

Rachel, G., 1981, Der Neokorporatismus – ein reaktionäres Konzept imperialistischer Herrschaftssicherung. In: IPW-Berichte, Heft 8 , Berlin.

Schui, H., 1999, Was ist Unterkonsumtion? Die theoretische und politische Bedeutung eines umstrittenen Begriffs. In: WSI-Mitteilungen, Heft 11, S. 752-760.
Schumpeter, J. A., 1993, Kapitalismus, Sozialismus und Demokratie. 7. Auflage Tübingen/ Basel.

Paul Oehlke

Aufstieg und Niedergang einer humanisierungspolitischen Kräftekonstellation. Ein Lehrstück zur Erosion des demokratischen Sozialstaates

Die Renaissance der medialen, literarischen und wissenschaftlichen Beschäftigung mit dem Nationalsozialismus weist eine folgenreiche Leerstelle auf: den demokratischen Sozialstaat der Bundesrepublik Deutschland als Lehre aus der Zerstörung der Weimarer Republik. Sie scheint aber auch von den intellektuellen Fürsprechern eines deutschen Verfassungspatriotismus vergessen, wenn sie für eine europäische Verfassung plädieren, die demokratische und soziale Zielsetzungen den frei gesetzten Märkten unterordnet. Vor dem Hintergrund der neoliberalen Aufkündigung historischer Klassenkompromisse soll Aufstieg und Niedergang einer humanisierungspolitischen Kräftekonstellation in der Bundesrepublik Deutschland nachgezeichnet werden. Dies erfolgt im Widerspruch zu arbeitsmarkt-, wirtschafts- und wissenspolitischen Erfordernissen einer Qualitätsstrategie der Arbeit mit nachhaltig wirksamen Innovations- und Beschäftigungseffekten.

1. Der demokratischen Sozialstaat als Rahmenbedingung humanisierungspolitischer Aktivitäten

Humanisierungspolitische Aktivitäten hängen an der Nabelschnur demokratisch verfasster Sozialstaaten, die sich mit starken Gewerkschaften, entwickelten Sozialsystemen und öffentlichen Dienstleistungen sowie breiter gesellschaftlicher Teilhabe vor allem in skandinavischen Ländern nach dem Zweiten Weltkrieg herausgebildet haben. In solch wohlfahrtsstaatlichem Kontext konnten beispielhaft humane Arbeitsformen durch einzelne Unternehmen, Gewerkschaftsprojekte und staatliche Programme entwickelt werden. Sie fanden in den 1970er Jahren ein Echo in ebenfalls sozial ausgerichteten westeuropäischen Staaten wie Frankreich und der Bundesrepublik Deutschland.

Das Grundgesetz der Bundesrepublik Deutschland markierte in der Verbindung der beiden unaufhebbaren Verfassungsgrundsätze der unantastbaren Würde des Menschen (Art. 1) und des demokratischen und sozialen Bundesstaates (Art. 20) einen verfassungspolitischen Kompromiss zwischen Arbeit und Kapital. So wurde in der Garantie des Privateigentums zugleich das Gebot seiner Sozialpflichtigkeit verankert und die Möglichkeit seiner Vergesellschaftung in den Schlüsselindustrien, also eine sozialistische Transformation, offen gehalten[1]. Entsprechend hatten die deutschen Gewerkschaften eine wirtschaftliche Demokratisierung mit den drei Kernelementen von Gemeineigentum, staatlicher Planung und Mitbestimmung gefordert. Realiter wurden die kapitalistischen Eigentumsstrukturen an der Nahtstelle des Kalten Krieges rasch restauriert; in einem asymmetrischen Kompromiss konnte jedoch in den 1950er Jahren eine sozial orientierte Marktwirtschaft etabliert werden, die sich durch steigende Beschäftigung, soziale Sicherheitssysteme, tarifliche Handlungsautonomie und unterschiedliche Formen der Mitbestimmung auszeichnete.

In diesem Zusammenhang stellten die 1972 novellierte Betriebsverfassung, der Ausbau des arbeitspolitischen Regelwerks und die humanisierungspolitischen Aktivitäten eine sozialreformerische Antwort auf politische und ökonomische Erschütterungen dar. Das westdeutsche Wirtschaftswunder hatte in der zweiten Hälfte der 1960er Jahre sozial-ökonomische und politisch-institutionelle Grenzen erfahren. Sie traten in der zyklischen Wiederkehr und strukturellen Verfestigung einer sich verschärfenden Arbeitslosigkeit zutage. Diese löste eine tiefe Erschütterung des eingefrorenen politischen Systems aus, das in seinen konservativen und autoritären Ausprägungen nicht mehr aufrechterhalten werden konnte. Der politische Umbruch war mit breiten soziokulturellen Modernisierungsschüben verbunden. In den hedonistischen und emanzipatorischen Aktivitäten der Studentenproteste manifestierte sich ein demokratischer Gestaltungswille, der in den sozialen Bewegungen anderer westeuropäischer Länder wie Frankreich, Italien und Großbritannien noch stärker in Erscheinung trat[2]. Die allgemeine Aufbruchstimmung speiste sich aus vermehrtem Wohlstand und wachsenden Lebensansprüchen. In dieser Gemengelage wurzelten letztlich die populären Forderungen nach *Menschenwürde im Betrieb* und *Humanisierung des Arbeitslebens*.

Mit den wachsenden Bedürfnissen nach immateriellen Werten wie Anerkennung, Verantwortung und Selbstentfaltung in der Arbeit war die Sensibilität gegenüber die Gesundheit gefährdenden Belastungen und Beanspruchungen, verdichteten und beschleunigten Arbeitsprozessen, geringen Arbeitsinhalten und autoritären Führungsstilen gestiegen. Die reale Entwicklung der Arbeitsbedingungen hatte Hoffnungen widerlegt, dass sich die Qualität des Arbeitslebens mit dem technischen Fortschritt gleichsam im Selbstlauf verbessern würde. Außerdem ließen betriebliche Produktionsengpässe erkennen, dass die hoch arbeitsteilige Betriebsorganisation immer weniger den Anforderungen an eine flexible Qualitätsproduktion gewachsen war. Angesichts offenkundiger Rationalisierungsprobleme verstärkten die Arbeitgeber ihre Bemühungen um neue Füh-

1 Abendroth 1966.
2 Albers et al. 1971.

rungskonzepte wie der Delegation von Verantwortung und die Gewerkschaften ihre Forderungen nach Mitbestimmung der Arbeitnehmer bei der *menschengerechten Gestaltung von Arbeit und Technik.*

2. Die Programmorganisation als Impulsgeber für eine arbeitspolitische Kräftekonstellation

Die unternehmens- und arbeitspolitischen Problemlagen trugen zu einer reformpolitischen Ausgangskonstellation bei, die gegen Mitte der 1970er Jahre in humanisierungspolitischen Zielsetzungen, Strukturelementen und Verlaufsformen übersetzt werden konnte. Dabei beförderten beteiligungsorientierte Regelungen in der Programmorganisation die schrittweise Herausbildung einer politikmächtigen Akteurskonstellation aus Betrieben, wissenschaftlichen Instituten, privaten und öffentlichen Organisationen. Es handelte sich um soziale und institutionelle Lernprozesse, die eine flexible Anpassung an sich verändernde Problemlagen zur Folge hatten.

Für die betriebsverfassungsrechtlich eingeforderte Gestaltung der Arbeitsbedingungen nach arbeitswissenschaftlichen Erkenntnissen bestanden erhebliche Defizite, die durch das 1974 gestartete Aktionsprogramm *Humanisierung des Arbeitslebens* (HdA) behoben werden sollten. Nach etlichen parlamentarischen Auseinandersetzungen über die Programmdurchführung konnte 1989 das Forschungsprogramm *Arbeit und Technik* (AuT) durchgesetzt werden. Es wollte das HdA-Programm in wichtigen Aspekten weiterführen und mit neuen Inhalten anreichern, die sich verstärkt auf Qualifikation, Innovation und Prävention bezogen. Die über zwei Jahrzehnte anhaltende institutionelle Kontinuität unter unterschiedlichen Koalitionsregierungen beruhte auf der programmpolitischen Konkretisierung der gesetzlich geregelten Tarifautonomie der Arbeitsmarktparteien sowie der Mitbestimmungs- und Mitwirkungsrechte der betrieblichen Interessenvertretungen: *durch die aktive Beteiligung der Betriebsräte und Belegschaften an Gestaltungsprojekten, die gleichgewichtige Beteiligung der Arbeitgeber- und Gewerkschaftsvertreter in den programmbegleitenden Beratungsgremien sowie die trägerautonomen Transferprojekte der Tarifparteien für ihre jeweiligen Zielgruppen.*

In den unterschiedlichen Interaktionsformen ist ein folgenreicher Lernprozess zwischen den Beschäftigten, Betriebsräten, Betriebsleitungen und den Vertretern der wissenschaftlichen Disziplinen, aber auch zwischen den Experten von Tarifparteien und Fachvereinigungen sowie prüfender, normierender, beratender und ausbildender Organisationen in Gang gesetzt worden. Hierbei haben sich vielfach erst institutionelle Infrastrukturen in Betrieben, Organisationen und Forschungsinstituten herausgebildet, die eine intensive Beschäftigung mit gestaltungspolitischen Alternativen ermöglichten. Trotz grundlegender Interessenunterschiede zwischen den Tarifparteien hatte sich im Zuge der alltäglichen Problemlösungen und Konfliktbewältigungen eine politikmächtige Akteurskonstellation bis zum Ende der 1980er Jahre herausgebildet. Sie stellte durch ihre betrieblichen und gesellschaftlichen Bezüge im Unterschied zu korporativen Integrationsformen überwiegend ein offenes und dynamisches Lernsystem dar. Dieses überschritt immer wieder forschungspolitische Reviergrenzen und löste heftige Gegenreaktionen etablierter Institutionen aus, die inhaltliche, verfahrensmäßige und finanzielle Einschränkungen zur Folge hatten[3].

Der programmtragenden Akteurskonstellation gelang es, die immer wieder aufbrechende parlamentarische Kritik durch die flexible Aufnahme und Verarbeitung neuer Herausforderungen zu entschärfen. Sie reichten von betrieblichen Personalproblemen über informationstechnisch bestimmte Gestaltungserfordernisse in den 1980ern bis hin zu beschäftigungs- und unternehmenspolitischen Fragestellungen in den folgenden anderthalb Dekaden. Hierbei vertiefte sich jedoch die Kluft zwischen programmatischen Ansprüchen und ihrer praktischen Einlösung. So wurden die transformationspolitischen Herausforderungen des deutschen Einigungsprozesses in mittelfristigen Handlungsfeldern nur begrenzt thematisiert. Die *Bausteine für neue Arbeits-, Produktions- und Dienstleistungskonzepte* konnten in der politisch gescheiterten Initiative *Beschäftigung durch Innovation* nicht mehr fortgeführt werden. Parallel zur abgespeckten Dienstleistungsinitiative erfolgte nach dem Regierungswechsel 1998 zwar die Ausarbeitung des Rahmenkonzepts *Innovative Arbeitsgestaltung – Zukunft der Arbeit,* ohne aber arbeitspolitische Substanzverluste vermeiden zu können.

3. Experimentelle Lernprozesse zur humanen Durchdringung der Produktivkraftentwicklung

Die Akteurskonstellation hatte sich auf der Grundlage aufgefächerter institutioneller Beteiligungsstrukturen entfaltet; sie gewann ihre Wirkkraft aber in der konkreten Zusammenarbeit in zahlreichen Einzel-, Verbund- und Branchenprojekten, die auf eine humane Durchdringung der Produktivkraftentwicklung zielten. Sie erhärteten die Erfahrungen aus skandinavischen Ländern, dass sich menschengerechte Arbeitsplätze gleichermaßen für Beschäftigte und Betriebe rechnen, dass sich neue Techniken benutzer- und anwenderfreundlich gestalten lassen und dass ein arbeitsorientiertes Innovationsverständnis langfristige Vorteile für alle bringt.

Zentrale Leitideen der Humanisierungsforschung spannten den Bogen vom geregelten Arbeitsschutz bis zur freien Persönlichkeitsentfaltung. Möglichkeiten der Qualifizierung und Gesundheitsförderung ließen sich dann besonders erfolgreich realisieren, wenn sie mit Belastungsverringerungen und Beanspruchungsoptimierungen sowie Beteiligungs- und Qualifizierungsmöglichkeiten verbunden

3 Pöhler, Peter 1982; Fricke 1997, S. 51-66.

waren. Hierbei sind monotone Arbeitstätigkeiten mit hohen Taktbindungen und Zeitzwängen durch systematischen Arbeitsplatzwechsel und angereicherte Arbeitsinhalte mit erweiterten Gestaltungsspielräumen in der Gruppenarbeit ersetzt worden. Die institutionalisierte Beteiligung an betrieblichen Veränderungsprozessen als gesellschaftspolitische wie arbeitspsychologische Grundlage der individuellen und kollektiven Kompetenzentwicklung setzte zugleich innovatorische Potenziale selbst bei nur angelernten Beschäftigten frei. Humanisierungsorientierte Alternativen, ob sie nun stärker prozess- oder expertenbezogen, aktions- oder arbeitswissenschaftlich geprägt waren, versuchten die Probleme einer arbeitsteiligen Massenproduktion zu bewältigen, die immer weniger den Beteiligungsansprüchen der Beschäftigten und den Flexibilitätserfordernissen der Betriebe genügte.

Mit den fragmentierten, reglementierten und kontrollierten Arbeitsformen gingen *technozentrische Leitbilder* der automatischen und menschenleeren Fabrik einher[4]. Dieser ingenieurwissenschaftlichen Entwicklungs- und Konstruktionslogik waren später auch Konzepte einer computerintegrierten Fertigung verpflichtet, die alle betrieblichen Funktionen datentechnisch verknüpfen und zentral steuern wollten. Es entstanden starre Systemstrukturen mit unzähligen Schnittstellen zwischen den Systemkomponenten. Die Flexibilitätspotentiale der neuen IuK-Techniken ließen sich daher nur suboptimal nutzen. Investitionsruinen und Investitionszurückhaltung waren die beiden Seiten der Medaille einer *innovationspolitischen Sackgasse*. Die Grenzen technologiefixierter Entwicklungspfade haben einzelne reformorientierte Fraktionen des Managements und der Betriebsräte mit gewerkschaftlicher Unterstützung zu einer arbeits- und technikpolitischen Kehrtwende bewogen. Auf der Grundlage der konkreten Erarbeitung technisch-organisatorischer Gesamtlösungen bündelte der HdA-Gesprächskreis – als oberstes Beratungsgremium der Bundesregierung zugleich die formelle Spitze der humanisierungsorientierten Kräftekonstellation – bereits 1984 die zehnjährigen HdA-Erfahrungen und -Erkenntnisse, neuen informationstechnologischen Herausforderungen und qualitativen Marktveränderungen zu *humanisierungspolitischen Innovationsthesen*. Sie gewannen in der Verbindung sozialer, technischer und wirtschaftlicher Aspekte einen zentralen Stellenwert für die weitere Programmentwicklung.

Die arbeitsinhaltliche Dimension von Innovationsprozessen und sich erweiternde Kooperationsformen zwischen den Betriebs- und Tarifparteien einschließlich des Geflechts arbeitsbezogener Organisationen ermöglichte die infrastrukturelle Weiterentwicklung im Arbeits- und Gesundheitsschutz, in der beruflichen Aus- und Weiterbildung, in der Wissenschaft und Forschung. Durch die Einbeziehung der gesellschaftlichen Innovationsträger konnten akute Bedarfslagen identifiziert und bearbeitet werden – etwa von arbeitsplatzbezogenen Krebsrisi-

4 Brödner 1985.

ken über schadstoffarme Produktionsprozesse bis zu den verzweigten Anwendungsfeldern der IuK-Techniken und gestaltungsbezogene Lernprozesse. Die programm- und projektpolitischen Interaktionen einer Vielzahl von betrieblichen, institutionellen und wissenschaftlichen Akteuren ermöglichten es, zentrale Dimensionen für einen *arbeits- und technikpolitischen Paradigmenwechsel* herauszuarbeiten. Es handelte sich um Ansätze einer präventiven Gesundheitsförderung, Formen der Persönlichkeitsentfaltung in der Gestaltung von Arbeitsbedingungen, Strategien sozialer Technikgestaltung in der Werkzeugperspektive, schließlich die neuen Produktions- und Dienstleistungskonzepte bis hin zu regionalen Innovationsnetzwerken[5]

4. Arbeitsteilige Transferschranken und gesellschaftspolitische Rückbildungsprozesse

Trotz der Erschließung zukunftsweisender Elemente für einen arbeitspolitischen Paradigmenwechsel waren erhebliche Wirkungsverluste in den arbeits-, technik- und innovationspolitischen Aktivitäten zu verzeichnen. Sie ließen sich auf die kumulative Wirkung restriktiver finanzieller, arbeitsteiliger und interessenbezogener Faktoren zurückführen. Hierdurch langfristig bewirkte Ermattungstendenzen sind seit den späten 1980er Jahren jedoch durch betriebliche Rationalisierungs- und staatliche Deregulierungsstrategien überlagert worden. Sie kamen in der Rücknahme von humanisierungspolitischen Zielsetzungen, Beteiligungsformen und Haushaltsmitteln zum Ausdruck.

Die breitenwirksame Umsetzung humanisierungspolitischer Erfahrungen und Erkenntnisse war bereits dadurch in Frage gestellt, dass frühzeitig die angestrebte Aktionsorientierung zugunsten einer experimentellen Forschungspraxis aufgegeben wurde. Zudem bremsten die arbeitsteiligen Ressortzuschnitte übergreifende FuE-Ansätze und Zielsetzungen einer sozialverträglichen Technologiepolitik aus. Die *unzureichende Vernetzung staatlicher Förderprogramme und restriktive haushaltstechnische Verfahrensregelungen* erschwerten die Pflege, Verknüpfung und Weiterentwicklung von erarbeiteten Wissensbeständen zu integrierten neuen Problemlösungen. Zudem wurden die politischen Auseinandersetzungen um das HdA-Programm jeweils mit gravierenden Einschnitten in den Fördermodalitäten bewältigt. Dies reichte von der Aufgabe der betrieblichen Unabhängigkeit der Begleitforschung bis zur Beschränkung der trägerautonomen Transferprojekte der Tarifparteien. Das schränkte insbesondere die gewerkschaftlichen Kompetenzgewinne und Handlungsspielräume in der aktiven Beteiligung an der Gestaltung betrieblicher Veränderungsprozesse ein.

Angesichts der arbeitsteiligen Transferschranken und gesellschaftspolitischen Rückbildungsprozesse stiegen zwangsläufig die Spannungen zwischen den Tarif-

[5] Oehlke 2004.

und Betriebsparteien. Dadurch löste sich der innere Zusammenhalt der arbeitspolitischen Akteure, die in ihren Organisationen zunehmend an Rückhalt verloren. So setzte sich mit schrumpfenden Einflussnahmen der Sozialpartner in den 1990er Jahren der schleichende Abbau von institutionalisierten Beteiligungsmöglichkeiten fort. Dies sollte zunächst in dem Abschmelzen der diskursiven Beratungsgremien und in der Einschläferung der verbrieften Zustimmungserfordernisse der Betriebs- und Personalräte zutage treten. Mit dem Verlust von gesellschaftlichen Steuerungs- und öffentlichen Kontrollmöglichkeiten orientierten sich die administrativen Entscheidungen über die Entwicklung, Einschränkung und Einstellung von Forschungsschwerpunkten zunehmend an politischen Opportunitätsgesichtspunkten. Ein Indikator für die Schwächung der programmtragenden Bündniskonstellation stellte die Budgetentwicklung dar, in der qualitative Kräfteverschiebungen auf quantitative Maßverhältnisse herunter gebrochen werden. Der Programmhaushalt zeigte einen raschen Anstieg in der zweiten Hälfte der 1970er Jahre, eine Konsolidierung um 100 Millionen DM in der folgenden Dekade und eine Halbierung auf 50 Millionen DM in den 1990er Jahren.

Mit den gesellschaftspolitischen Kräfteverschiebungen transformierten sich die arbeitspolitischen Beteiligungsformen in unternehmenspolitische Instrumente der Rentabilitätsförderung, wie es die Kontroverse um die Mitbestimmungskommission sowohl affirmativ als auch kritisch auf den Punkt gebracht hat. So hatten sich bereits im Verlauf des HdA-Programms die Begründungen für eine Fortführung der arbeitspolitischen Aktivitäten nicht mehr an einer humanisierungspolitischen Überformung von Marktprozessen, sondern im AuT-Programm explizit an der subsidiär gewendeten Hilfe zur Selbsthilfe von kleineren und mittleren Unternehmen (KMU) orientiert. Nach einer evolutionstheoretischen Argumentationsfigur müssen die förderpolitisch erzeugten Mutationen letztendlich von den Märkten selektiert werden[6]. Bei dieser Rechtfertigung für arbeitspolitische Alternativen gerät jedoch aus dem Blick, dass die Märkte selbst wieder konjunkturellen, strukturellen und politischen Einflüssen unterliegen. So laufen gegenwärtig arbeits- und umweltpolitische Innovationen Gefahr, zugunsten kurzfristiger Renditekalküle und Wertsteigerungen der Aktien geopfert zu werden. Statt einer innovativen Artenvielfalt im volkswirtschaftlichen Interesse wird gerade das Gegenteil erzielt: eine betriebswirtschaftliche Auslese nicht sozial und ökologisch gehaltvoller und langfristig reproduktionsfähiger Optionen.

5. Wettbewerbswirtschaftliche Substanzverluste des demokratischen Sozialstaats

Der arbeitspolitische Funktionswandel von der menschengerechten Gestaltung der Arbeit zur Anpassung an unternehmerische Wettbewerbszwänge findet seine Erklärung in einer tief greifenden Transformation der arbeits- und sozialpoliti-

[6] Lorenzen 1985, S. 159-176.

schen Rahmen- und Handlungsbedingungen. Hier kann nur bruchstückhaft auf arbeitspolitisch bedeutsame Rückbildungsprozesse durch transnationale Konzernstrategien und diese flankierende sozialstaatliche Erosionsprozesse in einer global übersteigerten Wettbewerbsobsession eingegangen werden.

Im Zuge der von den USA in Gang gesetzten Liberalisierung des Kapitalverkehrs mit weit reichenden Deregulierungs- und Privatisierungseffekten durchdringen Kapitalverwertungsinteressen in steigendem Maße alle gesellschaftlichen Sphären. Parallel zu dieser *Kolonialisierung der Lebenswelten* werden mit informationstechnischer Unterstützung weltweit kurzfristige Rendite-, Wert- und Dividendensteigerungen durch Währungsspekulation, Börsentransaktionen und eine fortschreitende Reorganisation der Unternehmen erzielt. Diese erzeugen einen permanenten Beschäftigungsabbau mit stagnierenden Löhnen, die sich in chronischer Nachfrageschwäche und anhaltender Massenarbeitslosigkeit, aber auch angespannten Arbeitsbedingungen und betrieblichen Innovationsdefiziten niederschlagen. Entsprechende programmpolitische Gewichtsverschiebungen standen zunächst im Spannungsfeld von schlanken Unternehmensstrategien. Sie passten die neuen Produktionskonzepte in systemische Rationalisierungsprozesse ein, die inner- und zwischenbetriebliche Kooperationserfordernisse mit intensiver Leistungsabschöpfung und machtgesteuerten Gewinntransfers kombinieren. Ausgedünnte und segmentierte Belegschaften, prekäre Beschäftigungsformen und stressverursachende Drucksituationen bilden negative arbeits- und betriebspolitische Wirkungsketten, die zunehmend auch gut verdienende *Gewinner* in der selbstregulierten Vernutzung ihrer geistigen und körperlichen Lebenskräfte erfahren[7]. Die ursprünglich gesellschaftspolitischen Humanisierungsbestrebungen laufen Gefahr, in individuelle Formen der Selbstausbeutung verkehrt zu werden.

Der Primat unternehmerischer Profitsteigerungen durch rigide Kostensenkungs- und Finanzstrategien setzt den demokratischen Sozialstaat auf eine schiefe Bahn *arbeits-, sozial- und steuerpolitischer Unterbietungswettläufe*: durch die steuerpolitische Förderung von Kapitaltransaktionen, die Senkung von Sozialleistungen und arbeitsmarktpolitische Deregulierungen wie Verlängerung der Arbeitszeiten, Lockerung des Kündigungsschutzes, Einrichtung von Niedriglohnsektoren und prekären, nicht versicherungspflichtigen Beschäftigungsformen. Angesichts hierdurch bewirkter Nachfrage- und Einnahmenausfälle wird der Grund für eine sozial- und finanzpolitische Dauerkrise gelegt, die wiederum weitere Leistungskürzungen zur Folge hat. Die sozialen Abwärtsspiralen im Interesse steigender Aktienkurse treiben die Polarisierung und Differenzierung der Arbeits- und Lebensverhältnisse voran. Sie werden wider jegliche empirische Erfahrung als leistungs- und beschäftigungsförderlich gepriesen. Hierbei kommen tektonische Verschiebungen im gesellschaftlichen Bewusstsein zum Ausdruck,

7 Moldaschl, Sauer 2000, S. 205-224.

die Gleichheits-, Gerechtigkeits- und Solidaritätsdiskurse außer Kraft setzen. Entsprechend befinden sich vordemokratische Ungleichheits-, Elite- und Machtvorstellungen auf dem Vormarsch. Im Namen der wirtschaftlichen Freiheit triumphiert ein autoritär sich formierender Wettbewerbsstaat, während der demokratische Sozialstaat an Legitimation verliert.

In der neoliberalen Konstellation findet ein Funktionswandel von allgemeinen volkswirtschaftlichen, sozialstaatlichen und öffentlichen Regelungen zu selektiven privat-, gewinn- und betriebswirtschaftlich orientierten Maßnahmen statt. In der Wettbewerbsfalle ist nicht mehr Breiten-, sondern Spitzenförderung das Gebot der Stunde. Sie erstreckt sich auf die schon Starken, die global operierenden Flagschiffe, die technologischen Leuchttürme, die Eliteuniversitäten und Siegermentalitäten. In der subjektiv gewendeten Arbeitspolitik steht daher die flexible Anpassung unternehmerisch handelnder Einzelkämpfer an wechselnde Marktrisiken und betriebliche Rentabilitätskalküle im Vordergrund. Hiervon zeugen arbeitspolitisch aufgeladene Begriffe wie entrepreneurship, employability und empowerment in der europäischen Beschäftigungsstrategie. Umgekehrt verlieren soziale Sicherheit der Beschäftigten und Sozialpflichtigkeit des Privateigentums, betrieblich garantierte Mitwirkungsmöglichkeiten und allgemeine Kollektivrechte, letztlich die soziale Demokratie selbst an Reputation. Folgerichtig steht die Europäische Zentralbank als Hüterin des Geldes außerhalb der Volkssouveränität[8]; diese muss in dem Europäischen Verfassungsentwurf letztlich vor den Marktfreiheiten kapitulieren. Entsprechend setzt die geplante Dienstleistungsrichtlinie der EU im grenzüberschreitenden Dienstleistungsverkehr mit den nationalen Lohn- und Sozial-, Qualitäts- und Umweltstandards zugleich den demokratischen Sozialstaat substanziell außer Kraft.

6. Fazit

Aufstieg und Niedergang der humanisierungspolitischen Kräftekonstellation stellt ein Spiegelbild der sozialstaatlichen Demokratie in der Bundesrepublik Deutschland dar. Hier hatte die neue Betriebsverfassung ein Einfallstor für die arbeitspolitische Konkretisierung der Menschenwürde und sozialen Demokratie geboten. Letztere werden von den politischen Klassen einiger Länder jedoch sich transnational formierenden Kapitalinteressen unterworfen. Unter dem globalen Wettbewerbsfetisch wird mit verschlechterten Arbeits- und Lebensbedingungen zugleich die Stärkung nachhaltiger Entwicklungspotenziale verspielt. Dass diese selbst gegenüber *finanzgetriebenen Akkumulationstendenzen* (Aglietta) entfaltet werden können, demonstrieren aber die sozial-ökonomischen Erfolge nordischer Länder, insbesondere Finnlands exzellente arbeitspolitische Programmentwick-

8 Scharpf 2002, S. 65-92.

lung[9]. Sie eröffnen vielfältige arbeits- und innovationspolitische Möglichkeiten zur Bewältigung der neuen Herausforderungen durch einen erneuerten demokratischen Sozialstaat. Er steht als zivilisatorische Errungenschaft nach der faschistischen Barbarei in der Bundesrepublik Deutschland nach wie vor auf der Tagesordnung.

Literatur

Abendroth, W. , 1966, Das Grundgesetz, Pfullingen: Günther Neske.

Albers, D./ Goldschmidt, W./ Oehlke, P., 1971, Klassenkämpfe in Westeuropa, Reinbek bei Hamburg: Rowohlt.

Arnkil, R./ Rissanen, P./ Pitkänen, S. et al., 2003, The Finnish Workplace Development Programme. A Small Giant? Evaluation Report, Helsinki: Ministry of Labour.

Brödner, P., 1985, Fabrik 2000. Alternative Entwicklungspfade in die Zukunft der Fabrik, Berlin: Edition Sigma.

Däubler, W., 1973, Das Grundrecht auf Mitbestimmung und seine Realisierung durch tarifvertragliche Begründung von Beteiligungsrechten, Frankfurt/Main: Europäische Verlagsanstalt.

Fricke, W., 1997, Dreißig Jahre staatlich geförderte Arbeitsgestaltung. Eine Bilanz. In: Peters, J./ Schmitthenner, H. (Hg.), Gute Arbeit. Menschengerechte Arbeitsgestaltung als gewerkschaftliche Zukunftsaufgabe, Hamburg: VSA.

Lorenzen, H-P., 1985, Effektive Forschungs- und Technologiepolitik. Abschätzung und Reformvorschläge, Frankfurt/Main: Campus.

Moldaschl, M./ Sauer, D., 2000: Internalisierung des Marktes – Zur neuen Dialektik von Kooperation und Herrschaft. In: Minssen, H. (Hg.): Begrenzte Entgrenzungen: Wandlungen von Organisation und Arbeit. Berlin: Edition Sigma.

Oehlke, P., 2004, Arbeitspolitik zwischen Tradition und Innovation. Studien in humanisierungspolitischer Perspektive, Hamburg: VSA.

Pöhler, W./ Peter, G., 1982, Erfahrungen mit dem Humanisierungsprogramm. Von den Möglichkeiten und Grenzen einer sozial orientierten Technologiepolitik, Köln: Bund.

Scharpf, F.W., 2002, Regieren im europäischen Mehrebenensystem – Ansätze zu einer Theorie. In: Leviathan. Zeitschrift für Sozialwissenschaft, Heft 1.

9 Arnkil et al. 2003.

Gesellschaftsvertrag:
Hegemonie der Vernunft und Politik der Freiheit?

Jörg Reitzig

Hegemonie und Legitimation. Begriffsarbeit angesichts neo-kontraktualistischer Zukunftsdebatten

In der Auseinandersetzung mit der Hegemonie des Neoliberalismus[1] wird Angesichts steigender sozialer Ungleichheit häufig die Aufkündigung des Gesellschaftsvertrags oder – in gegenhegemonialer Absicht – die Erfordernis eines neuen konstatiert. So heißt es etwa in einem internationalen Bericht von Nichtregierungsorganisationen zur sozialen Lage: „Die aktuellen Erfahrungen deuten darauf hin, dass der Gesellschaftsvertrag, oder auch nur ein möglicher zukünftiger Gesellschaftsvertrag, von privatrechtlichen Vereinbarungen zwischen Regierungen und Privatanbietern abgelöst werden könnte. Hatten die Bürger früher das Recht, vom Staat Rechenschaft zu fordern, sind sie nun nur noch Konsumenten – und bestenfalls indirekte Vertragsparteien".[2] Die *Weltkommission für die sozialen Dimensionen der Globalisierung* bei den Vereinten Nationen fordert demgegenüber in ihrem 2004 vorgelegten Bericht einen „neuen Gesellschaftsvertrag"[3], da die „Unausgewogenheit zwischen Wirtschaft und Gesellschaft"[4] die soziale Gerechtigkeit untergrabe und die demokratische Verantwortung gefährde. Die Dominanz des Marktes gegenüber der Demokratie begünstige die ohnehin Bessergestellten und wirke „gegen die Armen und Schwachen, seien dies nun Länder, Unternehmen oder Gemeinwesen".[5] Im Folgenden wird vor dem Hintergrund dieser aktuellen Debatten der Frage nachgegangen, ob und wie das Konzept der Hegemonie mit der Idee vom Gesellschaftsvertrag vermittelbar ist.

Hegemonie und impliziter Gesellschaftsvertrag

Demokratische Systeme müssen sich auf einen von der Mehrheit ihrer Bürger getragenen „Grundkonsens über die Akzeptabilität ihres Staates und ihres Gesellschaftssystems"[6] stützen können. Hegemonie ist daher nicht allein eine Frage von Macht- und Gewaltverhältnissen, sondern muss sich auch auf dem Feld des

1 Vgl. Goldschmidt u.a. 2000.
2 Sozial Watch Deutschland 2003, S. 21.
3 WCSDG 2004, S. 71.
4 Ebd., S. 4.
5 Ebd.
6 Hobsbawm 1998, S. 177.

Ideologischen, der Werte, Normen und Leitbilder, die das soziale Handeln prägen, reproduzieren. Diese Erweiterung des klassischen Hegemoniebegriffs wurde konzeptionell insbesondere durch Antonio Gramsci in den 20er Jahren des letzten Jahrhunderts in die kritisch-emanzipatorische Debatte eingebracht[7] und in der jüngeren Vergangenheit insbesondere im Rahmen regulationstheoretischer Arbeiten sowie im Kontext der Internationalen Politischen Ökonomie wieder aufgegriffen.[8]

In dieser Perspektive resultiert Hegemonie aus dem Zusammenwirken unterschiedlicher und konkurrierender Strategien gesellschaftlicher Akteure, die in der Verfolgung ihrer Interessen, da sie diese nicht durch Zwang allein durchsetzen können, auf die Anknüpfung an andere Interessenlagen gesellschaftlicher Klassen und Schichten auf unterschiedlichen intermediären Feldern innerhalb der Zivilgesellschaft (società civile) angewiesen sind.[9] Sie materialisiert sich in ökonomischen Verhältnissen ebenso wie in den Institutionen und der Bürokratie und weist als analytische Kategorie folglich über vereinfachende Basis-Überbau-Schemata hinaus.[10] Diese Eigenschaft ist wohl eine der Gründe, die den Bezug auf diesen Ansatz gerade in den gegenwärtigen Kontroversen so fruchtbar machen. Der Gramscianische Gedanke, „daß selbst elementare kapitalistische Verhältnisse sich niemals vom Konsens und den Alltagsgewohnheiten der Individuen ablösen können"[11], bereichert die Analysen und erweitert zugleich das Feld der sozialen Auseinandersetzungen im Hinblick auf die Optionen kollektiven Handelns. Das Hegemoniekonzept „substituiert die Idee der herrschenden Rolle durch diejenige des führenden Einflusses".[12]

Darüber hinaus basiert Hegemoniebildung aber auch auf der Durchsetzung von Deutungsweisen durch die Marginalisierung konkurrierender Ansätze – beispielsweise mittels finanzstarker Think Tanks oder indem der Zugang zur Institution Wissenschaft durch die Vertreter des etablierten Mainstream erschwert wird. Thomas S. Kuhn hat diese Ausschlussmechanismen in seinem Beitrag über „Die Struktur wissenschaftlicher Revolutionen"[13] ausführlich beschrieben und ihre Wirkung auf die Beharrlichkeit paradigmatischer Annahmen dargestellt. Im Hinblick auf die gegenwärtigen Problemlagen formuliert der Ökonom Paul Krugman: „Konservative Anschauungen, die gegen Steuern für Reiche kämpfen, sind nicht zufällig so verbreitet. Geld kann nicht nur direkten Einfluss kaufen, sondern man kann es auch verwenden, um die öffentliche Wahrnehmung zu ver-

7 Vgl. Gramsci 1991ff., S. 1264.
8 Vgl. u.a. Aglietta 1979; Cox 1987.
9 Vgl. Goldschmidt 2004, S. 99.
10 Vgl. Hirsch 2002, S. 64 f.
11 Demirovic 1992, S. 148.
12 Haug 2004, S. 1.
13 Kuhn 1976.

ändern."[14] Hegemonie ist insofern letztlich „eine philosophische Tatsache"[15], ist „Wirklichkeitsbedingung einer Philosophie" im konkreten historischen Kontext, „weil sie sich gar nicht bilden kann, ohne eine bestimmte Weltauffassung mit einer politischen Ethik zu verbinden"[16]. D.h. sie bleibt ebenso rückgebunden an die materiellen Verhältnisse gesellschaftlicher Produktion und Reproduktion wie sie diese gleichzeitig prägt. Wie lässt sich dieses Konzept von Hegemonie nun mit der Idee des (Gesellschafts-)Vertrags zusammendenken?

Der Vertrag ist zweifellos keine Erfindung der bürgerlichen Moderne oder des Kapitalismus. Dennoch ist er mit beidem untrennbar verbunden. Denn erst nach ihrer historischen Durchsetzung konnten sich seine normativen und rechtlichen Implikationen voll entfalten – vor allem im Hinblick auf die formale Gleichheit und die (Vertrags-)Freiheit der Individuen. Dies spiegelt sich auch in den frühen bürgerlichen Theorien wider. Für Hegel etwa war der Vertrag ein der Vernunft entspringendes „Verhältnis des objektiven Geistes"[17] und ein impliziter Ausdruck der wechselseitigen Anerkennung selbständiger Personen. Darüber hinaus betrachtete er ihn aber auch als einen widersprüchlichen Akt der „Vermittlung des Willens, ein und zwar einzelnes Eigentum aufzugeben, und des Willens, ein solches, hiermit das eines anderen, anzunehmen, und zwar in dem identischen Zusammenhange, daß das eine Wollen nur zum Entschluß kommt, insofern das andere Wollen vorhanden ist."[18]

Marx hob demgegenüber in seiner Kritik der polischen Ökonomie hervor, dass die Individuen sich zwar als Freie und Gleiche wechselseitig anerkennen müssen, damit überhaupt ein Tausch zustande kommen kann, sie diese Gleichheit aber nur ihrer rechtlichen Form nach anerkennen müssen. In der Auseinandersetzung mit Aristoteles betont er jedoch ebenso die fortschrittliche Seite dieser Entwicklung, indem er argumentiert, dass dieser „die Gleichheit und gleich Gültigkeit aller Arbeiten, weil und insofern sie menschliche Arbeiten sind", nicht erkennen konnte, „weil die griechische Gesellschaft auf der Sklavenarbeit beruhte, daher die Ungleichheit der Menschen und ihrer Arbeitskräfte zur Naturbasis hatte."[19] Diese historische Schranke habe Aristoteles daran gehindert, das tatsächliche in den Waren und ihrem Geldwert aufgehobene, auf der Arbeit beruhende Gleichheitsverhältnis zu erkennen. Denn dies zu dechiffrieren, so Marx, wird erst möglich, „sobald der Begriff der menschlichen Gleichheit bereits die Festigkeit eines Volksvorurteils besitzt", und dies wiederum ist „erst möglich in einer Gesellschaft, worin die Warenform die allgemeine Form des Arbeitspro-

14 Krugman 2002, S. 28.
15 Haug 1996, S. 29.
16 Ebd.
17 Hegel 1979, S. 153.
18 Ebd., S. 157.
19 Marx, MEW 23, S. 74.

dukts, also auch das Verhältnis der Menschen zueinander als Warenbesitzer das herrschende gesellschaftliche Verhältnis ist."[20]

Auch in einschlägigen zeitgenössischen Abhandlungen wird die Bedeutung des Vertrags unterschiedlich weit gefasst. Zum einen wird der Vertrag in seiner eher schlichten Bedeutung als formalisierter Ausdruck übereinstimmender Willenserklärungen und der Begründung wechselseitiger Verpflichtungen begriffen[21]. Zum zweiten wird der Vertrag aber auch als eine Form der Ermöglichung kooperativen menschlichen Handelns interpretiert, indem er „die Möglichkeit zur Selbstbindung" [22] schafft. Allerdings würde nicht jeder Vertrag, der auf übereinstimmenden Willenserklärungen beruht, auch unsere allgemeine Anerkennung hinsichtlich der darin begründeten Verpflichtungen finden. Wenn etwa ein Starker einem Schwächeren die Einwilligung in einen Versklavungsvertrag abpresst, würde das von der Gesellschaft als ungerecht und insofern nicht legitim beurteilt, da einerseits die Gleichheitsbedingung fundamental verletzt wäre und andererseits die Kündbarkeit des Vertrags (dem Wesen der Sklavenposition nach) nicht gegeben wäre. Ein solcher Vertrag wäre nichts anderes als der Versuch, ein Gewaltverhältnis durch die legitimierende Form des Vertrags zu verkleiden. D.h. der Vertrag ist nicht nur eine Form der Vergesellschaftung der Einzelnen, sondern die Gesellschaft entscheidet auch über die Bedingungen seiner Gültigkeit. Ein Vertrag kann nur dann eine bindende Wirkung entfalten, wenn die Gesellschaft ihn moralisch als legitim beurteilt. Die Dimension der Moralität des Vertrags ist also zugleich die seiner Gültigkeit. Dies gilt letztlich auch für den Gesellschaftsvertrag.

Die klassischen Theorien des 17. und 18. Jahrhunderts vom Gesellschaftsvertrag *über den Staat*, waren mit ihren Ideen von Rechtsgleichheit und Selbstbestimmung der Einzelnen ein wichtiges Moment der De-Legitimation und Überwindung der feudalen Ordnung.[23] Im Unterschied dazu geht es gegenwärtig um den Gesellschaftsvertrag *im Staat*, d.h. um das Verhältnis von Freiheitsrechten und Rechtsansprüchen zu den möglichen und tatsächlichen Partizipationschancen und ökonomischen Potentialen. Dieser „implizite Gesellschaftsvertrag"[24] entfaltet seine Wirkung nicht nur auf der Ebene von Regierung und Regierten, sondern „[besteht] auf zahlreichen Autoritätsebenen innerhalb des modernen Staates."[25] Der Gesellschaftsvertrag ist in diesem Sinne zuerst „eine soziale Vision, eine Vorstellung von den gesellschaftlichen Verhältnissen. Diese kann nicht schlicht implizit bleiben und die Reproduktion des Produktionssystems unterstel-

20 Ebd.
21 Vgl. Graf 1997, S. 262 f.
22 Ebd., S. 3.
23 Vgl. Klenner 1999.
24 Moore 1982, S. 36.
25 Ebd., S. 40.

len. Sie muß explizit für den Eigenbereich der gesellschaftlichen Verhältnisse erklärt werden, die zum Teil (im Kern) Klassenverhältnisse auf der Basis der Produktionssysteme, aber darüber hinaus auch Sozialverhältnisse in verschiedenen Realitätsbereichen sind (wie die Geschlechterverhältnisse).“[26]

Hegemonie und die Frage sozialer Gerechtigkeit

Die Frage nach der Gültigkeit eines Vertrags ist im Kern die Frage danach, ob er *gerecht*fertigt werden kann.[27] Marx, ebenso wie andere Theoretiker seiner Zeit, vertritt die Ansicht, dass auf Freiheit und Gleichheit der Individuen beruhende Gerechtigkeit erst mit der ökonomischen Gesellschaftsformation des Kapitalismus zu einer Selbstverständlichkeit wird. Im Unterschied zu anderen führt er jedoch diesen Umstand nicht auf einen irgendwie gearteten, etwa weltanschaulichen Siegeszug des Humanismus zurück, sondern eben auf die Durchsetzung der neuen ökonomischen Verhältnisse, die auf dem Prinzip des Äquivalententauschs beruhen. Es ist diese Dominanz der Tauschwerte gegenüber den Gebrauchswertswerten, die Freiheit und Gleichheit der Einzelnen zur Bedingung macht.[28] Und bis heute ist der „Grundsatz der Tauschgerechtigkeit“[29] wohl tatsächlich einer der wenigen unstrittigen Bereiche in der ansonsten höchst kontroversen Gerechtigkeitsdebatte.[30]

In einer Auseinandersetzung um den Gesellschaftsvertrag betrifft die Frage der Gerechtigkeit zuvorderst die Ebene der Legitimität kollektiver Ordnungen (Polity) und kollektiver Handlungen (Politics). Dabei haben die Prozesse der Säkularisierung und Individualisierung im Zuge der Entfaltung des Kapitalismus nicht nur neue Formen zivilgesellschaftlicher Öffentlichkeit hervorgebracht, sondern korrelieren ebenso mit einer signifikanten Ausweitung der Staatstätigkeit. Die Ursachen dafür liegen nicht zuletzt in den Erfordernissen einer aufgrund wachsender Kontingenz in den individuellen Lebensbedingungen ebenfalls gewachsenen Erfordernis sozialer Integrationsleistungen.[31] Hierdurch entsteht eine Quelle von Legitimität staatlichen Handelns, die aus erfolgreicher sozialer Inklusion gespeist wird und die die ‚soziale Frage' in das Zentrum der Politik rückt. Die Demokratie „steht und fällt unter den Bedingungen des Kapitalismus mit ihrer Entwicklung zur *sozialen Demokratie*“.[32] Bei der Auseinandersetzung mit dem Gesellschaftsvertrag geht es daher nicht um einen allgemeinen

26 Amin 1997, S. 122 f.
27 Vgl. Sandkühler 1998, S. 70.
28 Vgl. Marx, MEW 25, S. 351 f.
29 Höffe 2001, S. 4.
30 Vgl. Reitzig 2005, S. 103 ff.
31 Vgl. Marshall 1992; Goldschmidt 1999, S. 1532.
32 Sandkühler 1998, S. 78, Herv. i. Orig.

Begriff des Gerechten, sondern um den Aspekt der sozialen Gerechtigkeit im Besondern.[33]

Auf die Vergesellschaftung des Staates folgt letztlich also ein erhöhter politischer Legitimationsdruck im Sinne der Einhaltung zustimmungsfähiger Kriterien des Gerechten. Zustimmungsfähig sind für die mit diesen Rechten ausgestatteten Bürger nur solche kollektiven Regeln, denen sie freiwillig und aus rationalen Gründen folgen können. Die Auseinandersetzung um den Gehalt dieser Regeln lässt sich in der Theorie als Deliberation beschreiben,[34] ihre praktische Form sind demokratische und soziale Bewegungen, die die Aufgabe der Vermittlung in der rechtsstaatlich verfassten Öffentlichkeit übernehmen und dem Prozess der gesellschaftlichen Selbstkonstitution das erforderliche Selbstbewusstsein verleihen.[35] Die Behauptung oder Bezweiflung von Legitimität kann in dieser Hinsicht verstanden werden als „das Behaupten oder Bezweifeln der Anerkennungswürdigkeit von Hoheitsakten bzw. Herrschaftsordnungen aufgrund ihrer Übereinstimmung oder Unvereinbarkeit mit allgemein anerkannten Prinzipien."[36]

Das Postulat der potentiellen Zustimmungsfähigkeit von Herrschaft(sakten) bedeutet zwar, wie wir wissen, auch unter Bedingungen parlamentarisch-demokratischer Systeme nicht, dass sich auch nur der Mehrheitswille im Handeln der politisch Herrschenden tatsächlich niederschlägt, wohl aber, dass Herrschaft die Interessen der hegemonialen Konstellation als allgemeine und daher legitime darstellen muss. Michael Mann hat in seiner „Geschichte der Macht"[37] die hohe Bedeutung des Ideologischen (in diesem Sinne ist das zu übersetzen mit Deutungshoheit) als eine von vier zentralen Machtressourcen neben der Ökonomie, dem Militär und der Politik klassifiziert. Diese bediene sich dabei zweier verschiedener Mittel: dem der Transzendenz und dem der Immanenz. Transzendente ideologische Macht verweist in der Regel auf übergeordnete Visionen des menschlichen Wesens, wohingegen Immanenz das Gefühl von Besonderheit im Inneren bestehender sozialer Gemeinschaften normativ steigert, um Loyalität zu erzeugen.[38] Der Aufstieg des *homo oeconomicus* „zur Schlüsselfigur der wirtschaftswissenschaftlichen Reflexion"[39] bei gleichzeitiger Forcierung des ökonomischen Staatenwettbewerbs durch die Politik des Neoliberalismus zeugt heute beispielhaft davon, dass diese beiden Faktoren zumeist in einem Wechsel- bzw. Entsprechungsverhältnis stehen und wirken.

33 Barry 2005, S. 3 ff.
34 Vgl. Lösch 2005.
35 Vgl. Habermas 1994, S. 460 ff.; Goldschmidt 1999, S. 1531.
36 Kaufmann 1999, S. 762.
37 Mann 1994.
38 Vgl. ebd., S. 426 f.
39 Hengsbach 1998, S. 51.

Der Zwang demokratischer Herrschaft sich zu legitimieren, bedeutet praktisch, sie muss vermitteln können, dass sie zu einem Mehr an Gerechtigkeit beiträgt.[40] Das ist letztlich die Substanz jener von Max Weber mit dem Begriff des „spezifischen Glauben(s)“[41] bezeichneten Dimension von moderner (d.h. ‚rationaler‘) Herrschaft als subjektive Zuschreibung von Legitimität seitens der Beherrschten. Gelingt ihr das nicht, so gerät sie in die Krise, verliert ihre Glaubwürdigkeit und ihre Unterstützung. Ein solcher Legitimitätsverlust kann einzelne politische Akteure oder Felder der Politics betreffen und damit von geringer Tragweite bleiben. Er kann aber auch eine umfassende Qualität annehmen und sich auf das gesamte Ensemble sozialer Arrangements, die Art und Weise der Regelsetzung und die kollektive Ordnung als solche erstrecken. Derartige gesellschaftliche Legitimationskrisen vollziehen sich als säkulare Krisen der Hegemonie im Kontext sozialökonomischer Transformationen. Ihren Ausdruck finden sie in der sukzessiven Verschiebung der sich in den Institutionen des Staates verdichtenden Verhältnisse zwischen den gegensätzlichen Kräften des wirtschaftlichen Laissez-faire und der sozialen Freiheit. Solche Zeiten markieren insofern zugleich aber auch Chancen für die Durchsetzung gegenhegemonialer Perspektiven.[42]

Fazit

Wenn jeglicher Vertrag über das unmittelbare Tauschinteresse der Beteiligten hinaus als Bedingung seiner selbst das Vorhandensein außervertraglicher Faktoren (moralische Werte, soziale Sanktionsmechanismen u.ä.) voraussetzt, so kann Hegemonie als ein Faktor interpretiert werden, der die normativen Gültigkeitsbedingungen maßgeblich prägt. Der Gesellschaftsvertrag stellt demnach die konkrete Form gesellschaftlicher Hegemonie dar, vermittels derer sich abstrakte Werte oder ‚Weltbilder‘ in sozialen Alltagspraxen reproduzieren. Die Frage nach der Hegemonie ist in diesem Zusammenhang die Frage danach, was über Sinngebung gesellschaftlich vermittelbar ist, d.h. was als anerkennungsfähig gilt.

Insofern weist das Verhältnis von Hegemonie und Legitimation eine Wesensähnlichkeit mit dem Verhältnis von Kapitalismus und Demokratie an sich auf: es markiert ein stetes Spannungsfeld, das sich wechselseitig immer wieder neu auflädt. Die Annahme, dass der Staat auf einem Gesellschaftsvertrag gründet, bedeutet in diesem Sinne, das Prinzip zu verteidigen, dass Macht sich von unten nach oben bewegen sollte und nicht umgekehrt.[43] Und wenn der (Gesellschafts-)Vertrag also als abstrakte Form verstanden werden kann, in der Hegemonie ge-

40 Vgl. Deppe 1999, S. 15.
41 Vgl. Weber 2001, S. 207 f.
42 Vgl. Hirsch 2002, S. 68; Brand 2005.
43 Bobbio 1987, S. 133.

sellschaftlich Gestalt annimmt, so lässt sich die Frage der sozialen Gerechtigkeit als Kern seiner gesellschaftlichen Legitimierbarkeit beschreiben. In der Debatte um einen *neuen* Gesellschaftsvertrag kann dieser Zusammenhang in zweierlei Hinsicht behandelt werden. Entweder wird das Vertragsargument explizit in die Betrachtungen einbezogen, dann ist die Frage der Legitimation, also der Gerechtigkeit relevant, oder aber die Diskussion bewegt sich auf der Basis des Pareto-Kriteriums, dann ist Gerechtigkeit quasi (historisch) vorausgesetzt. Letzteres war der Praxis nach das Merkmal des fordistischen Klassenkompromisses nach 1945. Als gerecht wurde dort im Wesentlichen akzeptiert, dass die Relation der Verteilung zwischen Lohn- und Gewinnquote weitgehend stabil blieb und die ökonomischen Zuwächse entsprechend verteilt wurden. Doch selbst wenn nur die Verteilung dieser Zuwächse explizit einem Gerechtigkeitskriterium untergeordnet würde, stellt dies eine Einschränkung gemäß dem Pareto-Argument dar, da dann die in der Vergangenheit gesetzten (Verteilungs-)Verhältnisse stillschweigend als ‚gerecht' vorausgesetzt würden. Ein neuer Gesellschaftsvertrag, der tatsächlich das Attribut ‚neu' für sich in Anspruch nehmen will, wäre aber auf der Grundlage solcher Einschränkungen ein Widerspruch in sich.

Man mag vor dem Hintergrund aktueller Transformationsprozesse und hegemonialer Kräfteverhältnisse zu der skeptischen Einschätzung gelangen, dass schon die zweite Variante zu realisieren äußerst schwierig ist, und dass demokratische Legitimation einerseits zwar ein unverzichtbares Element des Politischen geworden ist, dass aber andererseits die existierenden sozialen Machtasymmetrien ebenso wie die Eigendynamiken in institutionellen Strukturen gleichzeitig die Reichweite von Prozessen demokratischer Selbstkonstitution begrenzen. Tatsächlich scheinen die mit dem Stichwort ‚Krise der Repräsentation' beschriebenen Prozesse oder auch die zunehmende (Re-)Informalisierung von Macht infolge politisch-ökonomischer Entgrenzungsprozesse gegenwärtig in eine solche Richtung zu deuten. Daraus ist jedoch kein Argument gegen das Prinzip der Demokratie zu machen. Vielmehr können diese krisenhaften Momente im Kontext der anhaltenden Forderungen nach einem neuen Gesellschaftsvertrag als Indizien einer tiefergehenden Legitimationskrise der neoliberalen Hegemonie interpretiert werden. Sie sind eine Aufforderung für die Zukunft, jene Bereiche, in denen sich der Einfluss von Partikular- und Sonderinteressen jenseits öffentlicher Legitimation (wieder) Geltung verschaffen kann, einem erweiterten Prozess der demokratischen Selbstkonstitution zugänglich zu machen – was freilich keine leichte Aufgabe ist, aber das war es nie.

Literatur

Aglietta, M., 1979, A Theory of Capitalist Regulation. The US Experience, London.

Amin, S., 1997, Die Zukunft des Weltsystems. Herausforderungen der Globalisierung, Hamburg.

Barry, B., 2005, Why Social Justice Matters, Cambridge.

Bobbio, N., 1987, The Future of Democracy, Cambridge.

Brand, U., 2005, Gegenhegemonie. Perspektiven globalisierungskritischer Strategien, Hamburg.

Cox, R. W., 1987, Production, Power, and World Order. Social Forces in the Making of History, New York.

Demirovic, A., 1992, Regulation und Hegemonie. Intellektuelle, Wissenspraktiken und Akkumulation. In: Ders. u.a. (Hg.), 1992, Hegemonie und Staat. Kapitalistische Regulation als Projekt und Prozess, Münster, S. 128-157.

Deppe, F., 1999, Politisches Denken im 20. Jahrhundert. Die Anfänge, Hamburg.

Goldschmidt, W. u.a. (Hg.), 2000, Neoliberalismus – Hegemonie ohne Perspektive. Heilbronn.

–, 1999, Staat/Staatsform. In: H. J. Sandkühler (Hg.), Enzyklopädie Philosophie, Hamburg, S. 1508-1539.

–, 2004, Herrschaft. In: W. F. Haug (Hg.), Historisch-Kritisches Wörterbuch des Marxismus. Band 6/I, Hamburg, S. 82-127

Graf, G., 1997, Vertrag und Vernunft. Eine Untersuchung zum Modellcharakter des vernünftigen Vertrages, Wien/ New York.

Gramsci, A., 1991ff, Gefängnishefte, Hamburg/ Berlin.

Habermas, J., 1994, Faktizität und Geltung. Beiträge zur Diskurstheorie des Rechts und des demokratischen Rechtsstaates, Frankfurt/M.

Haug, W. F., 2004, Hegemonie. In: Ders. (Hg.), Historisch-Kritisches Wörterbuch des Marxismus. Band 6/I, Hamburg, S. 1-25.

–, 1996, Philosophieren mit Brecht und Gramsci, Berlin/ Hamburg.

Hengsbach, F., 1998, Marktkonkurrenz auf der Grundlage gesellschaftlicher Kooperation. In: N. Brieskorn/ J. Wallacher (Hg.), Homo oeconomicus: Der Mensch der Zukunft? Stuttgart/ Berlin/ Köln, S. 47-76.

Hegel, G. W. F., 1979, Grundlinien der Philosophie des Rechts oder Naturrecht und Staatswissenschaft im Grundrisse. Werke Bd. 7, Frankfurt/M.

Hirsch, J., 2002, Herrschaft, Hegemonie und politische Alternativen, Hamburg.

Hobsbawm, E., 1998, Das Zeitalter der Extreme. Weltgeschichte des 20. Jahrhunderts, München.

Höffe, O., 2001, Gerechtigkeit als Tausch. Zur Begründung von Recht und Staat, Festvortrag zur Eröffnung der Rechtswissenschaftlichen Fakultät der Universität Luzern, 22. Oktober 2001, http://www.unilu.ch/dokumente/dokus_unilu/Ansprache_Höffe_ 7811.-pdf.

Kaufmann, M., 1999: Legalität/Legitimität. In: H. J. Sandkühler (Hg.), Enzyklopädie Philosophie. Hamburg, S. 761-765.

Klenner, H., 1999, Aufklärungshistorisches zur sozialen Gerechtigkeit. In: Z. Zeitschrift Marxistische Erneuerung, Nr. 40, 10. Jahrgang, S. 24-33.

Krugmann, P., 2002, Der amerikanische Albtraum. In: DIE ZEIT Nr. 46, vom 07. November 2002, S. 25-28.

Kuhn, T. S., 1976, Die Struktur wissenschaftlicher Revolutionen. 2. rev. Auflage, Frankfurt/M.

Lösch, B., 2005, Deliberative Politik. Moderne Konzeptionen von Öffentlichkeit, Demokratie und politischer Partizipation, Münster.

Mann, M., 1994, Geschichte der Macht. Bd. 2, Vom Römischen Reich bis zum Vorabend der Industrialisierung, Frankfurt/M./ New York.

Marshall, T. H., 1992, Bürgerrechte und soziale Klassen. Zur Soziologie des Wohlfahrtsstaates, Frankfurt/M.

Marx, K., MEW 23, Das Kapital. Kritik der politischen Ökonomie, Erster Band. In: K. Marx/ F. Engels, Werke. Band 23, Berlin 1962.

– , MEW 25, Das Kapital. Kritik der politischen Ökonomie, Dritter Band. In: K Marx/ F. Engels, Werke. Band 25, Berlin 1980.

Moore, B., 1982, Die sozialen Ursachen von Unterordnung und Widerstand, Frankfurt/M.

Reitzig, J., 2005, Gesellschaftsvertrag, Gerechtigkeit, Arbeit. Eine hegemonietheoretische Analyse zur Debatte um einen ‚Neuen Gesellschaftsvertrag' im postfordistischen Kapitalismus, Münster.

Sandkühler, H. J., 1998, Rechtsstaat und Menschenrechte unter den Bedingungen des ‚faktischen Pluralismus'. In: DIALEKTIK. Heft 3, S. 67-86.

Social Watch Deutschland, 2003, Die Armen und der Markt. Ein internationaler Bericht zivilgesellschaftlicher Organisationen über den Fortschritt bei der Armutsbekämpfung und Gleichstellung der Geschlechter, o. O..

WCSDG (Weltkommission für die soziale Dimension der Globalisierung), 2004, Eine faire Globalisierung – Chancen für alle schaffen, Genf.

Weber, M., 2001, Gesamtausgabe. Bd. 22/I, Wirtschaft und Gesellschaft, Die Wirtschaft und die gesellschaftliche Ordnung der Mächte, Tübingen.

Wulf D. Hund

Der Rassenvertrag. Politischer Rassismus zwischen Kolonialismus und Volksgemeinschaft

Dass auch der Gesellschaftsvertrag Kleingedrucktes enthielt, war schon zur Zeit seiner Ausfertigung bekannt. Über seine herrschaftlichen Seiten waren sich die Kontrahenten aus Adel und Bürgertum einig: er sollte nicht für Frauen, Arme und Wilde gelten. Dem Gesellschaftsvertrag waren ein Geschlechtervertrag, ein Klassenvertrag und ein Rassenvertrag eingeschrieben. Die Konstruktion farbiger Menschenrassen gehörte ebenso zur Logik des Gesellschaftsvertrages wie deren ökonomische Depravierung, soziale Degradierung und politische Entrechtung.

Der Klassenvertrag wurde schon früh problematisiert, als während der englischen Revolution die Leveller über den Zensus debattierten und die Digger das Recht auf Arbeit forderten. Der Geschlechtervertrag stand spätestens im Verlauf der französischen Revolution zur Debatte, als Olympe de Gouges die Erklärung der Menschenrechte um die der Rechte der Frauen ergänzte und Mary Wollestonecraft den Sexismus der politischen Philosophie attackierte. Der Rassenvertrag konnte damals ebenfalls nicht länger verschwiegen werden, weil Mulatten und Schwarze in Haiti an der Ausübung bürgerlicher Rechte beteiligt werden wollten. Während des amerikanischen Bürgerkrieges entwickelte er eine Sprengkraft, die selbst die Gemeinschaft der privilegierten Partner des Gesellschaftsvertrages in Frage stellte.

Seine theoretische Analyse wurde nach der Untersuchung des Klassenvertrages durch Crawford B. Macpherson und des Geschlechtervertrages durch Carole Pateman erst in jüngerer Zeit durch Charles W. Mills präzisiert.[1] Er stellt den Rassenvertrag als rassistischen Subtext des Gesellschaftsvertrages in die Tradition dichotomischer Muster der Eingrenzung und Ausgrenzung, die in der europäischen Ideengeschichte vom Gegensatz der Zivilisierten und Nichtzivilisierten über den der Christen und Nichtchristen bis zu dem der Weißen und Nichtweißen reicht. Die Besonderheiten des Rassenvertrages liegen darin, dass er diesen Gegensatz zu verkörpern trachtet, indem er den weißen Körper zur somatischen Norm und zur Zugangsvoraussetzung zum politischen Körper macht; dass er

1 Vgl. Macpherson 1973; Pateman 1988; Mills 1997 – im Folgenden werden eventuelle Hervorhebungen in den Quellen grundsätzlich nicht übernommen.

zwar nicht von allen Weißen geschlossen wird, sie alle aber zu Nutznießern des Umstands macht, Nichtweiße als Objekte der Übereinkunft zu betrachten; dass er die Entwicklung einer Herrenvolk-Ethik erlaubt, die zwischen „white personhood" und „nonwhite subpersonhood" unterscheidet; dass er mit Hilfe der sozial konstruierten Kategorie Rasse dem von ihm legitimierten System des Kolonialismus und der Sklaverei den Anschein natürlicher Differenz gibt, die seine theoretische Widersprüchlichkeit verdecken soll; dass er eine epistemologische Ignoranz erlaubt, die ihm zunächst die Verbindung von Freiheit und Sklaverei und schließlich die Verteidigung weißer Privilegien durch „illusory color blindness" erlaubt.[2]

Theoretisch geltend machte sich der Rassenvertrag vor allem durch die stillschweigende Verdopplung des Naturzustandes. Für zivilisierte Weiße war er Fiktion, für unzivilisierte Wilde hingegen Geschichte. Schon Thomas Hobbes erklärte, dass der von ihm als Krieg beschriebene Naturzustand „niemals allgemein auf der ganzen Welt bestand". Er bedurfte seiner eben nur als Hypothese, um die Trennung privater und politischer Zwecke und die Notwendigkeit souveräner Gewalt zu erläutern. Die Partner seines Gesellschaftsvertrages waren in Wirklichkeit schon vor dessen Abschluss fleißig damit beschäftigt, Land zu bebauen und ihren Reichtum mit Gewalt und List zu vermehren und zu verteidigen. Sie waren aber auch juristisch und philosophisch genügend geschult, um die ständige Sorge um die Früchte ihrer Arbeit in ein Staatsmodell zu fassen, das ihren Besitz in legitimes Eigentum verwandelte und unter den Schutz des Gesetzes stellte. Wo Hobbes hingegen das Leben im Naturzustand als „einsam, armselig, ekelhaft, tierisch und kurz" beschrieb, fielen ihm wie zufällig „die wilden Völker [...] Amerikas" ein, die „bis zum heutigen Tage" wirklich in jenem Zustand leben sollten, der den zivilisierten Bürgern Europas nur als Denkmodell diente.[3]

Dessen präzise Fassung gelang wenig später John Locke. Seine Vertragspartner waren selbstbewusste Privateigentümer, die fraglos über Kinder, Frauen und Knechte herrschten. Der Naturzustand diente ihnen lediglich als Hypothese, um den politischen Zumutungen des Feudaladels ihr Modell freier Vergesellschaftung entgegenhalten zu können. Trotzdem schrieb auch Locke: „in the beginning all the World was America".[4] Diese Abschiebung der Indianer in einen jetzt als real betrachteten Naturzustand vor aller Zivilisation sollte gleich mehrfach Sinn

2 Vgl. Mills 1997, S. 22 f. (Tradition), S. 61 u. S. 53 (Verkörperung), S. 11 f. (Vertragspartner), S. 94 ff. u. S. 56 (Ethik, Menschen, Untermenschen); S. 63 f. (Rassenkonstruktion); S. 93 u. S. 77 (Ignoranz, Farbenblindheit); zum folgenden (Verdopplung des Naturzustandes) siehe S. 46 u. S. 66; vgl. Hund 2005.

3 Hobbes 1976, S. 94 ff.; die Zitate finden sich S. 96 u. S. 97.

4 Locke 1970, S. 319 (II, § 49); vgl. Lebovics 1986, 4, S. 567 – 581 u. Bernasconi 1992, S. 293 – 318; zum folgenden vgl. Locke 1970, S. 311 (II, § 36) u. 314 f. (II, § 41) – dort auch das Zitat.

machen. Mit der Behauptung, dass sie nicht arbeiteten, wurde ihnen unter der Hand die Berechtigung an ihrem Land abgesprochen. Als weitgehend unkultiviert konnte es deswegen europäischen Kolonisten angeboten werden. Gleichzeitig sollte mangelnde Arbeit dafür verantwortlich sein, dass in Amerika „der König eines großen und fruchtbaren Gebietes" schlechter lebte „als ein Tagelöhner in England", ein Argument, das als wohlfeiles Sedativ für die Armen gedacht war.

Die Reichweite des Rassenvertrags zeigte sich schließlich bei Jean-Jacques Rousseau, der den Naturzustand als Hypothese und den Gesellschaftsvertrag als List der Reichen zur Übertölpelung der Armen bezeichnete, die Figur des edlen Wilden zur Verdeutlichung der Entfremdung der Zivilisierten benutzte und die Wilden trotzdem auch in einen realen Naturzustand versetzte, der ihm als „der tierische Zustand im allgemeinen" galt, dessen Vertreter über keine Voraussicht und keine „Kenntnisse, die Reflexion erfordern", verfügten, ohne Moral auskamen, nicht kunstfertig waren und keinen Fortschritt kannten, „deshalb stets Wilde geblieben sind" und entweder „noch im anfänglichen Naturzustand" oder doch „am wenigsten vom Naturzustand entfernt" lebten.[5]

Indem sich die Wilden nicht eigentumsfähig zeigten, legitimierten sie die koloniale Besitzergreifung. Gleichzeitig dienten sie damit als Folie für die Rechtfertigung von Kapitalismus und Ausbeutung. Smith gestand unumwunden ein, dass sich kapitalistisches Privateigentum fremder Arbeit verdankte. Er konzedierte auch, dass die Lohnarbeiter am härtesten arbeiten müssten und am wenigsten davon hätten.[6] Dann aber rief er den „common day labourer" entschlossen auf, den Blick nach außen zu wenden und sich darüber klar zu werden, „that his luxury is much superior to that of many an Indian prince, the absolute master [...] of a thousand naked savages"

Weil der Rassenvertrag nicht zum Vergnügen philosophischer Spekulanten und Zirkel, sondern handfester Interessen wegen formuliert worden war, fand er vor allem im Verlauf der bürgerlichen Revolutionen immer wieder ebenso praktischen wie peinlichen Ausdruck.

Die englische Revolution sah Oliver Cromwell unmittelbar nach der Errichtung der Republik auf einem Raubzug durch Irland, das wegen angeblicher Verfehlungen seiner Bewohner praktisch zur terra nullius erklärt und von den Engländern angeeignet wurde. Ein großer Teil der Bevölkerung starb. Die Überlebenden wurden teils in die unfruchtbarste Gegend des Landes umgesiedelt, teils

5 Vgl. Rousseau 1984, S. 46 ff. u. S. 70 f. (Naturzustand als Hypothese); S. 214 ff. (Herrschaftsvertrag), S. 266 ff. (edler Wilder), S. 97 (tierischer Zustand), S. 111 u. S. 291 (Voraussicht, ›Reflexion‹), S. 141 (Moral), S. 161 (Fortschritt), S. 197 (›stets Wilde‹), S. 327 u. S. 157 (›anfänglicher Naturzustand‹, ›am wenigsten entfernt‹).

6 Vgl. Smith 1976, S. 82 f. u. ders. 1978, S. 563 f.; dort, S. 562, auch das anschließende Zitat.

nach Amerika in die Knechtschaft verkauft. Nur eigentumslose Arme durften bleiben, um den neuen Herrn als Arbeitskräfte zu dienen. Die politische Philosophie versagte sich jede Kritik und unterstützte statt dessen die militärischen mit legitimatorischen Manövern. Obwohl John Milton in England vollmundig Gedankenfreiheit gefordert und mutig ein individuelles Recht auf Widerstand gegen Tyrannei verkündet hatte, wollte er das für die Iren nicht gelten lassen, sondern charakterisierte sie als gesetzlose Rebellen. William Petty sah das irische Schiff zwischen der Scylla der Papistenherrschaft und der Charybdis des Genozids lavieren und empfahl als Ausweg eine brutale Umsiedlungspolitik.[7] Schon vorher angestellte Vergleiche zwischen Iren, Indianern und Afrikanern breiteten sich aus. Schließlich erhob Jonathan Swift diese Mischung in Gestalt der Yahoos zusammen mit Überlegungen zu deren eugenischer Bekämpfung zur Literatur.[8]

Die amerikanische Revolution richtete sich gegen die Plünderung der Kolonien durch das Mutterland, setzte aber die koloniale Plünderung des Kontinents fort. Der Krieg gegen die Cherokees oder der Überfall auf die Shawnees waren ebenso Bestandteil dieser Politik, wie George Washingtons Plan, die indianische Bevölkerung östlich des Mississippis zu vertreiben und Veteranen des Revolutionskrieges mit Indianerland zu entschädigen.[9] Bei der Legitimation solchen Vorgehens waren sich die Theoretiker der Freiheit einig. Die Indianer wurden in ein Spektrum mangelnder Zivilisiertheit eingeordnet, das von Raubtieren über gnadenlose Wilde bis zu unmündigen Kindern reichte. Eine Gleichstellung mit den zivilisierten Partnern der Unabhängigkeitserklärung und ihren ‚unanienable Rights' konnten sie nicht umstandslos erwarten.[10] Thomas Jefferson brachte das sowohl hinsichtlich des Umgangs mit den amerikanischen Indianern wie mit den afrikanischen Sklaven in ein Begründungsdilemma. Die einen forderte er zur Aufgabe ihrer Kultur und bedingungslosen Assimilation auf. Sollten sie dem nicht nachkommen wollen, „we shall be obliged to drive them with the beasts of the forest into the stony mountains". Die anderen hielt er für zu Unrecht versklavt, erklärte aber gleichzeitig, dass sie vorerst nicht befreit werden könnten. Die dadurch drohende Rassenmischung dürfte nicht hingenommen werden: „Their amalgamation with the other color produces a degeneration to which no

7 Vgl. Petty 1927. Bd. 1, S. 56; Petty 1899, S. 121 – 231, hier v. a. 157 f.

8 Vgl. Garner 2004, S. 75; siehe ferner, Allen 1994 u. 1997, hier v. a. Bd. 1, S. 27 – 90. Zu Swift vgl. Rawson 2001.

9 Vgl. Churchill 1997, S. 209 ff.; zu den unterschiedlichen juristischen und ideologischen Strategien, mit denen die Enteignung der Indianer bis zur amerikanischen Revolution und danach legitimiert wurde, siehe Williams Jr. 1990 u. Hund 1999, S. 39 – 53.

10 Drinnon 1997, S. 102, schreibt dazu knapp: „Racism pervaded the Revolution".

lover of his country, no lover of excellence in the human character can innocently consent".[11]

Im Verlauf der Verhandlungen über die Föderierung erreichte dieses Dilemma auch verfassungsrechtlichen Rang. Gemäß Artikel 1 der 'Constitution of the United States' sollte sich die Bestimmung der Anzahl der Sitze für die Einzelstaaten im Repräsentantenhaus nach deren Bevölkerungszahl richtet. Diese wurde „by adding to the whole Number of free Persons, [...] excluding Indians [...], three fifths of all other Persons" ermittelt. Der philosophische Elan, mit dem die Gleichheit der Menschen verkündet und der Herrschaftsvertrag mit dem britischen Monarchen gekündigt worden waren, hatte sich in berechnendes Kalkül verwandelt, mit dem die europäischen Staatsgründer auf nordamerikanischem Boden von ihnen entrechtete andere in ihren Gesellschaftsvertrag einbezogen.

Die französische Revolution konnte an diesen Pragmatismus nicht einfach anknüpfen. Sie fand eine komplexe politisch-ideologische Gemengelage vor, zu der sich unterschiedliche Versatzstücke aus Rechtssprechung, Kolonialpolitik, Rassenideologie und Sozialphilosophie verbunden hatten. Die Vermittlung der Maxime, auf Frankreichs Boden keine Sklaverei dulden zu wollen, mit deren Einführung in den Kolonien und mit den verschiedenen Maßnahmen, die es deren Eliten erlauben sollten, sich auch während der Überfahrt und beim Aufenthalt im Mutterland ihrer Sklaven zu bedienen, war rechtlich nie zufriedenstellend gelungen. Die Modernisierung des Rassismus lieferte mit der Kategorie Rasse neue Möglichkeiten der Diskriminierung, die es Voltaire und anderen schließlich sogar möglich machten, die Einheit des Menschengeschlechts anzuzweifeln und polygenetische Abstammungslehren zu verbreiten.

Noch ehe Meisterdenker und Interessenverwalter zu einer halbwegs verbindlichen Lösung gekommen wären, machten ihnen die Objekte ihres Kopfzerbrechens einen Strich durch die Rechnung. Die Sklaven Haitis wollten den Ausgang der Debatten zwischen Weißen und freien Farbigen nicht abwarten und erhoben sich. Die Sachwalter der Freiheit ließen sich von deren Pathos für einen kurzen historischen Moment mitreißen. Bei seiner Ankunft in Haiti hatte der Kommissar Léger-Félicité Sonthonax noch befunden, „dass die Sklaverei notwendig ist für das wirtschaftliche Wohlergehen der Kolonie". Ein Jahr später deklamierte er: „Die französische Republik will, dass Freiheit und Gleichheit herrschen unter den Menschen, ohne Unterschied der Hautfarbe". Im Februar 1794 bestätigte der Nationalkonvent in Paris diese Position und erklärte die Sklaverei für abgeschafft. Doch schon 1802 behauptete der Staatsrat Dupuis während der Sitzung, auf der die Sklaverei gesetzlich wieder hergestellt wurde, dass die „Illusionen der Freiheit und Gleichheit [...] in den Kolonien wie der Gesang der Sirenen wirkten" und „der bedeutende Unterschied zwischen zivilisierten Menschen und Wil-

11 Jefferson 1999, S. 535 (›beasts‹) u. S. 494 (›amalgamation‹); vgl. Spahn 2002.

den [...] klare Abstufungen [...] zwischen freien und unfreien Personen“ erforderlich machte.[12]

Die Revolution in Haiti machte zudem unübersehbar deutlich, dass das Modell des Gesellschaftsvertrags selbst mit dem Kleingedruckten des Rassenvertrages für die weitere Legitimation von Kolonialismus und Imperialismus ungeeignet geworden war. Sein rassistischer Gehalt bedurfte dringend der Überarbeitung. Die leisteten die sich neu konstituierenden Rassenwissenschaften und der Sozialdarwinismus. Sie erlaubten die Makulierung des Gesellschaftsvertrags bei gleichzeitiger Beibehaltung des Rassenvertrags. Unter der Präambel weißer Suprematie wurde er unterschiedlichen Erfordernissen angepasst und in verschiedenen Fassungen den Angehörigen der sogenannten farbigen Rassen zur Kenntnisname vorgelegt. Bedeutsame Varianten, die sich auch kombinieren ließen, reichten von der Konzeption ‘aussterbender Rassen’ bis zum ‘Rassenkrieg’ und gruppierten sich um die ‘Herrenvolk-Demokratie’ mit ihren Unterformen der ‘Bürde des weißen Mannes’, der ‘Apartheid’ und der ‘weißen Exklusivität’.

Die Theorie der aussterbenden Rassen hatte ihre Ursprünge in frühen Erfahrungen der Europäer mit den katastrophalen Folgen, die der überseeische Kulturkontakt durch Krankheit und Krieg für die kolonisierten Völker mit sich brachte. Sie wurden in einer „fantasy of auto-genocide or racial suicide“[13] den angeblichen Wilden als Unfähigkeit zur Zivilisation ausgelegt. Ab dem Ende des 18. Jahrhunderts schlugen sie sich in zahlreichen sentimentalen Bildern nieder, die vom letzten Mohikaner über die letzte Tasmanierin bis zu den letzten Paradiesen reichten. Im Lichte der paradigmatischen Sätze vom ‘struggle for existence’ und ‘survival of the fittest’ wurde ihr Untergang als unvermeidlich betrachtet. Während Thomas Malthus den Armen predigte, sie wären zu primitiv, um durch vorausschauende Planung Elend vermeiden zu können, so dass das Bevölkerungsgesetz für die zyklische Vernichtung ihrer überzähligen Häupter sorgen müsste, erklärte Herbert Spencer den Wilden, sie wären zu primitiv, um zivilisiert werden zu können, so dass sich der Fortschritt „by clearing the earth of inferior races of men“ durchsetzen müsste.[14] Für die Zeit bis zu ihrem endgültigen Untergang wurden ihnen Reservate angeboten.

Der Rassenkrieg war die politische ultima ratio denen gegenüber, die sich den Gesetzen der Evolution nicht fügen wollten. Weil er als militärischer Vollzug einer natürlichen Gesetzmäßigkeit verstanden wurde, konnte er jederzeit genozida-

12 Alle Zitate finden sich in der Dokumentation von Buch 1976, S. 82 u. S. 87 (Sonthonax), S. 163 (Dupuis); zu Motiven und Positionen der Aufständischen vgl. James 1984 u. Fick 1990.

13 Brantlinger 2003, S. 2; diese Arbeit ist die umfassendste Studie zu dieser Frage – vgl. Hund 2004, S. 580 – 605, hier S. 596 ff.

14 Vgl. Malthus 1977, S. 37 (Chase 1980, S. 6, hat Malthus deswegen zum „founding father of scientific racism“ erklärt); Spencer 1868, S. 454.

le Ausmaße annehmen. Im Oktober 1904 ließ der Militärbefehlshaber in Südwestafrika die einheimische Bevölkerung wissen: „Innerhalb der deutschen Grenze wird jeder Herero [...] erschossen". Sein Generalstabschef in Berlin hatte für diesen Schießbefehl Verständnis und meinte, der „Rassenkampf" wäre nur durch „Vernichtung oder vollständige Knechtung" des Gegners zu beenden.[15] Eine massenwirksame Erklärung für solches Vorgehen lieferte einer der erfolgreichsten deutschen Kolonialromane nach, indem er geschichtsphilosophische Fortschrittsmaximen mit sozialdarwinistischen Machtphantasien verband. Die „Schwarzen" hätten demnach nicht wegen ihres Widerstandes „den Tod verdient", sondern „weil sie keine Häuser gebaut und keine Brunnen gegraben haben". Deswegen wären sie von den „Edleren" besiegt worden. Nur den „Tüchtigsten" gehörte die „Welt".[16] Alle wichtigen Elemente des Rassenvertrags waren hier modernisiert. Immer noch waren die Betroffenen nur Verfügungsmasse seiner Bestimmungen. Nach wie vor wurden seine Maximen ihnen gegenüber gewaltsam durchgesetzt. Wie eh und je glaubten sich seine Verfasser mit höheren Mächten im Bund. Weiße Suprematie verstand sich als naturgesetzlicher Ausdruck der Weltgeschichte.

Die Herrenvolk-Demokratie war der theoretische wie praktische Ausdruck dieser Ideologie. Howard Winant sieht die Ursprünge der „herrenvolk democracy" deswegen in der „exclusive democracy, where full participative rights are denied to all who are not white, male, and of a higher socioeconomic status". George M. Fredrickson hat sie als „ideological marriage between egalitarian democracy and biological racism" beschrieben, die ihr „ideal of 'Herrenvolk equality'" nur für Weiße gelten ließ. Pierre L. van den Berghe nennt „Herrenvolk democracies" deswegen jene „regimes [...] that are democratic for the master race but tyrannical for the subordinate groups". Charles W. Mills sieht die „Herrenvolk ethics" entsprechend durch einen „racially structured moral code" bestimmt.[17]

Vor allem in den weißen Siedlergesellschaften Afrikas, Amerikas und Asiens wurden aus diesem Modell unterschiedliche Formen rassistischer politischer Beziehungen entwickelt. In den USA zeigten die Jim-Crow-Gesetze, wie erfinderisch die Justiz bei der rassistischen Ausgestaltung formal gleicher Rechte sein konnte. In Südafrika rauften sich Briten und Buren zu einem weißen Block zusammen, der die afrikanische Bevölkerung schließlich staatsrechtlich des Landes verwies. In Australien gelang die Staatsbildung erst, nachdem die kolonialen Eliten angesichts der drohend ausgemalten Gefahr rassischer Überfremdung ihre

15 Vgl. Zimmerer 2003, S. 51 (Proklamation von Trothas) u. S. 54 (Schreiben Schliefens an den Reichskanzler).

16 Frenssen 1906, S. 200; vgl. dazu Brehl 2004, S. 77 – 97.

17 Winant 2001, S. 161 u. S. 345; Fredrickson 1981, S. 154 f.; van den Berghe 1967, S. 17 f.; Mills 1997, S. 111.

Sonderinteressen zugunsten eines einheitlichen weißen Australiens zurückstellten.[18]

Zwar fand sich in keinem dieser Fälle ein Meisterdenker, der bereit gewesen wäre, diesen brutalen und unverhohlenen Umsetzungen des Rassenvertrages jene Form großer Theorie zu geben, in die er als Kleingedrucktes des Gesellschaftsvertrages noch gefasst worden war. Doch waren kleinere Geister zur Stelle, die sich andienten, durch dessen Auslegung die Abschwächung seines Gehaltes zu verhindern oder die Entwicklung weitergehender rechtlicher Normen seinen Prinzipien anzupassen. Es fehlte auch nicht an jenen, die das Modell der Herrenvolk-Demokratie theoretisch so weit ausdehnten, dass es selbst noch die blutsgebundene Version einer völkischen Diktatur einschloss.[19] Die ihr zugrunde liegende Volksgemeinschaft bezog ihre Identität ganz wesentlich aus der Konstruktion einer Gegenrasse.

Literatur

Allen, Th. W., 1994 u. 1997, The Invention of the White Race. 2 Bde. London.

Bernasconi, R., 1992, Locke's Almost Random Talk of Man: The Double Use of Words in the Natural Law Justification of Slavery. In: Perspektiven der Philosophie. Neues Jahrbuch, Bd. 18, S. 293 – 318.

Brantlinger, P., 2003, Dark Vanishings. Discourse on the Extinction of Primitive Races, 1800 – 1930. Ithaca etc.

Brehl, M., 2004, 'Diese Schwarzen haben vor Gott und Menschen den Tod verdient'. Der Völkermord an den Herero 1904 und seine zeitgenössische Legitimation. In: Völkermord und Kriegsverbrechen in der ersten Hälfte des 20. Jahrhunderts. Hg. v. I. Wojak/ S. Meinl, S. 77 – 97. Frankfurt etc.

Buch, H. Ch., 1976, Die Scheidung von San Domingo. Wie die Negersklaven von Haiti Robespierre beim Wort nahmen. Berlin.

Chase, A., 1980, The Legacy of Malthus. The Social Costs of the New Scientific Racism. Urbana etc.

Churchill, W., 1997, A Little Matter of Genocide. Holocaust and Denial in the Americas 1492 to the Present. San Francisco.

Drinnon, R., 1997, Facing West. The Metaphysics of Indian-Hating and Empire-Building. Norman etc.

Eltis, D., 2000, The Rise of African Slavery in the Americas. Cambridge etc.

Fick, C. E., 1990, The Making of Haiti. The Saint Domingue Revolution from Below. Knoxville.

18 Vgl. Woodward 2002; Maylam 2001; Jayasuriya/D. Walker/J. Gothard (Hg.) 2003.

19 Zu ihnen gehörte z.B. Hans Freyer, in dessen politischer Soziologie die Kategorien Blut, Volk, Führer und Demokratie zusammengehörten – vgl. Klingemann 1996; Schäfer 1990, S. 121 – 175; siehe auch Goldschmidt/ Hund 1983, 12, S. 1588 – 1603.

Figueira, D. M., 2002, Aryans, Jews, Brahmins. Theorizing Authority through Myths of Identity. New York.
Fredrickson. G. M., 1981, White Supremacy. A Comparative Study in American and South African History. Oxford etc.
Frenssen, G., 1906, Peter Moors Fahrt nach Südwest. Ein Feldzugsbericht. Berlin.
Garner, S., 2004, Racism in the Irish Experience. London etc.
Goldschmidt, W./ W. D. Hund, 1983, 'Ernstfall' und 'Volksgemeinschaft'. Zur konservativen Besinnung auf Hans Freyer und Carl Schmitt. In: Blätter für deutsche und internationale Politik, 28 Jg., H. 12, S. 1588 – 1603.
Hobbes, Th., 1976, Leviathan oder Stoff, Form und Gewalt eines bürgerlichen und kirchlichen Staates. Hg. v. I. Fetscher. Frankfurt etc.
Hund, W. D., 1999, Der inszenierte Indianer. Auch eine Dialektik der Aufklärung. In: ders., Rassismus. Die soziale Konstruktion natürlicher Ungleichheit, S. 39 – 53. Münster.
– , 2004, Der Weißheit letzter Schluss. Neue Studien zur Rassismusforschung. In: Archiv für Sozialgeschichte, Bd. 44, S. 580 – 605.
– , 2005, Rassismusanalyse. Bielefeld.
James, C. L. R., 1984, Schwarze Jakobiner. Toussaint L'Ouverture und die Unabhängigkeitsrevolution in Haiti. Köln.
Jayasuriya, L./ D. Walker/ J. Gothard (Hg.), 2003, Legacies of White Australia. Race, Culture and Nation. Crawley.
Jefferson, Th., 1999, Political Writings. Hg. v. J. Appleby/ T. Ball. Cambridge etc.
Klingemann, C., 1996, Soziologie im Dritten Reich. Baden-Baden.
Lebovics, H., 1986, The Uses of America in Locke's Second Treatise of Government. In: Journal of the History of Ideas, 47. Jg., H. 4, S. 567 – 581.
Locke, J., 1970, Two Treatises of Government. Hg. v. P. Laslett. London etc.
Macpherson, C. B., 1973, Die politische Theorie des Besitzindividualismus. Von Hobbes bis Locke. Frankfurt.
Malthus, Th., 1977, Das Bevölkerungsgesetz. Hg. v. Ch. M. Barth. München.
Maylam, P., 2001, South Africa's Racial Past. The History and Historiography of Racism, Segregation, and Apartheid. Aldershot etc.
Mills, Ch. W., 1997, The Racial Contract. Ithaca etc.
Pateman, C., 1988, The Sexual Contract. Stanford.
Petty, W., 1899, The Political Anatomy of Ireland. In: The Economic Writings of Sir William Petty. Hg. v. Ch. H. Hull. Bd. 1, S. 121 – 231. Cambridge.
– , 1927, The Ship of Ireland Between Scilla and Charybdis. In: The Petty Papers. Some unpublished Writings of Sir William Petty. Hg. v. Marquis of Lansdowne. 2 Bde. London.
Rawson, C., 2001, God, Gulliver, and Genocide. Barbarism and the European Imagination, 1492 – 1945. Oxford etc.
Rousseau, J.-J., 1984, Diskurs über die Ungleichheit. Discours sur l'inégalité. Hg. v. H. Meier. Paderborn.

Schäfer, G., 1990, Wider die Inszenierung des Vergessens. Hans Freyer und die Soziologie in Leipzig 1925 – 1945. In: Jahrbuch für Soziologiegeschichte. Bd. 1, S. 121 – 175. Opladen.

Sieyes, E. J., 1981, Einleitung zur Verfassung. In: ders., Politische Schriften 1788 – 1790. Hg. v. E. Schmitt/ R. Reichardt, S. 239 – 257. München etc.

Smith, A., 1976, An Inquiry into the Nature and Causes of the Wealth of Nations. Hg. v. R. H. Campbell/ A. S. Skinner/ W. B. Todd. Oxford.

– , 1978, Early Draft of Part of The Wealth of Nations. In: ders., Lectures on Jurisprudence. Hg. v. R. L. Meek/ D. D. Raphael/ P. G. Stein. Oxford.

Spahn, H., 2002, Thomas Jefferson und die Sklaverei: Verrat an der Aufklärung? Berlin.

Spencer, H., 1868, Social Statics; or the Conditions Essential to Human Happiness Specified, and the First of them Developped. London etc.

van den Berghe, P. L., 1967, Race and Racism. A Comparative Perspective. New York.

Williams Jr., R. A., 1990, The American Indian in Western Legal Thought. The Discourses of Conquest. New York etc.

Winant, H., 2001, The World is a Ghetto. Race and Democracy Since World War II. New York.

Woodward, C. V., 2002, The Strange Career of Jim Crow. A Commemorative Edition with a new Afterword by W. S. McFeely. Oxford etc.

Zimmerer, J., 2003, Krieg, KZ und Völkermord in Südwestafrika. Der erste deutsche Genozid. In: ders./ Joachim Zeller (Hg.), Völkermord in Deutsch-Südwestafrika. Der Kolonialkrieg (1904 – 1908) in Namibia und seine Folgen, S. 45 – 63. Berlin.

Johanna Klages

Krise der politischen Repräsentation – die Macht der Medien

1.

Im *politischen Feld,* als einem Feld von Kräfteverhältnissen und einem zentralen sozialen Raum, von dem letztlich die allgemeine politische Beschaffenheit der Gesellschaft ausgeht, findet ein erbitterter Kampf um die *Deutung* und *Definition* politischer Vorstellungen und sozialer Sichtweisen statt. Gleichzeitig ist das politische Feld die Arena der unterschiedlichen *Repräsentanten* von Parteien, Verbänden, Institutionen und zivilgesellschaftlichen Zusammenschlüssen, die – je nach Machtpotential – um die Vorherrschaft und Legitimation ihres Diskurses zueinander in Konkurrenz treten. Schließlich ist das politische Feld ein Ort, der prädestiniert ist, um *symbolisches Kapital* zur Geltung zu bringen und zu akkumulieren – d. h. ein Ort, an dem sich vor allem diejenigen Kräfte profilieren, die an privilegierter Stelle innerhalb der hierarchischen Strukturen des Feldes positioniert sind. „Das politische Feld ist ein privilegierter Ort für die Ausübung einer *Macht der Repräsentation oder Manifestation,* die dazu beiträgt, dem, was praktisch, stillschweigend oder implizit existiert, die volle, das heißt objektivierte, unmittelbar für alle sichtbare, öffentliche und damit autorisierte Existenz zu verschaffen."[1]

Vor dem Hintergrund einer strukturellen Betrachtung sozialer Felder lässt sich anhand der von Bourdieu entwickelten Kategorien des *symbolischen, sozialen und/oder politischen Kapitals* sinnfällig zeigen, wie die Beziehungen zwischen Massenmedien und prominenten Politikern sich ausformen und entwickeln. Wenn Äußerungen von Politikern sich im Wesentlichen auf Statements reduzieren lassen, sind sie schnell und einfach zu zitieren; sie erhalten für Medien eine ähnliche Funktion wie sensationell aufgemachte Ereignisse. Prominente Politiker bringen, weil sie bekannte und anerkannte Autoritäten sind, hohe Auflagezahlen und Quoten, insbesondere dann, wenn sie zusätzlich Überraschungseffekte bieten können. „Politiker neigen dazu, sich prophylaktisch auf die Mediengesetze einzustellen. Sie liefern die Events, die erwartet werden, oder sie simulieren die Kontroverse, die Aufmerksamkeit erweckt".[2] Einfache Abgeordnete in weniger profilierten Positionen oder Sprecher einer mit gesellschaftlich geringerem symbolischen Kapital ausgestatteten Organisation sind medial uninteressant, wenn

1 Bourdieu 2001, S. 82.
2 Hofmann 2005, S. 18.

sie nicht mit herausragenden, Sensationen erheischenden Insignien aufwarten können.

Somit sind die Akteure der *Medien* an der Konstituierung des *politischen Feldes* und seiner symbolischen Strukturen erheblich beteiligt, sie popularisieren bestimmte sowohl soziale Vorstellungen als auch bereits bekannte politische Repräsentanten. Was gemeinhin die *öffentliche Meinung* genannt wird, dürfte im Wesentlichen ein Medienprodukt sein. Das *Feld der Medien* ist zu einem der einflussreichsten Felder unserer Gesellschaft avanciert. „Die Journalisten (genauer gesagt: das journalistische Feld) verdanken ihre Bedeutung in der sozialen Welt dem Umstand, dass sie ein faktisches Monopol über die Instrumente zur Herstellung und Verbreitung von Informationen [...] innehaben, und vermittels dieser Instrumente ein Monopol über den Zugang einfacher Bürger [...] zu dem, was man manchmal ‚Öffentlichkeit' nennt, das heißt zum breiten Publikum."[3]

Sowohl die skizzierte spezifische Beziehung zwischen Spitzenpolitikern und Medien als auch deren Anteil an der symbolischen und strukturellen Konstitution des politischen Feldes ergibt sich aus der Eigenart einer strukturellen Homologie der beiden Felder: obwohl unterschiedlich, lassen sie sich dennoch vergleichen und zueinander in Beziehung setzen. Weil beide Felder hierarchisch konstituiert sind, entsteht ein sich gegenseitig potenzierendes Verhältnis: So haben nur ausgewiesene politische Journalisten der führenden Medien näheren Kontakt zu Spitzenpolitikern und umgekehrt. Weil die Spitzenpolitiker aufgrund ihres symbolischen Kapitals Quelle für mögliche Quoten sein können, werden sie von den Medien als Interviewpartner oder zitierbare Autoritäten bevorzugt. Damit erhöhen wiederum die Medien deren Popularität und symbolische Macht, die sich ursprünglich aus ihrer Funktion als Sprecher für andere gründet, von denen sie z.B. in Parteigremien oder bei Wahlen beauftragt worden sind. Spitzenpolitiker sollten die Stimme derjenigen sein, die selbst über keine symbolischen Produktionsinstrumente verfügen. Medien dagegen sind vorwiegend ökonomische Unternehmungen, für die Medienkonsumenten lediglich Mittel zum Zweck darstellen.

Als Leitmedien können aus strukturalistischer Sicht solche Medien bezeichnet werden, die über hohe Auflagen und Einschaltquoten und damit über einen großen Verbreitungsgrad verfügen. Mit anderen Worten: Leitmedien sind in der Konkurrenzstruktur des Medienfeldes privilegiert positioniert, somit können sie mehr als andere Einfluss auf das politische Feld ausüben. Leitmedien sind nicht in erster Linie die Qualitätszeitungen, sondern die BILD-Zeitung, der öffentlich-rechtliche, eher konservative Sender ZDF oder die Privatsender wie etwa RTL oder SAT1 und n-tv. Auch der SPIEGEL gilt als Leitmedium im Zeitschriftenbereich, speziell zugeschnitten auf eine Mittelschichtenklientel hat er einen relativ hohen Verbreitungsgrad.

3 Bourdieu 1998, S. 65.

Im alltäglichen Medienkonsum wird kaum bemerkt, wie die Medien verändernd oder festigend auf die Machtstrukturen im politischen Feld Einfluss nehmen. Das Verhältnis von Medien und Diskursen und deren Repräsentanten im politischen Feld hat sich unversehens verkehrt: Medien fungieren nicht, wie im Grundgesetz kodifiziert, als (mehr oder weniger neutrale) Vermittlungsinstanzen von Informationen und Meinungen, sondern sie sind aktive Diskursproduzenten. „Ein großes Problem ist [...] die symbiotische Verflechtung von Prominenten und Journalisten. Der Rummel um die Prominenz ist ein Spiel, von dem alle profitieren, bei dem aber am Ende ein aufklärerischer und seriöser Journalismus auf der Strecke bleibt."[4] Die Rolle führender Journalisten, die den Ton angeben bei der *symbolischen Umdeutung* von gegenwärtigen gesellschaftspolitischen Kategorien wie *Krise* und *Reform* ist durchaus affirmativ. Sie pflegen nicht nur enge Kontakte zu Spitzenpolitikern, derer sie sich rühmen, sondern sie sind eingebunden in die Netzwerke finanzkräftiger, weltweit agierender Think-Tanks sowie in deren exklusive, nur den politischen Spitzen der Medien zugängliche Presseclubs. Sie werden damit zu Trägern des *neo-liberalen Mainstreams*. „Die zunehmend systematische, gleichermaßen institutionalisierte Vernetzung bildet auch eine wichtige organisatorische Form der Verbindungen zwischen Instituten sowie Personen im weiteren Bereich der Think-Tanks, Stiftungen, Medien und staatlichen Einrichtungen der Politikberatung, die ein zentrales Wirkungsfeld der Wissenschaftlerinnen und Politiker in der MPS [Mont Pèlerin Society] und im Neoliberalismus bilden."[5] Dagegen scheint das Prinzip der *Aufklärung,* das einst noch mit den potentiell hohen Verbreitungsmöglichkeiten von Massenkommunikationsmedien verbunden war, gänzlich aus dem Blickfeld zu geraten.

2.

Das, was gegenwärtig als *Mainstream* oder gar *öffentliche Meinung* bezeichnet wird, kann insofern eher als ein Medienprodukt und weniger als Resultat einer relativ autonomen diskursiven Öffentlichkeit des politischen Feldes betrachtet werden. Die Frage, wie ein Diskurs zum dominierenden werden kann, lässt sich nicht ohne Blick auf die *Kräfteverhältnisse im politischen Feld* beantworten, dabei darf die Mitwirkung der *Medien* als aktive Diskursproduzenten nicht unterschätzt werden. Medien wirken wie Türsteher: sie kontrollieren den Zugang zur Öffentlichkeit, sie sind (nicht neutrale, sondern interessengeleitete) Mittler im

4 Schneider 2005, in: Frankfurter Rundschau v. 29.04.05, S. 7.

5 Walpen 2004, S. 249. Am Beispiel Großbritanniens zeigt Keith Dixon in seiner aufschlussreichen Broschüre *Die Evangelisten des Marktes* (2000), wie systematisch und von langer Hand an einer konzeptionellen und modernisierten Fassung des Neo-Liberalismus gearbeitet wurde und wie dessen strategischer Eroberungsfeldzug von Thatcher bis Blair erfolgreich durchgesetzt worden ist.

Verhältnis zwischen politischen Professionellen und Laien. Den nichtkonformen, kritischen Diskursen wird ein Zugang zur Öffentlichkeit erschwert; sie werden an den Rand gedrängt und finden nur noch marginale Beachtung. Letztendlich sind auch dies subtile Zensurmechanismen, die die Grenzen zwischen Sagbarem und Unsagbarem, Denkbarem und Nichtdenkbarem festlegen. In „jeder Gesellschaft [wird] die Produktion des Diskurses zugleich kontrolliert, selektiert, organisiert und kanalisiert [...] und zwar durch gewisse Prozeduren, deren Aufgabe es ist, die Kräfte und die Gefahren des Diskurses zu bändigen, sein unberechenbar Ereignishaftes zu bannen, seine schwere und bedrohliche Materialität zu umgehen. [...] [Man] kennt [...] sehr wohl Prozeduren der *Ausschließung*".[6] Herrschende gesellschaftliche Diskurse formieren sich in unterschiedlichen sozialen Bereichen, nicht nur im politischen Feld, sondern auch im wissenschaftlichen, kulturellen bis hin zum Alltagsverständnis der Menschen. Wie das Werk eines Mysteriums erscheint ein herrschender Diskurs nahezu überall, überraschend auch in ganz unerwarteten sozialen Zusammenhängen und mit ganz unterschiedlichen Akteuren. Sie alle wirken zusammen ohne einen Dirigenten und auf der Grundlage geteilter Überzeugungen, die ihrer Initiativkraft und Kreativität eine gemeinsame Richtung geben.

Der Eindruck einer scheinbar pluralistischen Informations- und Meinungslandschaft entsteht in erster Linie dadurch, dass die Medien sich vor allem im Hinblick auf ihr intellektuelles Niveau, ihre soziale Zielgruppe und ihre mediale Aufbereitung unterscheiden. In den Kernaussagen und zentralen Essentials bewegen sich die großen Medien dennoch im Rahmen des herrschenden Diskurses, einmal mehr oder weniger differenziert dargebracht. Das Entscheidende ist, dass der gegenwärtig herrschende Diskurs eine „pensée unique" (Bourdieu) vermittelt, die sich vorwiegend in eng gefassten kommerziellen Kategorien erschöpft und zwar in einer derartigen Ausschließlichkeit, dass ihre hohe Akzeptanz geradezu Verwunderung hervorrufen kann: *Wettbewerb* ist das magische non plus ultra – Leistung und Kreativität, Selbständigkeit und Verantwortung, Qualität und Vielfalt sollen sich insoweit entfalten, wie sie unter ökonomischen Rahmenbedingungen ungehinderten Wettbewerb ermöglichen.

Dementsprechend werden etwa Einsparungen im sozialen Bereich derart in Worthülsen verkleidet, dass die tatsächlichen sozialen Effekte und Widersprüche verschleiert werden. Der soziale Bereich, der grundsätzlich ökonomischen Effizienzkriterien widerstrebt, wird in der herrschenden Rhetorik Wettbewerbsvorstellungen unterworfen, deren Auswirkungen von Betroffenen und Nutznießenden öffentlicher Einrichtungen kompensiert werden müssen. So werden öffentliche Dienstleistungen unversehens in Dienstleistungs*waren* verwandelt, die privat angeboten werden und der Obhut öffentlicher Kontrolle bzw. staatlicher Fürsorge und Verantwortung entzogen werden.

6 Foucault 1997, S. 11.

Dieser flächendeckende Umwandlungsprozess der Kommodifizierung und Privatisierung gemeinnütziger Einrichtungen und öffentlicher Institutionen ist de facto die Preisgabe zivilisatorischer Errungenschaften als Prinzip für Chancengleichheit, seien es Schulen, Bibliotheken, Eisenbahnen oder Krankenhäuser, deren Verluste irreversibel sind. Es ist die Offenbarung einer Macht des Symbolischen, die nicht nur das Werk einiger weniger (leitender) Akteure sein kann, sondern im Gegenteil zu vermuten ist, dass bereits die alltäglichen Handlungen vieler involvierter Akteure diese neue Ordnung konstituieren. Denn wenn sich dieses einheitliche Denken, die „pensée unique", erst einmal in den herrschenden Sichtweisen und Deutungsmustern allumfassend manifestiert hat, werden sie als Deutungskategorien und Wahrnehmungsschemata im Habitus der Menschen „inkorporiert" und bestimmen ihr jeweiliges Handeln. Allein ein „Diskurs – dies lehrt uns immer wieder die Geschichte – ist auch nicht bloß das, was die Kämpfe oder die Systeme der Beherrschung in Sprache übersetzt: er ist dasjenige, worum und womit man kämpft; er ist die Macht, deren man sich zu bemächtigen sucht".[7]

3.

Bereits ein Blick auf die Besitzverhältnisse im medialen Feld vermag zu offenbaren, warum sich die meisten Medien als Teil des herrschenden neo-liberalen Diskurses verstehen und als Akteure entscheidend an seiner Legitimation mitwirken. Die Medien befinden sich in einer Art sozialer Zwitterstellung: auf der einen Seite sind sie ökonomische Unternehmungen und unterliegen einer Logik ökonomischer Prinzipien, etwa der finanzkapitalistischen *shareholder-value*-Variante, auf der anderen Seite sollten alle dem grundgesetzlichen Auftrag, freie öffentliche Meinungsbildung zu fördern, dienlich sein. Als eine Bedingung hierfür galt gemeinhin eine politisch pluralistische und inhaltlich vielseitige, unabhängige Medienlandschaft. De facto sind die Strukturen des journalistischen Feldes von Prinzipien der *Konzentration* und *Konkurrenz* geprägt; beides eliminiert räumliche Vielfalt und inhaltliche Pluralität von Presse sowie visuellen Medien und verhindert das Entstehen und die Entfaltung einer kritischen Öffentlichkeit. Das heißt, nicht nur der ökonomische Konzentrationsprozess, sondern auch die Konkurrenz um Einschaltquoten und Auflagenhöhen – erbitterte Kämpfe um privilegierte Positionen im medialen Feld – bringen Mechanismen hervor, die letztlich für die zu beobachtende Uniformität von Berichterstattungen verantwortlich sind.

Die *Krise der Medien* – von der in den letzten Jahren viel die Rede ist – trifft insbesondere die Printmedien. Das Anzeigengeschäft ist enger geworden, ein Teil der Werbung wandert ab ins Internet und in andere elektronische Medien-

[7] Ebd.

produkte.[8] Der deutsche Zeitungsmarkt ist zwar der größte in Europa; mit einer Auflage von 22 Millionen belegt er weltweit den 5. Platz hinter China, Japan, USA und Indien.[9] Dennoch findet vor allem im Printmediensektor ein Anpassungs- und Konzentrationsprozess großen Ausmaßes statt. Selten wurden Zeitungsverlage in so beträchtlicher Zahl von Medien- oder auch medienfremden Konzernen in Besitz genommen. Zeitungsverlage im klassischen Format als Eigentum einer eigenwilligen Verlegerpersönlichkeit existieren praktisch nicht mehr. Heutzutage sind selbst überregionale Tageszeitungen nicht mehr selbständige Unternehmen, sondern entweder im Besitz von Medienriesen wie Holtzbrinck, Bertelsmann, Springer oder Murdoch[10] oder von Konzernen, die weder mit Medienprodukten zu tun haben noch in der Medienbranche zu Hause sind. Beispiele hierfür sind: Eine britische Investment-Gesellschaft hat sich die vier größten niederländischen Tageszeitungen einverleibt, die vorher einem demokratischen Verbund angehörten; der französische Rüstungskonzern Serge Dassault besitzt die Aktienmehrheit der Mediengruppe Socpresse,[11] zu der auch der konservative *Le Figaro* gehört; in jüngster Zeit wurde darüber hinaus *Le Monde* in den Besitz des Waffen- und Medienkonzerns Lagardère überführt. „Damit halten die beiden Waffenkonzerne Lagardère und Dassault insgesamt mehr als 75 Prozent der Anteile der französischen Zeitungen."[12] Die Aktienmehrheit der linksliberalen Zeitung *Libération* besitzt inzwischen der Bankier Rothschild.

Diese ökonomischen Transaktionen – die teilweise an das Gebaren von sogenannten Hedgefonds erinnern – haben zur Folge, dass Qualitätszeitungen als *Marken*artikel wie andere Produkte am Aktienmarkt gehandelt werden. Mit anderen Worten, auch Medienunternehmen können nun „in erster Linie als eine Finanzanlage begriffen [werden], die eine Mindestverzinsung zu bringen hat".[13] Bei aller Beteuerung, die redaktionelle Unabhängigkeit zu respektieren, mutmaßt selbst die *Neue Zürcher Zeitung*: „Ein Herr wäre indessen kein Herr, wenn er

8 Dennoch: Im vergangenen Jahr konnte wieder ein Wachstum der Werbeeinnahmen verzeichnet werden, insbesondere bei den führenden privaten Fernsehsendern, die zum Bertelsmann-Konzern gehörende RTL-Gruppe wuchs um 9 % mit einem Betriebsergebnis von € 668 Mio. und Pro Sieben, Sat 1 verdreifachte seinen Gewinn auf € 218 Mio. Vgl. Neue Zürcher Zeitung v. 28./29.5.2005, S.15.

9 Vgl. Frankfurter Rundschau v. 18.05.2005.

10 Murdoch gibt die *Times* von Großbritannien über Australien, Kanada bis USA heraus und hat ein 40 Milliarden Dollar Imperium und ist zusätzlich hauptsächlich im TV-Geschäft involviert.

11 Neue Zürcher Zeitung v. 29./30.01.05, S.49.

12 Frankfurter Rundschau v. 11.03.05.

13 Bierbaum 2005, S. 30.

keine Stimme hätte. Und die wird letztlich jeder Journalist, der auf der Lohnliste dieses Herrn steht, bei der Berichterstattung mithören".[14]

Zunehmend verschwindet die Meinungsvielfalt der Presselandschaft durch die sich verschärfende *Konkurrenz* der Medien untereinander.[15] Dies bleibt nicht ohne weitreichende Veränderungen für die journalistischen Arbeitsbedingungen. Absolute Priorität haben Auflagenhöhe und Einschaltquoten; rigorose Personaleinsparungen, mehr unsichere Arbeitsverhältnisse und vor allem der zunehmende Zeitdruck sind Folgen davon. Unter diesen Bedingungen gibt es immer seltener zeitaufwendige investigative Berichterstattung und ausführliche Hintergrundanalysen. Politische Informationen reduzieren sich oftmals auf kaum umgeschriebene Meldungen der zwei, drei marktbeherrschenden Agenturen. Nur noch wenige Zeitungen leisten sich eigene Auslandskorrespondenten.[16] Pressesprecher und Medienwissenschaftler beklagen, dass selbst bei Qualitätszeitungen eine Tendenz zur Boulevardisierung vonstatten geht, was auf einen Paradigmenwandel des journalistischen Selbstverständnisses hindeutet.[17] Diesem Trend erliegt vor allem das (kulturelle) Feuilleton.

Letztlich lässt sich eine veränderte Ausrichtung aller Medien hinsichtlich ihres demokratischen Potentials feststellen. Sie betrachten ihre Leser nicht mehr als Staatsbürger, die an aufklärender Berichterstattung und politischer Meinungsbildung interessiert sind, sondern als Medien*konsumenten*, deren Kaufbedürfnisse es zu wecken gilt. „Eine zunehmende Skandalisierung, Konfliktstilisierung, Personalisierung, Privatisierung und ein akzentuierter Negativismus sind die Folge."[18]

4.

Wenn sich die *Logik der Medien* der Formen inhaltlicher *Repräsentation im politischen Feld* bemächtigt, wie gezeigt werden sollte, stellt sich die Frage, inwieweit eine *Autonomie* des politischen Feldes noch gewährleistet sein kann. Wenn

14 Neue Zürcher Zeitung v.29./30.01.05.

15 Erstaunlicherweise gibt es gleichzeitig eine atemberaubende Differenzierung der Formate im Magazinbereich, also abseits des politischen Tageszeitungsgeschäfts, wo für jedes Thema und jede Lebenslage differenzierte Wissensbestände und habituelle Ratschläge angeboten werden.

16 Siehe dazu Mauersberger, früherer Auslandskorrespondent für Spanien und Portugal: „[...] unsere damalige große Bühne für das Ausland im öffentlich-rechtlichen Rundfunk [wurde] konsequent abgebaut. [...] Ausland bringt keine Quote, von spektakulären Anlässen wie den Terror-Attentaten in New York, Madrid oder Moskau und dem Irak-Krieg einmal abgesehen" (Mauersberger 2004, S. 35).

17 Vgl. Schneider 2004.

18 Neue Zürcher Zeitung v. 8./9.01.05.

Regierungsrepräsentanten sich bemüßigt sehen, Politik vorwiegend in und mit Unterstützung der Medien zu machen und sich zunehmend der Diskussion innerhalb demokratischer Foren entziehen, dann ist ein allenthalben beklagtes vermeintliches Desinteresse an politischen Prozessen unter den Bürgern nicht allzu verwunderlich. Selbst die Sozialdemokratie als Partei, in der politische Willensbildung und inhaltliche Programmatik traditionell für die Mitglieder nach innen und für größere Kreise im Umfeld nach außen zur Orientierung eine wichtige Rolle spielten, kommt immer mehr die politische Basis abhanden. Vordergründig verführt die öffentliche Reichweite der Medien dazu, sich in deren Foren – etwa Talkshows, Politrunden – zu äußern und hier Duelle mit politischen Konkurrenten zu führen, anstatt die steinigen Pfade eines Dialogs mit den Bürgern zu gehen. Somit wird das *Parlament* als öffentliches und gewähltes Forum der Legislative, in dem politische Vorstellungen und unterschiedliche soziale Sichtweisen öffentlich diskutiert, ausgetragen und politische Handlungsmaximen herausgebildet werden, nahezu zur Bedeutungslosigkeit verdammt. „Medienlogik – was kommt an, ist neu, interessiert, wirkt unterhaltend, hat Nachrichtenwert? – dies alles beeinflusst, überlagert zunehmend auch die Entscheidungslogik."[19] Es hat sich eine Art Bedeutungshierarchie herausgebildet, in der ein *parlamentarischer Willensbildungsprozess* den untersten Rang einnimmt.

Mehr und mehr entsteht der Eindruck, als diene das *Parlament* lediglich als Forum, symbolisches Kapital zu akkumulieren, wozu die Medien in erheblichem Maße beitragen. Solange aber die Institution eines gewählten Parlaments als souveränes öffentliches Gremium von der *illusio* (Bourdieu) der Menschen, die es wählen, zehrt, aber sich bereits in eine virtuelle, von den Medien produzierte Kampfarena um privilegierte Positionen gewandelt hat, bleiben wesentliche Gründe für die *Krise der politischen Repräsentation* im Verborgenen.

Die verbreitete politische Resignation in der Bevölkerung und deren Ohnmachtempfinden verhalten sich spiegelbildlich zur *illusio*, sie seien in den parlamentarischen Gremien durch ihre gewählten Sprecher repräsentiert, die in ihrem Sinne handelten. De facto produzieren die Medien die *Verkennung* durch die Laien und liefern gleichzeitig Gründe dafür, um sich die eigene Ohnmacht nicht eingestehen zu müssen. „Aktive [...] Stimmenthaltung [wie derzeit von zahlreichen ehemaligen SPD-Wählern praktiziert], die in der Revolte gegen eine zweifache Ohnmacht wurzelt: Ohnmacht gegenüber der Politik und allen von ihr vorgeschlagenen rein seriellen Aktionen und Ohnmacht gegenüber den politischen Apparaten [...] ist im Grunde genommen ein Protest gegen das Monopol der Politiker."[20]

Schließlich bleibt das *politische Feld* ein wichtiger Ort *politischer Repräsentation,* der unterschiedlichen Akteuren und sozialen Vorstellungen öffentliche

19 Sarcinelli 1999, S. 7.
20 Bourdieu 2001, S. 74.

Darstellungsmöglichkeiten bietet. Ist nicht die *Krise der politischen Repräsentation* im Grunde darin zu verorten, dass der Diskurs, der sich um „soziale Phantasmen" (Bourdieu) rankt – d.h. um Symbole des Wohlfahrtsstaates, Vorstellungen von öffentlicher Vor- und Fürsorge etc. – sich im politischen Feld kaum Gehör verschaffen kann? Weder werden dessen Repräsentanten (z.B. Gewerkschaften oder soziale Bewegungen) noch die sozialen Vorstellungen in nur annähernd gleicher Weise wie der neo-liberale Diskurs von den Medien protegiert. Aber der Gegendiskurs *ist* vorhanden, er rumort im Verborgenen, ist in seiner Form noch schwach, durchaus auch diffus und widersprüchlich, vereint aber dennoch Vorstellungen vom *guten Leben*, einem Dasein ohne Not, sowohl in sozialer Sicherheit als auch mit einer lebenswerten Zukunftsperspektive. Weil eben doch *Alternativen* zum *neo-liberalen Diskurs* existieren, besteht für die gesellschaftliche Elite die Notwendigkeit, derart kapitalkräftige Initiativen wie den *Konvent für Deutschland* – ein illustrer Kreis von Prominenten[21], die der ehemalige Arbeitgeberpräsident Olaf Henkel im Jahre 2003 zusammengeführt hat – oder die Initiative *Neue soziale Marktwirtschaft* – vom Arbeitsgeberverband mit € 150 Millionen Startkapital und mit jährlicher Förderung als verdecke Kapitalspritze für die Union ausgestattet – ins Leben zu rufen.[22]

Die linken Akteure im politischen Feld haben dagegen ihre Stärke darin, dass sie den *sozialen Diskurs* und potentiell die Mehrheit der Menschen in unserem Land repräsentieren können – die Prekarisierten, die jungen Perspektivlosen, die unzufriedenen Schüler und Studenten, die Arbeitenden, die ständig um ihren Arbeitsplatz bangen müssen, die Alten, deren Rente nicht reicht, und die Intellektuellen, die sich nicht länger bevormunden lassen wollen. Das Monopol der Verbreitungsinstrumente der Medien kann durchbrochen werden. Einer scheinbar unüberwindbaren Macht der kommerziellen Medien zum Trotz haben sich inzwischen zahlreiche Formen selbstbestimmter Medien und Kommunikationsnetze herausgebildet, ohne die die neuen sozialen Bewegungen, die länderübergreifenden politischen und gewerkschaftlichen Zusammenschlüsse und gemeinsamen Protestmanifestationen (z.B. das Weltsozialforum) nicht denkbar wären. Dieser neue Nachrichtenjournalismus von unten nutzt in erster Linie das noch kaum kontrollierte Internet. Die Netzjournalisten und deren Weblogbücher oder sogenannten Blogger gelten in den USA nach den Erfahrungen im Anti-Bush-Wahlkampf bereits als Vorboten einer Umwälzung der herkömmlichen Nachrichtenarchitektur: „Das World Wide Web fügt den traditionellen Kommunikationsverhältnissen von eins zu eins (Brief, Telefon) beziehungsweise eins zu viele

[21] Mitglieder sind u.a. Roman Herzog, Roland Berger, Klaus von Dohnanyi, Otto Graf Lambsdorff, Peter Glotz, Manfred Schneider (Bayer AG), Manfred Pohl (Deutsche Bank).

[22] Frankfurter Rundschau v. 30.12.04.

(Buch, Zeitung, Radio, Fernsehen) eine Unzahl neuer Konstellationen hinzu – wenige zu wenige, bis viele zu viele".[23]

Literatur

Böckelmann, F./Fischler, H., 2004, Bertelsmann. Hinter der Fassade des Medienimperiums, Frankfurt/M.

Bourdieu, P., 1985, Sozialer Raum und „Klassen". Leçon sur la leçon. Frankfurt/M.

–, 1998, Über das Fernsehen, Frankfurt/M.

–, 1990, Was heißt sprechen? Wien.

–, 2001, Das politische Feld. Zur Kritik der politischen Vernunft, Konstanz.

Bierbaum, H., 2005, Unternehmer-Entscheidungsmonopol und verantwortliches Arbeitnehmerverhalten. Mitbestimmung und Unternehmenspolitik. In: Sozialismus, Heft 1, S. 30.

Butterwegge, Ch., 2003, Generationsgerechtigkeit und demografischer Wandel. In: Universitas Nr. 689, hier Frankfurter Rundschau vom 4.4.2005.

Dixon, K., 2000, Die Evangelisten des Marktes. Raisons d'Agir, Konstanz.

Donsbach, W./ K. Büttner, 2005, Boulevardisierungstrends der deutschen Fernsehnachrichten. Darstellungsmerkmale der Politikberichterstattung vor den Bundestagswahlen 1983, 1990 und 1998. In: Publizistik. Vierteljahreshefte für Kommunikationsforschung, 50. Jg., Heft 1, März 2005.

Foucault, M., 1997, Die Ordnung des Diskurses, Frankfurt/M.

Hofmann, G., 2005, Die Event-Maschinerie. Politiker und Journalisten im Wettlauf um Aufmerksamkeit. In: WZB Mitteilungen, 107.

Mauersberger, V., 2004, Die Neue Gesellschaft 6/2004, S. 35.

Sarcinelli, U., 1999, PR-Demokratie. Medienlogik überlagert zunehmend politische Entscheidungslogik. In Public-Relations. Forum für Wissenschaft und Praxis 1/1999,

Schneider, U., 2004, Januskopf der Prominenz. Die Boulevardisierung der Qualitätsmedien zeigt einen Paradigmenwandel des journalistischen Selbstverständnisses. In: Frankfurter Rundschau v. 29.3.2005.

Walpen, B., 2004, Die offenen Feinde und ihre Gesellschaft. Eine hegemonietheoretische Studie zur Mont Pèlerin Society, Hamburg.

23 Dan Gillmor, in: Frankfurter Rundschau v. 30.12.04, S. 17.

Manfred Wetzel

Determinismus, Freiheit und Macht

1.

Kant sagt in der Einleitung zur „transzendentalen Dialektik" in der *Kritik der reinen Vernunft*:

> Der logische Schein, der in der bloßen Nachahmung der Vernunftform beruht, (der Schein der Trugschlüsse,) entspringt lediglich aus einem Mangel der Achtsamkeit auf die logische Regel. Sobald daher diese auf den vorliegenden Fall geschärft wird, so verschwindet er gänzlich. Der transzendentale Schein dagegen hört gleichwohl nicht auf, ob man ihn schon aufgedeckt und seine Nichtigkeit durch die tranzendentale Kritik deutlich eingesehen hat. (Z.B. der Schein in dem Satze: Die Welt muß der Zeit nach einen Anfang haben.) Die Ursache hiervon ist diese, daß in unserer Vernunft (subjektiv als ein menschliches Erkenntnisvermögen betrachtet) Grundregeln und Maximen ihres Gebrauchs liegen, welche gänzlich das Ansehen objektiver Grundsätze haben, und wodurch es geschieht, daß die subjektive Notwendigkeit einer gewissen Verknüpfung unserer Begriffe, zugunsten des Verstandes, für eine objektive Notwendigkeit, der Bestimmung der Dinge an sich selbst, gehalten wird. Eine *Illusion*, die gar nicht zu vermeiden ist, so wenig als wir es vermeiden können, daß uns das Meer in der Mitte nicht höher scheine, wie an dem Ufer, weil wir jene durch höhere Lichtstrahlen als diese sehen, oder, noch mehr, so wenig selbst der Astronom verhindern kann, daß ihm der Mond im Aufgange nicht größer scheine, ob er gleich durch diesen Schein nicht betrogen wird.[1]

Einen derartigen transzendentalen Schein führt bis „heute" das Verhältnis von Determinismus und Freiheit mit sich, namentlich da, wo sich Angehörige der szientistischen Intelligenz, derzeit allen voran *Gehirnforscher*, berufen glauben, im Namen der Wissenschaft der „Illusion der Willensfreiheit" ein für allemal ein Ende zu bereiten.[2] Aber nicht nur ermangelt dieser szientistischen Intelligenz in aller Regel ein angemessener *Begriff* von Freiheit, so daß die unter Berufung auf Experimente geltend gemachten *Anschauungen* einer allem Freiheitsbewußtsein

[1] Kant, Kritik der reinen Vernunft, A 296 f = B 353 f.

[2] Vgl. den einschlägigen und in *diesem* Falle gottlob kritischen Diskurs in der Frankfurter Allgemeinen Zeitung.

vorausgehenden Determination notwendig *blind* sind, wie gleichfalls von Kant zu lernen ist,[3] sondern es geschieht, daß Grundregeln und Maximen des Gebrauchs des szientistischen Erkenntnisvermögens ob der forschungsinstitutionsbedingten Notwendigkeit einer gewissen Verknüpfung positiv-wissenschaftlicher Begriffe für eine objektive Notwendigkeit der Bestimmung der Sache an sich selbst gehalten werden, – eine Illusion, die freilich solange nicht zu vermeiden ist, als der Herrschaftsanspruch besagter Intelligenz nicht durchschaut wird – intern im institutionellen Rahmen der Forschungspraxis wie extern in der politischen Öffentlichkeit.[4]

Nun ist der Gegensatz von Determinismus und Freiheit, jedenfalls in der Schärfe, in der er nach einer gewissen Ruhe in den letzten Jahrzehnten neuerdings wieder aufbricht, ein Kind der Neuzeit, des näheren des Objektivismus, Mechanismus und eben des Determinismus, wie er mit Galileis Naturwissenschaft aufkam. Die große klassisch-griechische Philosophie kannte ihn *so* nicht, obgleich auch ihr die Willensbestimmung ein zentrales Thema war: Platon redet ihr in der *Politeia* via angemessener Erziehung allem voran für die Leitung des Gemeinwesens das Wort[5] und Aristoteles schränkt die selbstverantwortliche Unfreiwilligkeit auf die Fälle ein, in denen danach Schmerz und Reue folgt.[6] *Beide* aber kommen darin überein, daß eine Bestimmung des Willens durch die Vernunft per se dessen Freiheit = nicht fremdbestimmte Handlungsintention nach sich zieht.

Wesentlich schwerer tun sich demgegenüber neuzeitliche Philosophen mit der Willensfreiheit im Sinne der bewußten Selbstbestimmung: Nach Descartes setzt sie zumindest voraus, daß nicht ein arglistiger Gott den Menschen täuscht, welche Arglistigkeit allerdings mit dem Begriff Gottes – genitivus objectivus – als des allervollkommensten Wesens *un*verträglich wäre,[7] Spinoza bindet die Handlungsfreiheit an eine in seiner Ontologie der causa sui subtil verankerte Selbstreflexion des Menschen[8] wohingegen Leibniz sich lediglich zu einem *epistemischen In*determinismus zu verstehen vermag, der besagt, er selbst, Gottfried Wilhelm, in seinem endlichen Wissen mag zwar *meinen*, er selbst entscheide frei, ob er eine Reise antrete oder nicht, doch für Gottes unendliches Wissen stehe dies im Rahmen der von ihm geschaffenen, im übrigen bestmöglichen Welt und Weltordnung natürlich ein für allemal fest.[9]

3 Kant, Kritik der reinen Vernunft, A 51 = B 75.
4 Zur Kritik vgl. Manfred Wetzel, Praktisch-Politische Philosophie, Bd. I, Ziff. 1.2.2. u. 3., Bd. II, Ziff. 2.2/3., u. Bd. III, Ziff. 3-C.
5 Platon, Politeia, 502 c – 540 c.
6 Aristoteles, Nikomachische Ethik, II.1-3, insbes. II.2, 1110 b 18 ff.
7 Zu Descartes vgl. Hans Poser, Eine Einführung, Stuttgart 2003.
8 Zu Spinoza vgl. Wolfgang Bartuschat, München 1996.
9 Leibniz, Hauptschriften (ed. Cassirer, Hamburg 1966[3]), Bd. II, 196, 202.

Kant räumt mit diesem Freiheitsskeptizismus radikal auf, allerdings um den Preis eines *Dualismus* von theoretischer und praktischer Philosophie, der die in der theoretischen Philosophie zurückgelassene Antinomie von Kausalität aus fremdbestimmender Determination und Selbstbestimmung des Willens unter, aber auch nur unter den Auspizien des kategorischen Imperativs radikal zugunsten letzterer auflöst.[10] Fichte baut diesen Ansatz über eine Wiederzusammenführung von theoretischer und praktischer Philosophie aus,[11] wohingegen Schelling, wiewohl mit Schwankungen, zu einer Alleinheitsphilosophie tendiert, in der nicht unähnlich Spinoza und wie bei Goethe die Produktivität der Natur und des Menschen, namentlich als Künstler, nur verschiedene Reihen resp. Stufen ausmachen.[12] Erst Hegel kommt in seiner „Rechtsphilosophie" wieder auf eine genuin praktische Philosophie zurück, so zwar, daß ganz im Sinne des Aristoteles die Erfordernisse des Gemeinwesens/des „Staates" dominieren, womit zugleich das „ohnmächtige Sollen", das Hegel in Kants und Fichtes Ethik obwalten sieht, aufgehoben sein soll,[13] – darüber gibt es bis heute Interpretations- und Sachstreit.

In der Philosophie nach Hegel bis „heute" gibt es insgesamt unterschiedliche, insonderheit aber vermittelnde Tendenzen,[14] so in der *Philosophischen Anthropologie* (Gehlen, Scheler, Plessner), in der *Phänomenologie* (Husserl, Schütz, Merleau-Ponty; neuerdings Schmitz und Waldenfels) und natürlich in der *Existenzphilosophie* (Jaspers, der Marburger Heidegger und Sartre), die bei allen, teils selbst für unvereinbar gehaltenen Gegensätzen darin übereinkommen, daß der Mensch im Gesamt seiner Bezugnahmen gesehen werden muß, womit sich anstelle eines Entweder-Oder ein differenzierteres Bild ergibt. Auch die *Soziologen*, insoweit sie über das Thema 'Determinismus und Freiheit' überhaupt (noch) nachdenken resp. ein Problem darin sehen, kommen je auf ihre Art zu gemischten Lösungen, so Max Weber, Parsons, Luhmann und Habermas. Kaum ergiebig sind die *Ökonomiker*, jedenfalls insoweit sie entweder einen quasi-axiomatischen Wirtschaftsliberalismus oder einen nicht weniger axiomatischen Wirtschaftskollektivismus vertreten. Notorisch mißverstanden wird bis heute die *Psychoanalyse:* Bei Freud jedenfalls kann von einem Totaldeterminismus, namentlich objektivistischer Art, keine Rede sein – anderenfalls wäre alle Psychoanalyse ex initio, weil per conceptionem vergebliche Liebesmüh. In der *Analytischen Philosophie* schließlich finden wir entweder nur logisch-sprachlich verschärfte Fassungen längst bekannter „+"- oder „–"-Lösungen (von Strawson bis in die jüngste Philosophy of mind) oder aber problemdestruierende Pseudolösungen (Davidson).

10 Kant, Kritik der reinen Vernunft, Dritte Antinomie, und *sodann:* Kritik der praktischen Vernunft.

11 Fichte, Wissenschaftslehre von 1794 und darauf folgende Erläuterungsschriften.

12 Schelling, Schriften ab 1801.

13 Hegel, Rechtsphilosophie, Zweiter Teil.

14 Ab hier aus Umfangsgründen keine Stellennachsweise.

Ein weiterführender Ansatz besteht nun darin, explizit die *Macht* ins Spiel zu bringen, zum einen so, wie sie, ohne daß sie eigens Thema wird, bereits und dann implizit im Spiele ist, zum anderen explizit, indem nach ihrer freiheits*einschränkenden* wie freiheits*ermöglichenden* Funktion gefragt wird. Dabei ist *einesteils* zwischen den Machtmomenten, wie sie aus der äußeren und inneren Natur und Gesellschaft resultieren, zu unterscheiden, – in *beiden* Richtungen, versteht sich, denn so sehr und nicht selten äußere und/oder innere Natur und/ oder Gesellschaft einer autonomen Willensbestimmung entgegenstehen, so sehr sind sie dafür doch auch wieder Voraussetzung; eine Selbst- wie Fremdbestimmung des Willens ist sowenig im realitätsleeren Raum möglich wie ein Flug, sei's von phýsei oder von téchnē ónta, im luftleeren Raum erfolgen kann. *Anderenteils* bedarf es einer gewissen Klärung der mit Macht unmittelbar zusammenhängenden Kategorien, wozu das folgende Schema dienen möge:[15] Darin bildet in der Senkrechten Herr(in)schaft den einen und Machtgleicheit/ Machtgleichgewicht den anderen Grenzfall von Macht, wohingegen in der Waagrechten sich das Spektrum von Konfrontation und Kooperation mit den Grenzfällen der Gewalt auf der einen und des Vertrauens auf der anderen Seite aufspannt; *Macht* stellt mithin die *allgemeine* Kategorie dar, so, daß sie alle in dem zweidimensionalen Koordinatensystem möglichen Werte, insbesondere also in beiden Dimensionen Extremwerte annehmen kann.

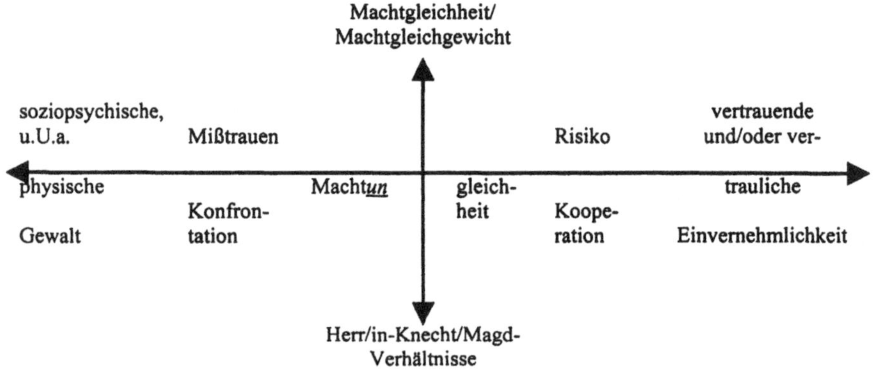

Im folgenden sollen drei besondere Konstellationen näher erörtert werden:

- (2.) Die aktuale Situation in der Physik im Anschluß an Bohr und Heisenberg sowie an Prigogine, in scharfem Gegensatz zur klassisch-deterministischen Physik, wie sie namentlich in der Newtonschen Mechanik, im besonderen bei Laplace und in der wissenschaftstheoretischen

[15] Wetzel, Prakt.-Polit.Philos., Bd. III, Ziff. 1.

Hochstilisierung durch Hempel obwaltet, inclusive eines kurzen Rückblicks auf die Sicht im vormals real-existiert habenden Sozialismus;

- (3.) der status des philosophischen Diskurses, im Blick auf Hegels Philosophie des absoluten Geistes als eine aristotelische Mitte zwischen der Herrschafts- und sogar Machtfreiheit nach Habermas und Apel auf der einen und der totalen gesellschaftlichen Eingebundenheit auf der anderen Seite, in der der reduktive Historische Materialismus als Dogmatismus und die Postmoderne als Skeptizismus übereinkommen;
- (4.) das Gerede von der „Jahrtausende währenden Herrschaft des Patriarchats", das unmittelbar und/oder per Interpretationshohheit verhindert haben soll, daß Frauen in Kunst, Wissenschaft und Philosophie dieselben Leistungen zustande gebracht haben wie die Männer von Homer und Sophokles, Sokrates, Platon und Aristoteles über Shakespeare, Leonardo und Michelangelo bis Bach, Mozart und Beethoven, Goethe und Schiller, Kant und Hegel und wer immer bis ins 20. Jahrhundert, – in der Kritik an diesem Gerede wird der Rekurs auf Freud eine entscheiden Rolle spielen!

2.

Die klassische Newtonsche Mechanik der Massenpunkte und der starren Körper, d.i. die Mechanik, in der alle Körper so behandelt werden, als sei ihre gesamte Masse in ihrem Schwerpunkt vereinigt, stellt bis heute die hartnäckigste Referenzinstanz für den Determinismus dar, siehe nur Gehirnforschung!

Das ist *einesteils* verwunderlich, denn schon alle auf die Newtonsche Mechanik folgenden apriorischen Bezugsrahmen der Physik stellen Einschränkungen und Alternativen dar, teils hinsichtlich der Beschaffenheit der Materie, so in der Kontinuums- und in der Statistischen Mechanik und natürlich in der Theorie des Elektromagnetismus, teils aber auch betreffs der Kausalität selbst, die die ungebrochene objektivistische Kausalität und also den Determinismus auf wiewohl unterschiedliche Weise einschränken, so die Spezielle Relativitätstheorie, die Quantenmechanik und die Theorie dissipativer Strukturen und Prozesse als Kern der Chaos- und Selbstorganisationstheorie. Die Evolutionstheorie aber, sofern sie sich nicht auf Molekularchemie beschränkt, erkennt ein Wechselspiel von genetischer Anlage und Umweltbezug und damit die Kontingenz als wesentliches Moment an.

Anderenteils ist es auch wieder nicht verwunderlich, als der traditionale Objektivismus aller Naturwissenschaften seit längerem szientistisch durchsetzt, freundlicher formuliert: wissenschaftstheoretisch überhöht ist und so namentlich in der Öffentlichkeit in Erscheinung tritt. Darin wird die auf Gesetzesbasis erfolgende Erklärung und/oder Prognose und damit der Determinismus bei gegebenem Datenmaterial, insonderheit in Gestalt der Anfangsbedingungen, als *das* rakteristikum von Wissenschaft ausgegeben. Gewiß wird zwischen strenger und bloß wahrscheinlichkeitsartiger Gesetzmäßigkeit resp. zwischen strenger und nur signifikanter Erklärung sowie strenger und nur wahrscheinlichkeitsartiger Vorhersage unterschieden, aber dies alles ändert nichts am Gesamteindruck. *Wissenschaftstheoretisch* wirkt hier bis heute unheilvoll der Dogmatiker Hempel, der die etwa für „unser" Planetensystem bei Kenntnis des Zustandes zu einer bestimmten Zeit und der Umlaufsgesetze gegebene Vorhersagbarkeit zu einer für jegliche Realitätserkenntnis unumstößliche Generalvorschrift deklariert; in der Theoretischen Mechanik sind dies die Lagrangeschen Bewegungsgleichungen erster und zweiter Art, die Modell stehen. Aber auch da, wo die Theoretische Physik wissenschaftstheoretisch nicht belastet ist und sich den neuen Bezugsrahmen öffnet, beeilt sie sich, von deterministischen Systemen – mit Einschränkungen – zu sprechen, so in der Quanten- und neuerdings in der Chaostheorie. *Wissenschaftsgeschichtlich* aber ist es der im 17. Jahrhundert aufkommende Objektivismus und Mechanismus, der seine Herrschaft auszuüben beginnt – selbst die größten Philosophen dieser Zeit, Descartes, Spinoza und Leibniz, sind nicht frei davon oder erliegen ihm sogar vollständig. Am bekanntesten ist dieser Determinismus in Gestalt des *Laplaceschen Dämons* geworden, der bei Kenntnis des Weltzustandes zu einer bestimmten Zeit alle künftigen Zustände und Ereignisse vorhersagen kann; darauf beruft sich zwar heute niemend mehr (so gern), aber das ist unehrlich, denn sein bis heute wirksamer Nachfolger ist der *Hempelsche Dämon*, der sich zu seinem Vorgänger wie die Zweite = szientistische zur Ersten = objektivistischen Stellung des Gedankens zur Objektivität verhält.

Nicht unerwähnt bleiben darf auch *nach* 1989, daß der Determinismus insbesondere im *real-existiert habenden Sozialismus*, selbstredend unter Berufung auf die Klassiker des Marxismus-Leninismus, hochgehalten wurde. Daß Engels wie viele und politisch völlig anders orientierte seiner Zeitgenossen im 19. Jahrhundert dem Determinismus erlag, darf nicht verwundern, denn der ohne jeden Zweifel „stürmische Fortschritt" der klassischen Naturwissenschaften in dieser Zeit beförderte ihn in seiner objektivistischen Version aufs Ungeheuerlichste – bis in die Psychiatrie und selbst der Vater der Psychoanalyse, Sigmund Freud, war nicht vollständig frei davon. Etwas anderes ist es freilich, daß die Physik des real-existiert habenden Sozialismus es nicht fertig brachte, die von Niels Bohr inaugurierte *Kopenhagener Deutung der Quantenmechanik*, namentlich des quantenmechanischen Meßprozesses, anzuerkennen, nach der bestimmte Größen, so Ort und Impuls, Drehwinkel und Drehimpuls, Zeit und Energie, mit einem weitergedachten Kant: die Anschauungsformen Raum und Zeit und die Kategorien Substanz und Kausalität in ihren konkreten Ausprägungen nicht zugleich scharf, sondern gemäß Heisenbergs geläufiger Formel nur mit einer nicht beliebig, sondern nur so oder so reduzierbaren Unbestimmtheit gemessen werden können. Diese Deutung wurde im Rahmen des im vormals real-existierenden Sozialismus obligatorischen Dialektischen Materialismus lange Zeit als eine „typisch bürgerlich-idealistische, subjektivistische, ((sogar)) imperialistische Deutung" hartnäckig abgelehnt, wiewohl sich die offizielle Theoretische Physik in der Sowjetunion und *folglich* auch in der DDR durchaus um einen Anschluß der Kopenhagener Deutung an die Grundlehren des Dialektischen Materialismus bemühte, aber nolens volens auf halbem Wege stehen bleiben mußte.[16] Der stets sehr diskursive Heisenberg nahm die Auseinandersetzung mit Blochinzew und Alexandrow als den maßgebenden Vertretern dieser Anschlußversuche sehr wohl auf und kam zu dem Ergebnis: „Sie füllen neuen Wein in alte Schläuche."[17] Doch hat die Kopenhagener Deutung von Bohr und Heisenberg noch einen ungleich prominenteren – objektivistisch-deterministischen – Kritiker: Albert Einstein – „Gott würfelt nicht" lautet sein wohl bekanntester Spruch.

Die neben und nach Bohr wichtigste Kritik am Determinismus aus dem Bereich der Naturwissenschaften stammt von dem Theoretischen Chemiker Ilya Prigogine:[18]

(1.) Wärme und Gravitation	Der Wärmefluß ist dem Temperaturgradienten proportional. Eine bemerkenswerte Tatsache ist, daß dieses einfache Gesetz für komplexe Körper wie ... Festkörper, Flüssigkeiten oder Gase, die aus einer großen Zahl von Molekülen bestehen, gültig ist. Es ist ein universelles Gesetz ... Der Traum von Laplace ... erlitt einen ersten Rückschlag: Es gab nun eine physikalische Theorie, die mathematisch ebenso streng war wie die mechanischen Bewegungsgesetze und dennoch mit der Newtonschen Welt absolut nichts gemein hatte. ... Eine träge Masse *erfährt* die Wirkung der Gravitation, ohne davon in anderer Weise berührt zu werden als durch die Bewegung, die sie erlangt oder weitergibt, während die Wärme die Materie *transformiert* und Zustandsänderungen von inneren Eigenschaften hervorruft.
(2.) Energieerhaltung und Entropieerzeugung. Carnot und Darwin	Die Erhaltung der Energie durch all die verschiedenen Umwandlungen hindurch, die ein physikalisches, chemisches oder „biologisches" System erfahren kann, wurde zum Leitprinzip bei der Erforschung dieser neuentdeckten Prozesse. ... Irreversibilität auch des idealen Carnotschen Kreisprozesses. ... Die Entropieerzeugung ist Ausdruck irreversibler Änderungen, die sich innerhalb

16 Vgl. Baumann/Sexl, 1984, S. 29 ff.

17 Heisenberg 1984, 129; ders., Die Entwicklung der Deutung der Quantentheorie (1955), abgedr.i. Baumann/Sexl 1984, S.155, hier: 150.

18 Ilya Prigogine / Isabelle Stengers, Dialog mit der Natur. Neue Wege naturwissenschaftlichen Denkens, ad (1.) 112-113, ad (2.) 117, 120-123, 127, 137, ad (3.) 147 f, ad (4.) 149 f, ad (5.) 150, 165-169, ad (6.) 173-175, ad (7.) 178 f (vgl.a. 132), ad (8.) 182 f, ad (9.) 175 f; teils frei, teils mit Auslassungen zitiert.

eines Systems vollziehen. ... 'Können Carnot und Darwin gleichzeitig recht haben?'

(3.) Lineare Thermodynamik ⇒

⇒ beschreibt das stabile, vorhersagbare Verhalten von Systemen, die zu jenem Aktivitätsminimum streben, das mit den Flüssen, von denen sie aufrechterhalten werden, vereinbar ist. Daß die lineare Thermodynamik ebenso wie die Gleichgewichts-Thermodynamik durch ein Potential, die Entropieerzeugung beschrieben werden kann, bedeutet, daß bei der Entwicklung zum Gleichgewicht ebenso wie ... zu einem stationären Zustand die Anfangsbedingungen vergessen werden.

(4.) Fern vom Gleichgewicht

Wenn jedoch die auf ein System einwirkenden thermodynamischen Kräfte über den linearen Bereich hinausgehen, ist die Stabilität des stationären Zustandes und seine Unabhängigkeit von Schwankungen nicht mehr automatisch gewährleistet. ... Stabilität ist nicht länger eine Konsequenz von allgemeinen Gesetzen der Physik. Das System ist im Gegenteil 'instabil', wenn ... bestimmte Schwankungen, statt abzunehmen, verstärkt werden können und das ganze System erfassen und es so dazu bringen können, sich zu einer neuen Art von Ordnung zu entwickeln. ... Makroskopisch erscheint die turbulente Bewegung zwar als irregulär und chaotisch, doch ist sie mikroskopisch hochgradig geordnet.

(5.) Selbstorganisation, Verzweigung und Symmetriebruch der Zeit

Der Übergang von der laminaren Strömung zur Turbulenz ist ein Prozeß der Selbstorganisation, ... die abläuft, wenn eine Schwelle überschritten wird. Das Verhalten instabiler Systeme hängt von ihrer Geschichte ab. Wie wird das System an einem Verzweigungspunkt zwischen zwei neuen symmetrischen stabilen Lösungen wählen? Hier kommt ein Zufallselement ins Spiel, die makroskopische Gleichung kann uns nicht sagen, welchen Weg das System nehmen wird.

(6.) Schwankungen fern vom Gleichgewicht

Heutige Biologen, die das Modell einer 'molekularen Kybernetik' verfechten, erklären das Problem der Organisation hinweg, indem sie sich auf die natürliche Auslese und die Akkumulation von zufälligen vorteilhaften Mutationen berufen. Auf diese Weise wird die Organisation einfach zu einem sehr unwahrscheinlichen physikalischen Zustand. Nach unserer Auffassung verschleiert der Dualismus von Mutation und Selektion lediglich unsere Unwissenheit. ... Das Milieu der Zelle weist nicht den Determinismus und die Präzision unserer technischen Instrumente auf. ... *Eine weit vom Gleichgewicht entfernte funktionierende Ordnung* kann ... einer *Organisation* ähneln, weil sie aus der Verstärkung einer mikroskopischen Schwankung hervorging, die genau im 'richtigen' Augenblick einen Reaktionsweg aus einer Reihe von weiteren, ebenso möglichen Wegen begünstigte.

(7.) Gesetz der großen Zahlen ⇒	⇒ wird beim Auftreten von *dissipativen Strukturen* in irgendeiner Weise 'gebrochen'. Das Boltzmannsche Ordnungsprinzip ... versagt in Situationen, wo einige wenige 'Entscheidungen' in einer instabilen Situation genügen, um ein System, das aus einer großen Anzahl von Entitäten besteht, in Richtung auf eine globale Struktur zu kanalisieren.
(8.) Strukturstabilität	Bisher haben wir nur ... Schwankungen von Größen betrachtet, welche den inneren Zustand eines Systems charakterisieren. Es ((gibt jedoch auch)) andere Arten von Schwankungen. So können ... im Falle „biologischer" oder „ökologischer" Systeme die Parameter, welche die Wechselwirkung mit der Umgebung definieren, im allgemeinen nicht als Konstanten betrachtet werden. Sowohl die Zelle als auch die ökologische Nische erhalten sich durch Austausch mit der Umgebung. Diese Umgebung ist jedoch veränderlich, und es sind schwankende Flüsse, welche das System fern vom Gleichgewicht halten. ... *Dissipative Strukturen sind 'Übersetzungen' der Flüsse, von denen sie aufrecht erhalten werden.*
(9.) Zufall und Notwendigkeit	*Prozesse der Selbstorganisation* unter *gleichgewichtsfernen Bedingungen* stellen ein *delikates Wechselspiel zwischen Zufall und Notwendigkeit*, ... Schwankungen und deterministischen Gesetzen dar. ... Weder die Konzeption der Atomisten mit ihrer Betonung der zufälligen Kollisionen noch der mechanistischen Weltauffassung, die auf zeitlosen unerschütterlichen Gesetzen beruht, kann zufriedenstellend sein – wir sind von Strukturen, Wolken, Schneeflocken und Pflanzen umgeben. ... In den Prozessen der Selbstorganisation spielen Zufall und Notwendigkeit gleichermaßen eine wesentliche Rolle. Wir können *dissipative Strukturen* als *gewaltige Schwankungen* auffassen, *die durch Energie- und Materiefluß aufrecht erhalten werden.*

Aus Platzgründen konnten die vorgesehenen Ausführungen zu 3. und 4. nicht aufgenommen werden; sie finden sich jedoch ganz knapp skizziert am Ende von 1. und können nachgelesen werden in:

Wetzel, Prinzip Subjektivität. Allgemeine Theorie, Zweiter Halbband: Natur, Gesellschaft, konkrete Subjektivität; Würzburg Juli 2005, Ziff. B-2.2.3-b/c., S. 384-392.

Dieses Werk beinhaltet zugleich der Gesamtansatz, in den die vorliegenden Ausführungen einzuordnen sind. Die Titel der diesem Band vorausgehenden Bände lauten:

Wetzel, Prinzip Subjektivität. Spezielle Theorie; Freiburg/München 1997

Wetzel, Prinzip Subjektivität. Allgemeine Theorie, Erster Halbband: Ding und Person, Dingbezugnahme und Kommunikation, Dialektik; Würzburg 2001.

Die „Spezielle Theorie“ beinhaltet die ontologisch-epistemologische, die „Allgemeine Theorie“ die fundamental-/realphilosophische Komplementarität.

Literatur

Baumann, K./R.U. Sexl, 1984, Die Deutungen der Quantentheorie, Braunschweig/ Wiesbaden.

Heisenberg, W., 1984, Gesammelte Werke C-II, München.

Prigogine, I./I. Stengers, 1981, Dialog mit der Natur. Neue Wege naturwissenschaftlichen Denkens, München.

Bettina Lösch

Herrschaftskritik und Vernunft – für oder wider die ,vernünftigen' politischen Verhältnisse?

„Kritik [ist] keine Leidenschaft des Kopfs, sie ist der Kopf der Leidenschaft" (Marx)[1]

Herrschafts- und Gesellschaftskritik orientiert sich nach wie vor und trotz aller kritischen Einwände[2] am Maßstab der *Vernunft*. Wie steht es also gegenwärtig um das Verhältnis von Herrschaft und Vernunft und was heißt eigentlich Kritik in einer Zeit, in der alle gerne für sich beanspruchen, *kritisch* zu sein und gleichzeitig eine kritische Gesellschaftstheorie in der Wissenschafts- wie auch der Alltagspraxis als Orientierungswissen weitestgehend marginalisiert ist, keine Hegemonie innehat?[3]

Ebenso, wie die Kritik an feudalen und absolutistischen Herrschaftsverhältnissen und später an bürgerlichen Herrschaftsformen im Namen der Vernunft geführt wurde, berufen sich seit jeher auch gegenaufklärerische Maßnahmen auf die Maxime der Vernunft.[4] Mit der Aufklärung sind zwar die historischen Be-

1 Marx 1976, S. 380.

2 Goldschmidt/ Lambrecht (1988, S. 9) formulieren die Vorbehalte gegenüber einer Berufung auf eine absolute Vernunft folgendermaßen: „Die Vernunft ist verdächtig geworden. [...] Die VERNUNFT sans phrase, die göttliche, unendliche, autoritative und unfehlbare Vernunft" habe – zumindest in der Politik – zurecht ausgedient, da sie durch politische Erfahrungen widerlegt ist. Ein jeglicher, der sich auf Vernunft berufe, sei dem Einwand ausgesetzt zu begründen, um welche Art von Vernunft es sich denn handele oder besser gesagt, um ,wessen' Vernunft: „Wer heute auf Vernunft sich beruft, hat es nicht leicht, in der Philosophie ebensowenig wie im Leben; setzte er sich doch dem Verdacht aus, Handlanger, ,Tempelwächter' oder was sonst auch, einer geheimen Macht zu sein, die jede spontane Individualität zu töten trachtet" (ebd.). Zur Kritik der Vernunft vgl. u.a. Sartre 1967; Feyerabend 1989 sowie Bourdieu 2001.

3 So etikettieren beide Seiten des Positivismusstreites, sowohl Popper und Albert als auch Adorno und Habermas, ihren eigenen Theorieansatz als *kritisch*. Vgl. dazu Bonß 2003, S. 366.

4 „Wird die Gesellschaft nach Gesichtspunkten der Vernunft organisiert, dann führt dies im Grenzfall dazu, dass, weil alles vernünftig organisiert ist, niemand sich an-

dingungen entstanden, die den Menschen einen Begriff von Vernunft gaben, der ihnen Emanzipation und Freiheit als Perspektive vor Augen führt: „Aufklärung zielt darauf, dass Menschen mit Vernunft ihre natürliche und gesellschaftliche Umwelt erkennen und gestalten, so dass sie sich von der Furcht vor undurchschauten Verhältnissen befreien".[5] Das Aporetische der Moderne liegt jedoch darin begründet, dass die bürgerliche Auffassung von Rationalität, wie sie in der Aufklärung begründet wurde, noch keineswegs vernünftige gesellschaftliche Verhältnisse hervorgebracht hat. Während der naturwissenschaftlich-technische Fortschritt sowie gesellschaftliche Produktion und Reichtum steigen, geht dieses Wachstum zugleich mit technischer Selbstzerstörung, zunehmender Armut und Verelendung für viele Teile der Menschen sowie einem scheinbar unaufhaltbaren Prozess der Missachtung und Ausbeutung der Natur einher. „Vernunft hat sich mit sich selbst noch nicht versöhnt und selbstkritisch noch nicht erkannt, dass sie bislang nicht allein eine Form von Freiheit, sondern auch ein Instrument von Herrschaft ist."[6] Vernunft ist verbunden mit dem Voranschreiten der bürgerlichen Gesellschaft, sie ist ein Antrieb von Veränderung, ein Motor des Fortschritts und kann deshalb von Kritik nicht ausgenommen bleiben.[7]

Um dem spannungsgeladenen Verhältnis von Herrschaftskritik und Vernunft auf den Grund zu gehen, wird nachfolgend danach gefragt, was Aufklärung verstanden als Selbst*kritik* der Vernunft bedeuten kann (1.). In der Tradition des Aufklärungspostulates von Kant finden sich heute an prominenter Stelle zwei konträre Positionen der Vernunftkritik (2.): einerseits Habermas, der die Kritische Theorie paradigmatisch neu ausrichtet und die Möglichkeiten kommunikativer Vernunft betont; andererseits Foucault, der die gesellschaftlichen Normalisierungs- und Disziplinierungsmechanismen anprangert, die sich auf Vernunft berufen. Beide betrachten Aufklärung als unvollendetes und weiterzutreibendes Projekt. Sie halten an den Möglichkeiten der Vernunft und der Aufklärung fest, etwa an der Entschlossenheit und Couragiertheit sich der Vernunft im Sinne seines eigenen Verstandes und der politischen Urteilskraft zu bedienen, kritisieren jedoch gleichzeitig eine Vernunftlogik, die einen reinen Dezisionismus sowie einen Sicherheits- und Kontrollzwang hervorbringt, der die politische Angelegenheiten zu unvernünftigen und irrationalen Missverhältnissen[8] macht. Diese bei-

ders verhalten darf, als es nach allgemeinen Sätzen immer schon feststeht. Dialektisch geht an diesem Punkt Aufklärung in ihr Gegenteil über: Wird die Logik der Vernunft nämlich zu Ende gedacht, schlägt die Vernunft, das Mittel und die Lebensform größter Freiheit, in ein Zwangsverhältnis um und bringt die Individuen um ihre Autonomie" (Demirovic 2003, S. 12).

5 Ebd., S. 10.

6 Ebd., S. 11.

7 Zur Fortschrittsproblematik siehe u.a. Sperling/ Tjaden-Steinhauer 2004, S. 7-42.

8 Siehe dazu Krippendorf 1999, S. 996.

den Positionen abwägend wird abschließend für eine ‚Öffentlichkeit der Vernunft' (3.) plädiert.

1. Aufklärung als Selbstkritik der Vernunft

In der klassischen politischen Philosophie wurde noch davon ausgegangen, dass nicht nur der Mensch fähig zur Vernunft sei, sondern dass der menschlichen Geschichte Vernunft an sich innewohne, oder besser gesagt, dass die abendländische Zivilisation in ihrer Entwicklung vernünftig voranschreite.[9] Angesichts gravierender gesellschaftlicher Konflikte und menschlicher Barbarei, wie sie in Kriegs- wie auch in Revolutionszeiten in Extreme zu Tage treten kann, ist diese Vernunftzentriertheit immer wieder hinterfragt worden.

Zunächst war es Kant, der den Maßstab der *Kritik* ausgiebig analysierte und in die Titel seiner Werke aufnahm. Kant war der Überzeugung, dass die Zeit in der er lebte, das eigentliche Zeitalter der Kritik sei. Mit dem Anspruch nach allgemeiner Aufklärung wurde versucht, sich von alten Vorurteilen, nicht hinterfragten Überlieferungen und Autoritäten zu befreien. Den Maßstab für diese kritische Haltung sollte die allgemeine Vernunft bilden, die nur das achtete und billigte, was ihrer freien und öffentlichen Prüfung Stand hielt. Das Ergebnis der *Kritik*, wie sie Kant vorschwebte, war das *Selber-Denken*, das er in dem Wahlspruch: „*Sapere aude*! Habe Mut, dich deines *eigenen* Verstandes zu bedienen"[10] verkündete. Dieses Selber-Denken ist allerdings nicht voraussetzungslos: „Die theoretische Leistung, die Benutzung des eigenen Verstandes, erfordert eine praktische, sogar moralische Leistung. Sie besteht in einer zwar persönlichen, aber nicht privaten, insofern gegen die Frage ‚Solipsismus: ja oder nein' indifferenten Vorbedingung. Ihr, dem entsprechenden Mut, verdankt sich die Bereitschaft zur Vernunftkritik. Und die fehlende Bereitschaft geht ebenfalls auf eine moralische, jetzt negative ‚Leistung' zurück: daß man aus Bequemlichkeit unmündig bleibt".[11] Mit dem Verweis auf das „Wagnis des Selber-Denkens"[12] entdeckte Kant „den ‚Skandal' der Vernunft, d.h. daß es nicht nur Tradition und Autorität sind, die uns irreleiten, sondern das Vernunftvermögen selbst".[13]

Ein weiteres Werk, welches ursprünglich *Kritik* im Titel führte, jedoch als *Das Kapital* bekannt wurde, stellt Marx' *Kritik der politischen Ökonomie* dar. Marx beschäftigte sich in seiner Kritik ähnlich wie Kant mit der Frage, was Theorie und Praxis miteinander verbindet. Zwar gingen beide Denker davon aus, dass Aufklärung und Revolution zusammengehören. Marx betonte jedoch, dass

9 Dazu kritisch Heit 2003.
10 Kant 1999 [1784], S. 20.
11 Höffe 2001, S. 249.
12 Vgl. Arendt 1998, S. 47.
13 Ebd.

Theorie selbst Teil der Realität sei – quasi sich selbst wissende, reflektierende Praxis.[14] Mit der Marxschen Theorie tritt an die Stelle eines allgemein vernünftigen Prinzips der Welt und der (Menschheits-)Geschichte die Auffassung der *sozialen Verwirklichung* von Vernunft, die zur konkreten Aufgabe der Menschen wird. Da außerweltliche, religiöse Gewissheiten nicht mehr zur Verfügung stehen, um die gesellschaftlichen Verhältnisse zu erklären, werden zunehmend andere Maßstäbe gesucht – etwa eine soziale und konfliktfreie Gesellschaft –, um die Welt vernünftig zu machen. Der Gesellschaft kommt somit die Aufgabe zu, über soziale und politische Verhältnisse zu reflektieren, um diese zu verändern, d.h. verändernd eingreifen zu können.

Für Marx war die Emanzipation des Menschen, d.h. die Überwindung jener Verhältnisse, in denen er sich selbst entfremdet ist, zentral.[15] Dieser Anspruch auf freie, bewusste Vergesellschaftung und die damit verbundene Möglichkeit des Eingreifen-Könnens in gesellschaftliche Prozesse unterscheiden den Marxschen Kritikansatz grundlegend von anderen Analysen der bürgerlich kapitalistischen Gesellschaft, etwa der von Weber, der die Moderne als Prozess der Rationalisierung betrachtet.[16] Weber zufolge bestimmt die Rationalisierung einerseits das wirtschaftliche Leben, zugleich praktizierten die handelnden Individuen mit diesen veränderten gesellschaftlichen Bedingungen kapitalistischer Produktion eine spezifische, der Rationalisierung gewidmete Lebensführung und Berufsauffassung. Im Gegensatz zur Marxschen Analyse der bürgerlich kapitalistischen Gesellschaft mündet die Webersche These des Rationalisierungsprozesses nicht in eine Prognose des weiteren Verlaufes der Gesellschaft oder der Betonung der Handlungsfähigkeit der Menschen mit dem Anspruch der Veränderbarkeit der Gesellschaft.[17] Von einem bürgerlichen Standpunkt aus betrachtet, wie er von Weber vertreten wird, ist die bestehende Gesellschaft vielleicht noch erträglich, solange sie sich noch weiterentwickelt und um ihre eigene Durchsetzung kämpft. Unter dem Gesichtspunkt des an seiner Entfremdung leidenden Proletariats erweist sie sich als veränderungsbedürftig.[18]

Das nach-metaphysische Vernunftverständnis der Aufklärung führte nicht, wie man mit Kant hätte hoffen können, zu einem Selber-Denken, zu einer öffentlichen Diskussion und Beratung über Inhalte, die zuvor durch tradierte Gewissheiten oder religiöse Glaubenssätze bestimmt waren oder zu einem eingreifenden Handeln im Marxschen Sinne. Das emanzipatorische Projekt der Aufklärung als

[14] Arendt sieht den Unterschied zwischen Kant und Marx darin, dass bei Marx die *Kritik* das vermittelnde Bindeglied zwischen Theorie und Praxis ist, bei Kant dagegen das *Urteil*, die politische Urteilskraft, den Übergang einleite. Vgl. ebd. S. 52.

[15] Vgl. Marx 1974, S. 510 ff.

[16] Vgl. Weber 1922; Ders. 1980.

[17] Vgl. Landshut 1969 sowie Bader/ Berger/ Ganßmann/ Knesebeck 1976.

[18] Vgl. Fetscher 2000, S. 41.

Beseitigung feudaler Unmündigkeit mündete zum einen in die bürgerliche Gesellschaft, die fortan die individuelle Freiheit und das private Eigentum zu bestimmenden gesellschaftlichen Prinzipien erkor und statt sozialer Gleichheit nur die Gleichheit vor dem Gesetz anerkannte.[19] Zum anderen geraten die Menschen, folgt man der zwar düsteren, aber nach wir vor weitreichenden Einschätzung Horkheimer/Adornos (1995), trotz rationaler Beherrschung und Kontrolle von Natur und Gesellschaft gleichzeitig immer weiter in eine selbstverschuldete Unmündigkeit. Während Naturbeherrschung sowie die Kontrolle und Regulierung gesellschaftlicher Verhältnisse immer umfassender werden, scheitert eine selbstkritische Aufklärung der Gesellschaft nach wie vor. Vernunft setzt sich zwar in Teilbereichen durch, trägt aber politisch wenig zur Gestaltung des Gesamtzusammenhangs bei: Das bedeutet, es herrscht ein Mangel an *politischer Vernunft.*

2. Kommunikative Vernunft oder Heraustreten aus der Unmündigkeit

In Weiterführung der Kritischen Theorie hat sich Habermas der Vernunftproblematik zugewendet. Im Zentrum seiner Theoriebildung steht die Möglichkeit kommunikativer Vernunft. Er stellt die Frage nach demokratischen und aufgeklärten Verständigungsverhältnissen und formuliert in normativer Intention die Grundlegung einer idealen Sprechsituation, die er als herrschaftsfreie Kommunikation bezeichnet. Real-soziologisch sind für Habermas die Probleme des Kapitalismus und charakteristischen Widersprüche im Spätkapitalismus durch den Wohlfahrtstaat weitestgehend befriedet worden. Er verweist nunmehr in liberaler Sichtweise auf die positiven Aspekte von Sozialstaatlichkeit und repräsentativ-parlamentarischer Demokratie. Störend seien lediglich die ökonomischen und rechtlichen Übergriffe auf die Sphäre, die er als Lebenswelt bezeichnet. Er kritisiert, dass mit der „Kolonisierung" oder Ökonomisierung der Lebenswelt die moralische Infrastruktur der alltäglichen Lebenswelt drohe, zerstört zu werden. Die politischen, ökonomischen und sozialen Verhältnisse haben sich jedoch mit Beginn der 1990er Jahre, mit den Prozessen der Globalisierung und mit der Ausrufung eines ‚permanenten Ausnahmezustandes' nach dem 11. 9. 2001, radikal verändert. Die Ausdehnung der kapitalistischen Weltwirtschaft ist mit einem Abbau von Sozialstaatlichkeit sowie dem Zurückdrängen demokratischer Öffentlichkeit und Partizipation verbunden.

19 „Erst nach der [bürgerlichen] Revolution erweist es sich, daß dieses 'Reich der Vernunft', wie Engels es ausdrückte, ‚weiter nichts war als das idealisierte Reich der Bourgeoisie; daß die ewige Gerechtigkeit ihre Verwirklichung fand in der Bourgeoisiejustiz; daß die Gleichheit hinauslief auf die bürgerliche Gleichheit vor dem Gesetz; daß als eines der wesentlichen Menschrechte proklamiert wurde – das bürgerliche Eigentum; und daß der Vernunftstaat [...] nur ins Leben treten konnte als bürgerliche, demokratische Republik'" (Goldschmidt/ Lambrecht 1988, S. 10).

Habermas geht es in seiner Betonung kommunikativer Vernunft noch um wohlfahrtstaatliche Regulierung, die er aber nicht bürokratisch überhöht sehen, sondern eigenverantwortlich in die Hände der Bürger und Bürgerinnen legen möchte. Mit seiner politiktheoretischen Konzeption deliberativer Demokratie[20] will er den zivilgesellschaftlichen oder lebensweltlichen Bereich stärken und die Übergriffstendenzen von zuviel Staat, d.h. Macht und Bürokratie, und einem Zuviel an ökonomischer Macht und damit verbundener instrumenteller Vernunft zurückweisen.[21] Obgleich er diskursethisch auf herrschaftsfreie Kommunikation abzielt, liefert er keine Ideologie- oder Herrschaftskritik, wie es für die Kritische Theorie charakteristisch war. Habermas verlagert die Grundbegriffe marxistischer bzw. Kritischer Theorie von Arbeit auf Kommunikation, von Produktionsverhältnissen auf Intersubjektivität.[22] Dabei wird die herrschaftsfreie Kommunikation zum gesellschaftstheoretischen Maßstab der Kritik. Das kann bedeuten, dass es ausreichend ist zu erkennen, inwieweit die gesellschaftlichen Verhältnisse eine öffentliche, freie Kommunikation unter Bürger und Bürgerinnnen zulassen oder einschränken. Auf grundsätzliche gesellschaftliche Veränderbarkeit – wie in der Marxschen oder auch in der früheren Kritischen Theorie anvisiert – zielt dieser Ansatz nicht mehr. Habermas hängt, ähnlich wie noch Kant, einer Teleologie an, dass die gesellschaftlichen Verhältnisse grundsätzlich vernünftig voranschreiten. Er verfehlt dabei jedoch eine Grundintention kritischer Theorie: die *Kritik* an den herrschenden Verhältnissen, die es zu verändern gilt.

Während Habermas an die Weiterentwicklung vernünftiger gesellschaftlicher Verhältnisse glaubt, nähert sich Foucault der Frage *Was ist Kritik?* (1992) in radikaler Auseinandersetzung mit dem herrschenden Vernunftbegriff. Foucault problematisiert die Selbststeuerung der vernünftigen gesellschaftlichen Verhältnisse und setzt diese Kritik historisch an der Zeitspanne der Aufklärung an. Er weist auf die dialektische Bewegung hin, die ihm für die Gesellschaften des europäischen Abendlandes im 16. Jahrhundert charakteristisch erscheint: Zum einen bilde sich die Regierungskunst, die Bewegung der Regierbarmachung der Gesellschaft immer weiter aus, zum anderen entstehe eine kritische Haltung, die mit der grundsätzlichen Frage verbunden sei, „wie man denn *nicht* regiert wird“[23]. Diese moralische und politische Haltung der Aufklärung wird von Foucault als „die Kunst, nicht regiert zu werden“[24] bezeichnet. Einerseits gäbe es Anstrengungen der Regierungsintensivierung, in einer sozialen Praxis Individuen zu unterwerfen und zwar durch Machtmechanismen, die sich auf Wahrheit und

[20] Vgl. dazu vor allem Habermas 1998, S. 383 ff.

[21] Zur ausführlichen Auseinandersetzung mit dieser Position von Habermas und den emanzipatorischen Potentialen *deliberativer Politik* siehe Lösch 2005.

[22] Vgl. dazu ausführlich Demirovic 2003, S. 13.

[23] Foucault 1992, S. 11.

[24] Ebd., S. 12.

auch Vernunft berufen; andererseits sei aber auch eine kritische (Gegen-)Bewegung zu beobachten, die darin bestehe, dass Subjekte sich das Recht nehmen, Wahrheit auf ihre Machteffekte und Macht auf ihre Wahrheitsdiskurse hin zu befragen: Kritik übernehme somit eine Funktion der „Entunterwerfung“[25], d.h. Herrschafts- und Unterwerfungspraktiken zu widerstehen.

Den Knackpunkt der Aufklärung verortet Foucault nun darin, dass sich die Prinzipien von Aufklärung und Kritik seit und wahrscheinlich auch schon mit Kant gegeneinander verschoben hätten. Anstatt des für die Aufklärung grundlegenden Vermögens des Mutes und der Entschlossenheit, wie sie Kant in seiner kleinen Schrift *Was ist Aufklärung?* in appellativen Charakter gefordert hatte, bilde sich eine Form der Kritik heraus, die eher danach fragte, *was* wir denn eigentlich wissen können. Anstatt des Mutes der Entunterwerfung dränge sich der Mut zum Wissen nach vorne, der darin bestehe, die Grenzen des Wissens bzw. die Legitimation der Erkenntnis zu befragen.

Foucault stellt sich weder erkenntnistheoretisch die Frage nach Wahrheit, Versuch und Irrtum noch versucht er die Perspektive der Legitimierung einzunehmen, wie sie seiner Ansicht nach die Begriffe von Erkenntnis und Herrschaft nahe legten. Stattdessen dienen ihm Macht und Wissen als Analyseraster. Dabei gelte es nicht zu fragen, *was* Macht oder Wissen ist, sondern die Verbindung, das Geflecht von Macht und Wissen zu charakterisieren, „mit dem sich die Akzeptabilität eines Systems – sei es das System der Geisteskrankheit, der Strafjustiz, der Delinquenz, der Sexualität usw. – erfassen läßt“.[26]

3. Öffentlichkeit der Vernunft

Die ‚vernünftigen' gesellschaftlichen und politischen Verhältnisse in Frage zu stellen, bedeutet nicht, in Irrationalität oder gar in Gegenaufklärung zu verfallen und politische Angelegenheiten der Unvernunft des reinen Marktmechanismus[27] zu überlassen. Mit Habermas und Foucault wurden zwei Positionen dargestellt, die in unterschiedlicher Weise an Prinzipien der Aufklärung festhalten, allerdings die instrumentellen, zweckrationalen Tendenzen der menschlichen Vernunft in ihre Schranken verweisen oder die Logik einer absoluten Vernunft im Sinne von Glaube an Autoritäten und Kausalitäten, von Disziplinierung und Normalisierung gesellschaftlicher Verhältnisse hinterfragen.

Habermas' Anliegen, den Begriff der Vernunft neu zu fassen, liegt darin begründet, Vernunft als Maßstab der Kritik nicht aufzugeben, sondern den Aufklärungsgedanken weiter zu tragen. Foucault problematisiert dagegen, dass gerade mit dem Vernunftanspruch versucht wird, Irrationales zu legitimieren und unter

[25] Ebd., S. 15.
[26] Ebd., S. 33.
[27] Vgl. dazu Blankenburg 2000.

dem Gebot der Vernunft Systeme von gesellschaftlicher Ausschließung gerechtfertigt werden.[28] Während der eine für die sprachliche Kompetenz, für eine kommunikative Vernunft einsteht und somit dem Erkenntnis- und Wahrheitsgehalt der Vernunft Vorschub leistet, versucht der andere, Kants Forderung stark zu machen, aus der Unmündigkeit herauszutreten. Foucault will die „Verschickung der Frage der Aufklärung in die Kritik“ umkehren, um nicht wie Habermas nach der ‚Legitimation' von Erkenntnis und Wahrheit zu suchen. Foucault betrachtet dagegen Aufklärung als eine Frage der „Haltung der Kritik“, einer individuellen und zugleich kollektiven Haltung, sich in Entunterwerfung zu üben. Die „Kunst nicht regiert zu werden“, bedeutet demnach, die Logik einer Vernunft zu durchbrechen, mit der die angeblich vernünftigen politischen Verhältnisse mit Bezug auf gesicherte Erkenntnis und Wahrhaftigkeit legitimiert werden.

Weder die Zuversichtlichkeit, wie sie noch zu Zeiten des Wohlfahrtstaates tonangebend und letztendlich vielleicht eher verschleiernd als kritisch aufklärend war, noch die Einforderung einer ‚anderen Seite der Vernunft' – etwa der Verweis auf Emotionalität, Leidenschaftlichkeit, eigene Erfahrung und Betroffenheit – können einer „Praxis der Entunterwerfung“ genügen. Denn gerade mit Verweis auf das Letztere bleiben wichtige Teile der Vernunftkritik, Erfahrungs- und Handlungsbereiche und eben auch die *politische Vernunft* als Gestaltung des Gesamtzusammenhanges, der abstrakt ist und über die eigene Betroffenheit hinausgeht, ausgespart. Kritische Theorie muss gerade an der *politischen* Vernunft ansetzen und sich nicht in Teilbereiche der Vernunftkritik zurückziehen. Es mangelt nicht, wie Foucault erkannt hat, an einer Reflexion über die Grenzen und Möglichkeiten von Wissen und Erkenntnis, sondern es bedarf der Herausbildung einer kritische Haltung gegenüber der Steuerung, Verwaltung und dem dezisionistischen Charakter und der Sachzwanglogik der herrschenden politischen Verhältnisse.

An die Stelle des metaphysischen Absolutheitsanspruches der Vernunft kann in der Moderne „nur die endliche, menschliche und fehlbare Vernunft, die Vernunft der Arbeit, der Diskussion und des Dialoges, der Produktion und der öffentlichen Auseinandersetzung wie der Kommunikation treten – die Vernunft,

28 Foucault geht es um die Einbeziehung der durch das herrschende Vernunftverständnis jeweils ausgeschlossenen Anderen. Als Historiker folgt er dabei Benjamins Maxime „die Geschichte gegen den Strich zu bürsten“, um aufzuzeigen, dass „‚niemals ein Dokument der Kultur' existiert, ‚ohne zugleich ein solches der Barbarei zu sein'“ (zit. nach Brunkhorst 1999, S. 227). „In Krankengeschichten, Gerichtsarchiven, Gefangenenverzeichnissen und Polizeiprotokollen finden sich die semantischen Spuren derer, die nur in den kurzen und für sie unglücklichen Augenblicken, in denen sie mit der Macht kollidieren, ins Universum der Diskurse eintauchen, um gleich wieder zu verschwinden (ebd. 226).

die sich selbst korrigiert, weil sie nicht ‚an sich' existiert, sondern in den Köpfen der vielen gemeinsam produzierenden, kommunizierenden, diskutierenden und ihrer selbst bewußten menschlichen Individuen".[29] Es bedarf einer Gesellschaft als Assoziation freier Individuen, die im alltäglichen Handgemenge durch gemeinsame Konfliktlösung eine *Öffentlichkeit der Vernunft* konstituieren. Eine Vernunft, die nicht endgültig und absolut ist, sondern die Einsicht in die Revidierbarkeit von Entscheidungen aufgrund gemeinsamer Beratschlagung und besseren Wissens impliziert.

Literatur

Arendt, H., 1998, Das Urteilen. Texte zu Kants Politischer Philosophie, München.

Bader, V./ J. Berger/ H. Ganßmann/ J. v.d. Knesebeck, 1976, Einführung in die Gesellschaftstheorie 1. Gesellschaft, Wirtschaft und Staat bei Marx und Weber, Frankfurt/M./ New York.

Blankenburg, S., 2000, Neoliberale Wirtschaftstheorie und die Krise der Vernunft – Wie weiter?. In: Goldschmidt, W./ D. Klein/ K. Steinitz (Hg.), Neoliberalismus. Hegemonie ohne Perspektive, Heilbronn, S. 213-231.

Bonß, W., 2003, Warum ist die Kritische Theorie kritisch? Anmerkungen zu alten und neuen Entwürfen. In: Demirovic, A. (Hg.), Modelle kritischer Gesellschaftstheorie, Stuttgart, S. 366-392.

Bourdieu, P., 2001, Das politische Feld. Zur Kritik der politischen Vernunft, Konstanz.

Brunkhorst, H., 1999, Ästhetik der Existenz. Foucault, Hannah Arendt, die Griechen und wir. In: Revue Internationale de Philosophie, Vol. 53, No 208, 2, S. 223-240.

Demirovic, A., 2003, Kritische Gesellschaftstheorie und Gesellschaft. In: Ders. (Hg.), Modelle kritischer Gesellschaftstheorie. Traditionen und Perspektiven der Kritischen Theorie, Stuttgart, S. 10-27.

Fetscher, I., 2000, Karl Marx und der klassische Politikbegriff. In: Nicolaysen, R. (Hg.): Polis und Moderne. Siegfried Landshut in heutiger Sicht, Berlin/ Hamburg, S. 37-51.

Feyerabend, P., 1989, Irrwege der Vernunft, Frankfurt/M.

Foucault, M., 1992, Was ist Kritik?, Berlin.

Goldschmidt, W./ L. Lambrecht (Hg.), 1988, Vernunft und Politik, Dialektik 15, Köln.

Habermas, J., 1998, Faktizität und Geltung. Beiträge zur Diskurstheorie des Rechts und des demokratischen Rechtsstaats, Frankfurt/M.

Heit, H., 2003, Der Ursprungsmythos der Vernunft. Zur philosophiehistorischen Rekonstruktion des ‚griechischen Wunders', Dissertationsschrift, Universität Hannover.

Höffe, O., 2001, ‚Königliche Völker'. Zu Kants kosmopolitischer Rechts- und Friedenstheorie, Frankfurt/M.

Horkheimer, M./ Th. W. Adorno, 1995, Dialektik der Aufklärung, Frankfurt/M.

Kant, I., 1999 [1784], Was ist Aufklärung? Ausgewählte kleine Schriften, Hamburg.

[29] Goldschmidt/ Lambrecht 1988, S. 9.

Krippendorf, E., 1999, Unzufrieden. Vierzig Jahre Politische Wissenschaft. In: Blätter für deutsche und internationale Politik, 8/99, S. 991-1001.

Landshut, S., 1969, Kritik der Soziologie und andere Schriften zur Politik, Neuwied am Rhein/ Berlin.

Lemke, T., 2003, Andere Affirmationen. Gesellschaftsanalyse und Kritik im Postfordimus. In: Honneth, A./ M. Saar (Hg.) Michel Foucault. Zwischenbilanz einer Rezeption, Frankfurt/M., S. 259-276.

Lösch, B., 2005, Deliberative Politik. Moderne Konzeptionen von Öffentlichkeit, Demokratie und politischer Partizipation, Münster.

Marx, K., 1974 [1844], Ökonomisch-philosophischen Manuskripte. In: MEW-Ergänzungsband, Erster Teil, Berlin, S. 465-588.

– , 1976 [1844], Zur Kritik der Hegelschen Rechtsphilosophie. Einleitung. In: MEW, Band 1, Berlin, S. 378-391.

Sartre, J.-P., 1967, Kritik der dialektischen Vernunft, Berlin.

Sperling, U./ M. Tjaden-Steinhauer, 2004, Gesellschaft von Tikal bis irgendwo. Europäische Gewaltherrschaft, gesellschaftliche Umbrüche, Ungleichheitsgesellschaften neben der Spur, Kassel.

Weber, M., 1922, Gesammelte Aufsätze zur Religionssoziologie, Tübingen.

– , 1980, Wirtschaft und Gesellschaft. Grundrisse der verstehenden Soziologie, Tübingen.

Hans Jörg Sandkühler

Welche Gleichheit? Welche Demokratie?

1. Das Problem[1]

Mit 'Gleichheit'[2] und 'Demokratie' verbinden sich seit der Antike praktische gesellschaftliche und theoretische Probleme. Gegenwärtig ist die Problematik dramatisch zugespitzt: 'Gleichheit' und 'Demokratie' sind Namen für etwas, das in Gefahr ist oder zu Gefahren führt. Schützt die Demokratie noch die Gleichheit derer, die ihr Souverän sind? Bildet Gleichheit noch das Fundament der Demokratie? Die Demokratie steht mehr denn je vor der Herausforderung, Gleichheit zu verwirklichen, aber es erscheint als fraglich, ob sie dazu noch fähig ist. In der öffentlichen Debatte wird der innere Zusammenhang zwischen Demokratie und Gleichheit oft nicht mehr wahrgenommen. Gleichheit wird nicht selten so problematisiert, als stelle sie ein Risiko für die Demokratie dar. Gehört der Anspruch auf Gleichheit nicht zum Fundament des kollektiven moralischen und politischen Überzeugungssystems? Ist die Hoffnung auf eine unparteiliche Vernunft obsolet? Es wird über die Legitimität und Reichweite des Konzepts 'Gleichheit' gestritten und über die Frage „Gleichheit für wen?" Radikalisiert lauten die Fragen: *Ist die Gleichheit faktisch tot? Soll man auf die Gleichheitsnorm verzichten?*

Es sind empirischen Tatsachen, unter denen die Verteidigung dessen, was unauflösbar zusammengehört – Gleichheit, Gerechtigkeit, Freiheit und Demokratie – zum Luxus der Philosophen zu werden scheint. Der Name für diese Tatsachen ist 'Globalisierung', d.h. der „asymmetrische Mechanismus", in dem transnationale Konzerne, ökonomisch mächtige Staaten und Finanzorganisationen Politiken der Ungleichheit und Diskriminierung durchsetzen: gegen die peripheren Gesellschaften mit abhängigen Volkswirtschaften, geringer Industrialisierung, technologischer Rückständigkeit, politischer Instabilität und Schwäche der demokratischen Institutionen.[3] Globalsierung ist „nicht in erster Linie ein wirtschaftlicher, sondern ein politischer Prozess", ein „Projekt der umfassenden ge-

1 In welchem Maße es sich um ein aktuelles Problem handelt, zeigt bereits eine Recherche im Internet: zu 'égalité' finden sich 6.650.000 Nennungen; zu 'Gleichheit' sind 2.800.000 Einträge aufgeführt.

2 Vgl. hierzu enzyklopädisch Gosepath 1999. Vgl. auch Alexy 1994, 8. Kapitel, und z.B. Nagel 1994 und Menke 2004.

3 Caldera 2001, S. 14.

sellschaftlichen Gegenreform" gegen die kooperative Internationalisierung, die nach dem Zweiten Weltkrieg eine Chance hatte.[4]

Die Globalisierung macht die Welt weder reicher, noch gleicher, noch freier. Sie verstärkt vielmehr die bestehende Ungleichheit; global ist das Phänomen der sich vertiefenden Kluft zwischen Armut und Reichtum. Die Einkünfte der reichsten 50 Millionen Menschen (1% der Weltbevölkerung) entsprechen dem gemeinsamen Einkommen der ärmsten 2,7 Milliarden Menschen.[5] Trotz der höchst unterschiedlichen Qualitäten von Armut[6] ist nicht zu vergessen, dass auch der Teil der Welt, der globalisiert, einen Teil des Preises zu zahlen hat – durch zunehmende Armut, soziale Polarisierung und politische Destabilisierung. Bis in den Kern der Demokratie gibt es Verluste an Gleichheit und Freiheit. Eine der brisanten Folge der faktischen oder behaupteten Gefährdung demokratischer Gesellschaften durch neue Formen des Konflikts um Gleichheit und Ungleichheit ist die Aushöhlung von Gleichheit und Freiheit durch das nun favorisierte 'Recht auf Sicherheit', das im 'Kampf gegen den Terrorismus' in den Vordergrund tritt.[7]

4 Huffschmidt 2001, S. 38.

5 Le Monde diplomatique. Atlas der Globalisierung, Berlin 2003, S. 50: „Ein neueres Phänomen ist die aus. geprägte räumliche Konzentration des Reichtums. Das Börsengeschehen konzentriert sich großenteils auf 21 Finanzplätze, die in den entwickelten Ländern liegen. Diese Länder, die nicht nur die Hauptfinanzplätze, sondern auch die Kommunikationsnetze und die wichtigsten Luft- und Seeverkehrswege kontrollieren, zeichnen sich auch durch die höchste Lebenserwartung und die niedrigste Kindersterblichkeit aus."

6 In der Europäischen Union wächst die soziale Ungleichheit: Es leben 68 Mio. Menschen, d.h. jeder siebte EU-Bürger, unterhalb der Schwelle des Armutsrisikos.

7 Kofi Annan hat in seinem Bericht „In größerer Freiheit: Auf dem Weg zu Entwicklung, Sicherheit und Menschenrechten für alle" (UN-Dok. A/59/2005 (2005) unter dem Titel "Freiheit, in Würde zu leben" festgestellt: „Menschenrechte sind für Arm und Reich von gleichermaßen grundlegender Bedeutung, und ihr Schutz ist für die Sicherheit und Prosperität der entwickelten Länder ebenso wichtig wie für die der Entwicklungsländer. Es wäre falsch, die Menschenrechte so behandeln, als müßten sie gegen andere Ziele wie Sicherheit oder Entwicklung aufgewogen werden. Wir schwächen unsere eigene Position, wenn wir bei der Bekämpfung der Schrecken der extremen Armut oder des Terrorismus den Menschen eben die Menschenrechte vorenthalten, die ihnen auch durch diese Geißeln geraubt werden. Strategien, die auf dem Schutz der Menschenrechte aufbauen, sind sowohl für unser moralisches Ansehen als auch für die praktische Wirksamkeit unseres Handelns von entscheidender Bedeutung. (Zit. nach MRM - *MenschenRechtsMagazin* Heft 2/2005, S. 178)
Zur unangemessenen Enge des Begriffs 'Recht auf Sicherheit' schreibt Bielefeldt 2004, S. 13 f.: Wenn der Staat „die Aufgabe hat, die Rechte auf Leben, auf freie Meinungsäusserung, auf Eigentum, auf Koalitionsfreiheit usw. zu sichern, erscheint es kaum plausibel, zusätzlich noch ein eigenes 'Recht auf Sicherheit' anzusetzen. Die

Die Globalisierung des kapitalistischen Marktes drängt auf eine Form der Demokratie, die kein Ort der Gleichheit mehr ist. Wenn die 'freie Marktwirtschaft' wie in der neoliberalistischen Doktrin als Grundlage der Demokratie verstanden wird, dann ist auch das Verständnis von Gleichheit, Gerechtigkeit und Freiheit unter das Modell des 'freien Marktes' subsumiert; es entspricht nicht mehr der Demokratie als Rechts- und Sozialstaat. Die Beziehungen zwischen den 'freien Bürgern' scheinen im ökonomischen Modell eines Vertrages zu wechselseitigem Nutzen hinreichend beschrieben zu sein. Unter solchen Bedingungen – so scheint es – ist der Souverän der Demokratie dazu verdammt, der ohnmächtige Zuschauer des Anwachsens von Ungleichheit, Ungerechtigkeit und Unfreiheit zu sein.[8]

Ist dies so? Auf diese Frage wird so lange keine Antwort zu finden sein, wie abstrakt von *der* Demokratie und *der* Gleichheit die Rede ist. Gibt es nicht global werdende soziale und politische Bewegungen, die Widerstand im Interesse einer bestimmten Demokratie und einer bestimmten Gleichheit leisten? Gehört es nicht zu den Aufgaben des Philosophen, auch *theoretisch* zu diesem Widerstand beizutragen? Deshalb plädiere ich im Sinne Kants für eine *Kritik der Demokratie* und für eine *Kritik der Gleichheit*, also dafür, das Feld von Demokratie und Gleichheit auszumessen und nach den Bedingungen ihrer Möglichkeit zu fragen. Meine These ist diese: Gleichheit und Demokratie stellen wechselseitig die Bedingung ihrer Möglichkeit dar. Der humane Anspruch auf Gleichheit ist der Grund der Demokratie, und die Demokratie muss die Sicherung der Gleichheit leisten. Dass sie dies *de facto* nur eingeschränkt leistet, kann nicht bedeuten, dass man darauf verzichtet, sich dieser Aufgabe zu stellen.

2. Kritik der Demokratie und der Gleichheit

2.1 Gleichheit

Die Gleichheit kann über das Prinzip formuliert werden, dass Menschen als Menschen und unabhängig von allen zufälligen Formen ihrer Existenz *Selbstzweck* sind. Gleichheit bedeutet, nicht von Dritten als Mittel missbraucht zu werden. Gleichheit ist in diesem Sinne die verwirklichte Gleichberechtigung der Selbstzwecke.

Nicht zufällig verwenden wir das Wort 'Gleich*berechtigung'*, dessen rechtlicher Sinn vielen nicht mehr bewusst ist. Ebensowenig zufällig ist die universale Verbreitung des Rechts als Form, in der sich Menschen selbst vergesellschaften:

Schutzfunktion des Staates bezieht sich auf sämtliche Rechte und steht nicht als separater Rechtsanspruch neben diesen." Dass in Deutschland selbst das Folterverbot nicht mehr selbstverständlich ist, belegt z.B. Brugger 2004.

8 Zum Problemfeld Globalisierung und Demokratie vgl. Brunkhorst/Kettner 2000.

Die Rechtsform steht im Dienste der Gleichheit und der Freiheit. Schließlich ist jene Form nicht zufällig, auf die Menschen ihre Hoffnung setzen, wenn sie sich unter Bedingungen der Gerechtigkeit vergesellschaften wollen; ich spreche von der Form der Selbstorganisation, die es in einem ganz bestimmten Sinne verdient, 'Demokratie' genannt zu werden. Was ist dieser bestimmte Sinn? Unsere Individualität entwickelt sich im Zusammenleben in der Gesellschaft. Menschen wählen für die wechselseitige Gewährung von Gleichheit, Gerechtigkeit und Freiheit die Form des Rechts, weil das Recht den möglichen Krieg der Interessen bändigt und die friedliche Koexistenz der Selbstzwecke ermöglicht. Menschen wählen eine bestimmte Form des Rechts, weil das Recht, das auch in der Demokratie der Staat verwaltet, immer in Gefahr ist, von illegitimer Gewalt missbraucht zu werden.[9] Diese bestimmte Form des Rechts, von der ich spreche, gründet weder in der Stärke des Stärkeren, noch in den Opportunitäten eines 'freien Spiels der Kräfte'. Das Recht gründet vielmehr in einer Hierarchie von Prinzipien. Diese Prinzipien sind nicht stabil, sondern dynamisch.

In der geschichtlichen Verwirklichung unserer selbst als Selbstzweck *entwickeln* wir das Recht, nicht zuletzt durch autonome soziale Bewegungen. Die Dynamik der Prinzipien zeigt sich in der geschichtlichen Ausdifferenzierung des *Gleichheitssatzes als Menschenrecht*: Der normative Begriff der Gleichheit umfasst heute das Verbot der faktischen sozialen Ungleichheit, der Diskriminierung der Frauen, der Diskriminierung von Ausländern und die Gebote der Gleichbehandlung, Chancengleichheit und Gleichverteilung, die materielle Gleichheit, das Willkürverbot, das Verbot verfassungswidriger Differenzierung, die Gleichbehandlung durch die Gesetzgebung sowie Differenzierungsziele, Differenzierungskriterien und Differenzierungsgebote.[10] Ein Beispiel für diese Komplexität ist der Vertrag über eine Verfassung für Europa vom Oktober 2004.

Dieser Vertrag ist umstritten; der Schutz vor sozialer und ökonomischer Ungleichheit ist in ihm in der Tat vernachlässigt; der Vertrag ist nicht auf dem Niveau des *Internationalen Paktes über wirtschaftliche, soziale und kulturelle Rechte* von 1966.[11] Und doch ist er wegen der in ihn eingeschriebenen Hierarchie von Prinzipien und deren dynamischer Fassung nicht zu unterschätzen. Weder die Grundungsverträge der EU noch das ihnen folgende primäre und sekundäre Gemeinschaftsrecht haben eine Grundrechtskatalog enthalten, und der Grundrechtsschutz in der EU ist bisher weitestgehend Richterrecht.

In der Präambel des Verfassungsvertrags werden „die unverletzlichen und unveräusserlichen Rechte des Menschen sowie Freiheit, Demokratie, Gleichheit und Rechtsstaatlichkeit als universelle Werte" hervorgehoben; Art. I-2 präzisiert:

9 Vgl. hierzu O. Höffes *Grundzüge einer Rechtsanthropologie* (Höffe 1994).

10 Cf. hierzu AK-GG Stein, 2. Aufl., Art. 3, Rz 13-16.

11 Zur Abwägung von Schwächen und Stärken des Vertrages s. Manhart/Maurer 2005.

> Die Werte, auf die sich die Union gründet, sind die Achtung der Menschenwürde, Freiheit, Demokratie, Gleichheit, Rechtsstaatlichkeit und die Wahrung der Menschenrechte einschließlich der Rechte der Personen, die Minderheiten angehören. Diese Werte sind allen Mitgliedstaaten in einer Gesellschaft gemeinsam, die sich durch Pluralismus, Nichtdiskriminierung, Toleranz, Gerechtigkeit, Solidarität und die Gleichheit von Frauen und Männern auszeichnet.[12]

Dies ist nicht wenig. Im Vertrag geht hier nicht um eine empirische Bestandsaufnahme, sondern um das, was *gesollt* ist; es geht um die Achtung der „Vielfalt der Kulturen, Religionen und Sprachen" (Art. II-82) und um die „Gleichheit von Frauen und Männern" (Art. II-83), kurz: um *Normen*, deren Verwirklichung in Europa zu fordern ist, nicht zuletzt um die Nichtdiskriminierung, zu der es in Art. II-81 heisst:

> Diskriminierungen insbesondere wegen des Geschlechts, der Rasse, der Hautfarbe, der ethnischen oder sozialen Herkunft, der genetischen Merkmale, der Sprache, der Religion oder der Weltanschauung, der politischen oder sonstigen Anschauung, der Zugehörigkeit zu einer nationalen Minderheit, des Vermögens, der Geburt, einer Behinderung, des Alters oder der sexuellen Ausrichtung sind verboten.

Warum sage ich, dies sei nicht wenig? Bereits ein kurzer Rückblick in die Entwicklung der drei Generationen der Grundrechte und Menschenrechte seit der *Bill of Rights* von Virginia 1776 und der *Déclaration des droits de l'homme et du citoyen* von 1789 über die *Charta der Vereinten Nationen* 1945[13] und die *Universelle Erklärung der Menschenrechte* 1948[14] bis hin zum *Internationaler Pakt ü-*

[12] Die Präambel zur 'Charta der Grundrechte' verweist auf die „unteilbaren und universellen Werte der Würde des Menschen, der Freiheit, der Gleichheit und der Solidarität" und die „Grundsätze der Demokratie und der Rechtsstaatlichkeit".

[13] „We the people of the United Nations determined to save succeeding generations from the scourge of war, which twice in our lifetime has brought untold sorrow to mankind, and to reaffirm faith in fundamental human rights, in the dignity and worth of the human person, in the equal rights of men and women and of nations large and small, and to establish conditions under which justice and respect for the obligations arising from treaties and other sources of international law can be maintained, and to promote social progress and better standards of life in larger freedom [...]".

[14] „WHEREAS recognition of the inherent dignity and of the equal and inalienable rights of all members of the human family is the foundation of freedom, justice and peace in the world, WHEREAS disregard and contempt for human rights have resulted in barbarous acts which have outraged the conscience of mankind, and the advent of a world in which human beings shall enjoy freedom of speech and belief and

ber bürgerliche und politische Rechte und zum *Internationaler Pakt über wirtschaftliche, soziale und kulturelle Rechte* von 1966 – nicht zu vergessen das *Internationale Übereinkommen zur Beseitigung jeder Form von Rassendiskriminierung* (1966) und das *Übereinkommen zur Beseitigung jeder Form von Diskriminierung der Frau* (1979) – zeigt Fortschritt an. Die *Déclaration* von 1789 – Art. 1 „Die Menschen werden frei und gleich an Rechten geboren und bleiben es. Unterschiede önnen nur auf dem gemeinsamen Nutzen gegründet sein." – hat in ihrer naturrechtlichen Gestalt noch wenig an komplexer menschenrechtlicher Fundierung und normativer Kraft erkennen lassen. Der Fortschritt besteht (i) in der erst im 20. Jahrhundert im Rechtssystem erreichten normativen *Vernetzung* von Gleichheit, Freiheit und Demokratie[15]; er gründet (ii) in der Positivierung der Rechte im internationalen Recht; und (iii) drückt er sich aus in der heute unverzichtbaren, in der Präambel des *Internationalen Pakts über bürgerliche und politische Rechte* (1966) formulierten Forderung nach gerechten gesellschaftlichen Verhältnissen, also in der Erkenntnis,

> dass nach der Allgemeinen Erklärung der Menschenrechte das Ideal vom freien Menschen, der bürgerliche und politische Freiheit genießt und frei von Furcht und Not lebt, nur verwirklicht werden kann, *wenn Verhältnisse geschaffen werden, in denen jeder seine bürgerlichen und politischen Rechte ebenso wie seine wirtschaftlichen, sozialen und kulturellen Rechte genießen kann.*[16]

Damit stehen zwei Fragen auf der Tagesordnung, die nicht mehr abzuweisen sind. Die erste lautet: Wie kann zugleich mit den Freiheits- und Gleichheitsrechten auch soziale Sicherheit garantiert werden? Die zweite, nicht weniger wichtige, lautet: Wie kann schutzwürdige Ungleichheit – etwa von Jungen und Alten, Frauen und Männern, Gesunden und Kranken – im Rahmen von Gleichheit ge-

freedom from fear and want has been proclaimed as the highest aspiration of the common people, WHEREAS it is essential, if man is not to be compelled to have recourse, as a last resort, to rebellion against tyranny and oppression, that human rights should be protected by the rule of law [...]".

15 Vgl. Art. 29 der *Charta der Vereinten Nationen*: „In the exercise of his rights and freedoms, everyone shall be subject only to such limitations as are determined by law solely for the purpose of securing due recognition and respect for the rights and freedoms and others and of meeting the just requirements of morality, public order and the general welfare in a democratic society." Zur Verbindung von „effektiver politischer Demokratie" und „Menschenrechten" vgl. auch die europäische *Konvention zum Schutze der Menschenrechte und Grundfreiheiten* (1950).

16 Kursiverierung von mir.

schützt werden?[17] Und die Antwort? Zunächst einmal muss zwischen drei Klassen von Ungleichheit unterschieden werden: (i) von Dritten zu verantwortende Ungleichheit, die Individuen aufgezwungen wird; (ii) selbstverantwortete gewollte Ungleichheit und (iii) die 'natürliche' Ungleichheit, die niemand zu verantworten hat. Die reale Ungleichheit[18] kann heute sowohl in ihren schutzwürdigen Formen (ii) und (iii) als auch in ihrer nicht akzeptablen Form (i) im Horizont von Rechtsnormen gesehen werden, in denen individuelle Rechte, die persönliche Freiheiten garantieren, politische Rechte der Beteiligung an und Ausübung von politischer Macht und soziale Rechte der Teilhabe am sozialen und kulturellen Reichtum der Gesellschaft nicht mehr im Widerspruch zueinander stehen.

Dies ist eine Antwort, zu der radikale egalitaristische Konzeptionen von Gleichheit nicht fähig sind.[19] Sie vergessen, dass Menschen nicht *in jeder Hinsicht gleich* sind und dass Ungleichheit nicht *per se* negativ ist. In jeder Aussage über die Gleichheit der Menschen ist die Verschiedenheit des Verglichenen vorausgesetzt.[20] Die Ungleichheit der Gleichen ist dann zu respektieren, wenn sie den Selbstzweck und die Autonomie von Menschen begründet und deshalb vor dem Zwang zur Angleichung und Uniformität bewahrt werden muss.[21] Plädiert man für Gleichheit, dann gründet das Plädoyer vernünftigerweise nicht in der Behauptung, dass alle gleich *sind*, sondern in der Forderung, dass alle in bestimmten Hinsichten gleich *sein können sollen*, d.h. auf die Forderung nach der gleichen universellen Achtung. Gemeint ist damit, dass Menschen *als Gleiche* zu behandeln sind; nicht gemeint ist, alle Menschen seien *genau gleich* zu behandeln. Dieser Grundsatz ist nicht zuletzt in transkultureller Perspektive wichtig. Die Gleichheit hinsichtlich politischer und sozialer Rechte muss so mit der Verschiedenheit von Lebenssituationen, Lebensformen und Lebensentwürfen harmonisiert werden, dass eine *Gleichheit der Möglichkeiten* der Menschen erreicht wird, ihr Leben in *Freiheit* zu führen.

17 Vgl. zu dieser Frage Alexy 1994, S. 359 ff.

18 Cf. Sen, 1992; Scanlon 1996.

19 Zu einer moderaten moralisch begründeten egalitaristischen Position cf. Nagel 1994, p. 91 ff.

20 Zu 'Gleichheit/Ungleichheit' vgl. Gosepath 1999; Arneson 1993. Zur Gleichheitsaussage als wertendem Vergleich vgl. Dürig in Maunz/Dürig, Komm. z. GG, Art. 3, Abs. 1.

21 Vgl. mit Bezug zur Geschlechterfrage Gerhard 1990.

3. Die Hierarchie der Prinzipien: Menschliche Würde, Gleichheit und Demokratie

Das Recht und die Demokratie gründen in einer Hierarchie von Prinzipien, deren Basis nicht Gleichheit, sondern die *menschliche Würde*[22] als die letzte Grundlage von Ansprüchen ist. „Würde ist *Bedingung der Demokratie* und daher ihrer Verfügung entzogen."[23] Von den Bürgern als Normadressaten ist die Zustimmung zu einer gesellschaftlichen und staatlichen Ordnung nur unter den Bedingungen zu erwarten, dass die Rechts- und Staatsordnung bestimmte minimale Garantien der Würde gewährt: (i) die Sicherheit des Lebens und die Freiheit von Existenzangst; (ii) Geschlecht, Rasse, Sprache, soziale Herkunft, sind als nicht verantwortbare tatsächliche Ungleichheit kein Grund zu normativer Ungleichheit; (iii) das selbstverantwortliche Individuum kann im Rahmen der Grundrechte der freien Entfaltung der Persönlichkeit, der Gleichbehandlung verschiedener Glaubensüberzeugungen und religiöser und politischer Anschauungen, der Gewissens- und Religionsfreiheit und anderer Grundrechte frei handeln; (iv) der Rechtsstaat schützt vor willkürlicher Gewaltanwendung; (v) die Grundrechte auf Leben und körperliche Unversehrtheit werden geachtet.[24]

Dies sind die minimalen Bedingungen der Möglichkeit von Demokratie. Die Grundrechte und die Prinzipien des Rechtsstaats drücken aus, dass sich eine Gemeinschaft von Freien und Gleichen selbst konstituiert.[25] Der heute zu beobachtende schleichende Prozess der Preisgabe der Grundrechte geht einher mit der Privatisierung des öffentlichen Raumes der Demokratie und des Abschieds vom Rechts- und Sozialstaat, der vom Neoliberalismus ökonomisch und vom Konservatismus politisch betrieben wird. Damit verschwindet der öffentliche Raum, in dem im Medium des Rechts über Ansprüche auf Gleichheit verhandelt werden kann.

Die im Menschenrecht auf Würde fundierten Grundrechte der Gleichheit, der Freiheit und der Partizipation sind das Fundament der Demokratie[26] (Hierarchie der Prinzipien). Sie binden die staatliche Gewalt und schränken zugleich Entscheidungen im demokratischen Prozess dadurch ein, dass sie auch für Mehrheiten nicht zur Disposition stehen[27], denn die aus den Menschenrechten abgeleiteten Grundrechte sind unveräusserbar. Darüber hinaus verpflichtet „der Anspruch auf menschenrechtliche Richtigkeit den Verfassungsgeber und die Verfassungs-

[22] Vgl. Bayertz 1995, 1999.

[23] AK-GG Podlech, 2. Aufl., Art. 1, Abs. 1, Rz 16.

[24] Ebd., Rz. 18-22.

[25] Vgl. Habermas 1994, S. 464.

[26] Vgl. Lambrecht 1999.

[27] Vgl. Art. 19 (2) GG: „In keinem Falle darf ein Grundrecht in seinem Wesensgehalt angetastet werden."

interpreten zur dauernden Suche nach der besten Menschenrechtskonzeption" (Dynamik).

Die Entwicklung der Menschenrechte und Grundrechte und die Entwicklung der Demokratie bilden der Idee nach eine unauflösbare Einheit. Im internationalen Recht der Menschenrechte ist der *Zusammenhang* politischer, sozialer, ökonomischer und kultureller Rechte positiviert worden. Die Normenkataloge seit 1945 zeigen, dass (i) die Menschenrechte nicht als bereits verwirklicht und als sicher gegen Verstöße gelten können und deshalb auf ihre Positivierung durch zwingendes staatliches bzw. internationales Recht angewiesen sind, dass (ii) die Menschenrechte nicht bloße Ideale sind, sondern verrechtlichte Formen moralischer Gesetze, und dass es sich (iii) bei ihnen nicht um Maximalansprüche handelt, sondern um Mindestbedingungen für jenes bestimmte Zusammen-Leben, das ein Leben in Würde ist. Der Schutz der Grundrechte charakterisiert in einer Demokratie, die diesen Namen verdient, eine Rechtskultur[28], in der die Verfassung ihre Geltung und Wirkung in allen Bereichen des gesellschaftlichen Lebens entfaltet, d.h. als Prinzip nicht nur des Rechtsstaats, sondern auch des Sozialstaats.[29] Dies bedeutet: Die Bürger sind in der Demokratie nicht nur formal 'vor dem Gesetz' gleich, sondern haben aufgrund der Hierarchie der Prinzipien des Systems der Normen auch Anspruch auf den Schutz vor sozialer Ungleichheit. Aus dem Demokratieprinzip folgt „unmittelbar das Gebot der Demokratisierung aller Gesellschaftsbereiche, in denen es Macht und damit die Möglichkeit ihres Missbrauchs zur Unterdrückung gibt".[30]

Die Demokratie geht nicht etwa in dem Sinne von Würde, Gleichheit und Freiheit aus, als wären diese Prinzipien faktisch *gegeben*[31], sondern sie geht normativ von dem aus, wo sie *ankommen* will. Sie ist Weg zu jener Gleichheit, ohne die – so Kant – „keine Freiheit von Jedermann Statt haben würde".[32] Die eigentliche Probe, welche die Demokratie zu bestehen hat, ist der Schutz der Ungleichheit der Gleichen. Auch die Demokratie kann totalitär sein. Der Rechtsstaat soll jedoch nicht uniformieren, sondern aus Achtung vor der Ungleichheit

28 Vgl. Mohr 1997, 2005.

29 Zur Entwicklung von Rechtsstaatlichkeit und Sozialstaatlichkeit vgl. Goldschmidt 1999. „Die sozialen Widersprüche der rein kapitalistischen Entwicklungsdynamik mussten dann freilich – in einer gewissen Spannung zur rein-formalen Rechtsstaatlichkeit – durch ein eher material orientiertes Prinzip der Sozialstaatlichkeit in Grenzen gehalten werden. Rechtsstaatlichkeit und Sozialstaatlichkeit bildeten zusammen ein zwar konfligierendes, aber faktisch vielfach doch gesellschaftlich integrierendes Moment". (Ebd., S. 1528)

30 AK-GG-Stein 2. Aufl. Art. 20 Abs. 1-3 II Rz. 48. Vgl. hierzu auch Abendroth 1972.

31 Zu den Legitimationsproblemen der Demokratie unter den Bedingungen der Globalisierung vgl. Goldschmidt 1999.

32 Kant, AA VIII, S. 429.

der Differenz und dem Dissens Form geben. Unter den Bedingungen pluralistischer Gesellschaften gründet die Demokratie „über die staatlichen Institutionen hinaus“ in einer „Reihe weiterer zivil-gesellschaftlicher Akteure und Institutionen [...], so dass sie präziser als ein *pluralistisches gesellschaftlich-politisches System* bezeichnet werden muss. Die Existenz von mehreren, politisch (programmatisch und personell) konkurrierenden Parteien, von gesellschaftlichen Vereinigungen bzw. Organisationen mit Interessens- oder Weltanschauungscharakter etc., freie ad-hoc-Vereinigungen (Bürgerinitiativen), ein vielfältiges, unabhängiges Presse- und Medienwesen, kurz: eine liberal-demokratisch strukturierte *Öffentlichkeit* ist wesentliche gesellschaftliche Bedingung ihres Funktionierens.“ [33]

Die Demokratie ist nicht die Organisation der idealen Gesellschaft und sie wird es nicht sein. Die Demokratie entstammt der Einsicht, dass Menschen zur idealen Gesellschaft, von der sie träumen, nicht fähig sind. Sie ist das Ende der Selbsttäuschung der Menschen über die Realisierbarkeit abstrakter utopischer Ideale und verhindert den Terror im Namen des Ideals. Demokratie ist eine Herrschaft, welche die Mängel der Herrscher – begrenzte Urteilskraft, begrenzte Handlungsfähigkeit, begrenzte Verantwortung und Zurechenbarkeit – ausgleicht. Die Demokratie baut die Brücken über die Abgründe des „rechtlich geordneten Egoismus“[34] hin zu Solidarität und zu einem Konsens, der das Recht auf Verschiedenheit und die Achtung des Dissenses nicht unter sich begräbt. Die Demokratie muss sich vielmehr in der Achtung gewollter Ungleichheit, im Respekt vor der Differenz, in der Anerkennung eines Pluralismus, der durch das Recht geordnet wird, als Ort fairer Verfahren und gerechten Rechts bewähren.[35]

Der Pluralismus muss an eine Ordnung der Gleichheit und Freiheit akkulturiert werden. Weil die heute in ihrer Geltung akzeptierten Normen von Moral und Recht ihre Ordnungsfunktion verlören, sobald ‘Menschenwürde’, ‘Gleichheit’ und ‘Freiheit’ durch private Weltbilder interpretiert würden, verlangt die Demokratie nach formalen, den einzelnen Weltverständnissen, Überzeugungen und Moralen gegenüber neutralen Prinzipien. In der Demokratie hat weder *das eine Ideal* noch *die eine Wahrheit* ein Privileg. Ich kenne keine Prinzipien, die dem besser entsprächen, als die positivierten Menschenrechte, deren Universalität das Ergebnis von Aushandlung und Kompromiss ist; sie sind die Grundlage einer globalen gerechten, als legitimiert anerkannten Ordnung, einer neuen Welt-Innenpolitik. Als Recht erfüllen die Menschenrechte unter den Bedingungen des Pluralismus der Interessen, der Einstellungen, der Überzeugungen, der Wahrheiten und der Werte zum einen die Funktion, die subjektiven privaten Freiheiten in einer Ordnung zu bewahren, deren moralische Grundlagen die Chance auf Ak-

[33] Goldschmidt 1999, S. 1531.

[34] Habermas 1994, S. 51.

[35] Vgl. Bobbio 1988, S. 8 f.

zeptanz haben; zum anderen verschieben sie – wie Habermas für das moderne Recht insgesamt feststellt – „die normativen Zumutungen vom moralisch entlasteten Einzelnen auf die Gesetze, die die Kompatibilität der Handlungsfreiheiten sichern".[36] Habermas erläutert: „Das Rechtssystem entzieht den Rechtspersonen in ihrer Adressatenrolle die Definitionsmacht für die Kriterien der Beurteilung von Recht und Unrecht. Unter dem Gesichtspunkt der Komplementarität von Recht und Moral bedeuten das parlamentarische Gesetzgebungsverfahren, die gerichtlich institutionalisierte Entscheidungspraxis und die professionelle Arbeit einer Rechtsdogmatik, die Regeln präzisiert und Entscheidungen systematisiert, für den Einzelnen eine Entlastung von den kognitiven Bürden der eigenen moralischen Urteilsbildung."[37] Und schließlich sind es die Menschenrechte, die die Verlängerung des Skandals erzwungener sozialer und ökonomischer Ungleichheit durch 'Egalisierung des Mangels' verhindern können.[38] Aus allen diesen Gründen steht die philosophische und juristische Aufklärung über das Recht und über die Menschenrechte[39] auf der Tagesordnung, damit sich die Bürger nicht nur als Adressaten, sondern zugleich als Autoren des Rechts verstehen lernen; und deshalb ist Menschenrechtserziehung als Vermittlung der Fähigkeit, die Rechte der Gleichen zu achten und Rechte als Gleiche einzuklagen, so wichtig.

4. Toleranz und Solidarität

Die pluralistische Demokratie, also das rechtlich geregelte Zusammenleben der Ungleichen und die Koexistenz der Differenzen, erfordert Toleranz. Toleranz bedeutet nicht die bloße Duldung des Andersseins des Anderen, sondern die Anerkennung des Menschen in seiner Verschiedenheit. Toleranz entsteht mit der Einsicht, dass es zu meinen Wünschen, Überzeugungen und Einstellungen gleichwertige Alternativen gibt. Sie führt – so M. Walzer – zur „Zivilisierung der Differenz".[40] Demgegenüber ist es von der Kritik, Toleranz sei im politischen Pluralismus repressiv, nicht weit zum „Plädoyer für eine Politik der selektiven Intoleranz [...]. Wer die Toleranz nur dort gelten lassen will, wo es um die Erweiterung von Freiheit in seinem Sinne geht, endet notgedrungen bei der Rechtfertigung der Intoleranz."[41]

[36] Habermas 1994, S. 110.
[37] Ebd., S. 147.
[38] Zu den epistemologischen Prämissen meiner Konzeption vgl. Sandkühler 1999, 2002, 2003, 2004.
[39] Vgl. zu den Menschenrechten unter den Bedingungen der Globalisierung Klein 2005.
[40] Vgl. Walzer 1998b.
[41] Kaufmann 1994, S. 49, zitiert aus der Kritik K. Sontheimers an H. Marcuse.

Die Toleranz ist die eine Schwester des Rechts; der Name der anderen ist 'Solidarität'. Spricht man vom Recht der Menschenrechte, dann umfasst dies mehr als nur formale Verrechtlichung. Der Neoliberalismus propagiert eine Gesellschaft ohne Solidarität mit den Schwächeren; wer für den Rechtsstaat plädiert, hat sich zugleich für das Prinzip kollektiver Solidarität entschieden, das die entwickelten reichen Gesellschaften zur Solidarität mit armen Gesellschaften verpflichtet.[42] Auch innerhalb einzelner Gesellschaft wird Solidarität als Widerstand gegen den Ausschluss von Menschen in dem Maße immer notwendiger, wie die Globalisierung des Weltmarkts und der Krise des Wohlfahrtstaats dazu führen, Funktionen des Sozialstaats nach ökonomischen Kriterien zu privatisieren. Solidarität ist jene politische und moralische Kompetenz der Bürger, auf deren Grundlage die Demokratie verteidigt werden kann – eine Demokratie auf dem Wege zu Gleichheit durch Gerechtigkeit. So erst kann die Demokratie die Selbstherrschaft derer sein, die als Gleiche Zweck ihrer selbst sind.[43]

Literatur

Abendroth, W., ²1972, Antagonistische Gesellschaft und politische Demokratie, Neuwied/ Berlin.

AK-GG, Kommentar zum Grundgesetz für die Bundesrepublik Deutschland. Bd. 1, Art. 1-37. Bearbeitet von R. Bäumlin et al., 2. Auflage, Neuwied 1989.

Alexy, R., 1997, Grundrechte im demokratischen Verfassungsstaat. In: A. Aarnio/ R. Alexy/ G. Bergholtz (Hg.), Justice, Morality and Society, Lund.

– , 1999, Art. „Grundrechte". In: H.J. Sandkühler (Hg.), Enzyklopädie Philosophie, 2 Bde., Hamburg, Bd. 1, S. 501-506.

– , ³1996, Theorie der Grundrechte, Frankfurt/M.

Arendt, H., 1985 [1982], Das Urteilen. Texte zu Kants politischer Philosophie. Hg. und mit einem Essay von Ronald Beiner, München/ Zürich.

Arneson, R. 1993, Equality. In: R. Goodin/ P. Pettit (Hg.), A Companion to Contemporary Political Philosophy, Oxford.

Bayertz, K. (Hg.), 1998, Solidarität. Begriff und Problem, Frankfurt/M.

– , 1995, Die Idee der Menschenwürde: Probleme und Paradoxien. In: Archiv f. Rechts- und Sozialphilosophie 81, H. 4.

– , 1999, Art. „Menschenwürde". In: H.J. Sandkühler (Hg.), Enzyklopädie Philosophie, Bd. 1, Hamburg.

Bielefeldt, H., 2004, Freiheit und Sicherheit im demokratischen Rechtsstaat, Berlin [Deutsches Institut für Menschenrechte].

Bobbio, N., 1988, Die Zukunft der Demokratie, Berlin.

42 Vgl. Denninger 1998, S. 335 f.

43 Vgl. hierzu ausführlich Sandkühler 2006.

Brugger, W., 2004, Freiheit und Sicherheit. Eine staatstheoretische Skizze mit praktischen Beispielen, Baden-Baden.

Brunkhorst, H./ M. Kettner (Hg.), 2000, Globalisierung und Demokratie. Wirtschaft, Recht, Medien, Frankfurt/M.

Caldera, A.S., 2001, Politik und Globalisierung. In: Fornet-Betancourt/Sandkühler (Hg.) 2001.

Denninger, E., 1998, Verfassungsrecht und Solidarität. In: Bayertz (Hg.) 1998.

Dworkin, R., 1981a, What is Equality? Part 1: Equality of Welfare. Part 2: Equality of Resources. In: Philosophy and Public Affairs 10.

Fornet-Betancourt, R./ H.J. Sandkühler (Hg.), 2001, Begründungen und Wirkungen von Menschenrechten im Kontext der Globalisierung, Frankfurt a.M./ London.

Gerhard, U., 1990, Gleichheit ohne Angleichung,

Goldschmidt, W. (Hg.), 1998, Kulturen des Rechts. Dialektik 3/1998, Hamburg.

– , 1999, Art. „Staat/Staatsformen". In: H.J. Sandkühler (Hg.), Enzyklopädie Philosophie, Bd. 2, Hamburg.

Gosepath, S., 1999, Art. „Gleichheit/Ungleichheit". In: H.J. Sandkühler (Hg.), Enzyklopädie Philosophie, 2 Bde., Hamburg, Bd. 1.

Habermas, J., ^{4}1994, Faktizität und Geltung, Frankfurt/M.

Höffe, O., 1994, Grundzüge einer Rechtsanthropologie. In: Naturrecht, Menschenrecht und politische Gerechtigkeit, hg. v. W. Goldschmidt/ L. Zechlin, Hamburg.

Huffschmidt, J., 2001, Globalisierung als politisches Projekt der Gegenreform. In: Fornet-Betancourt/Sandkühler (Hg.) 2001.

Kant's gesammelte Schriften. Hg. v. der Königlich Preußischen Akademie der Wissenschaften, Berlin 1900-1955, 1966 ff. [AA]

Kaufmann, A., 1994, Die Idee der Toleranz in rechtsphilosophischer Sicht. In: Naturrecht, Menschenrecht und politische Gerechtigkeit, hg. v. W. Goldschmidt/ L. Zechlin, Hamburg.

Klein, E., 2005, Menschenrechte im Spiegel der Globalisierung. In: MenschenRechtsMagazin, 10. Jg., H. 2.

L'Atlas du Monde diplomatique, Paris 2003.

Lambrecht, L., 1999, Art. „Demokratie". In: H.J. Sandkühler (Hg.), Enzyklopädie Philosophie, Bd. 1, Hamburg.

Le Monde diplomatique. Atlas der Globalisierung, Berlin 2003, S. 50.

Manhart, R./ M. Maurer, 2005, EU-Verfassungsvertrag und Grundrechtscharta: Welche Auswirkungen hat die Aufnahme der Grundrechtscharta in den Verfassungsvertragauf den Grundrechtsschutz in Europa? In: MenschenRechtsMagazin, 10. Jg., H. 2.

Maunz, Th./ G. Dürig, 2004, Grundgesetz. Kommentar. Bd. I, Art. 1-5, 43. Lieferung München.

Mohr, G., 1997, Der Begriff der Rechtskultur als Grundbegriff einer pluralistischen Rechtsphilosophie. In: B. Falkenburg/S. Hauser (Hg.), Modelldenken in den Wissenschaften, Hamburg.

– , 2005, Rechtskultur. In: S. Gosepath/ W. Hinsch/ B. Rössler (Hg.), Handbuch der Politischen Philosophie und Sozialphilosophie, Berlin.

Nagel, Th., 1994 (1991), Eine Abhandlung über Gleichheit und Parteilichkeit und andere Schriften zur politischen Philosophie, Paderborn u.a.

Sandkühler, H.J., 1994, Die Krise der Urteilsfähigkeit und die Verantwortbarkeit des Handelns. In: ders. (Hg.), Freiheit, Verantwortung und Folgen in der Wissenschaft, Frankfurt a. M./ Berlin/ Bern.

–, 2002, Il diritto, lo Stato e la democrazia pluralistica. In: Filosofi tedeschi a confronto, a cura di Massimo Mori, Bologna.

–, 1999, Pluralismus, in: ders. (Hg.), Enzyklopädie Philosophie, Bd. 2, Hamburg.

–, 2002, Natur und Wissenskulturen. Sorbonne-Vorlesungen über Pluralismus und Epistemologie, Stuttgart/Weimar.

–, 2004, Pluralism, Cultures of Knowledge, Transculturality, and Fundamental Rights. In: Transculturality – Epistemology, Ethics, and Politics. Hg. v. H.J. Sandkühler und Hong-Bin Lim, Frankfurt/M. et al.

– , 2004, Sapere, Pluralismo e Diritto. In: Globalizzazione e diritti futuri. A cura di R. Finelli et al., Roma.

– , 2006, Pour une philosophie de la démocratie – La faculté de juger comme condition de l'agir et de la responsabilité? In: J. Poulain/ H.J. Sandkühler/ F. Triki (éd.), Agir et responsabilité – Savoir et pouvoir, Paris.

Scanlon, T., 1996, The Diversity of Objections to Inequality, Lawrence.

Sen, A., 1992, Inequality Reexamined, Oxford.

Walzer, M., 1998a, Sphären der Gerechtigkeit. Ein Plädoyer für Pluralität und Gleichheit, Frankfurt/M.

– , 1998b, Über Toleranz. Von der Zivilisierung der Differenz, Hamburg.

Herrschaftsverhältnisse
und wissenschaftlicher Sozialismus

Frigga Haug

Disziplin und die Reproduktion der herrschenden Klasse

Ende Februar 2005 veröffentlichte der Leiter der Eliteschule Schloss Salem (Bernhard Bueb), eine Anstalt, in welche die Reste des Adels, aber auch die besitzende Klasse ihre Kinder schicken, seine Vorstellungen von Erziehung in der *Frankfurter Allgemeinen Zeitung*. Begleitend gab es im Fernsehen Dokumentationen vom Lernen und Leben der Kinder im Schloss. Die zentrale Botschaft des FAZ-Artikels ist in einem Extrakästchen in größerer Schrift für alle sogleich kenntlich hervorgehoben: „Bildung und Glück setzen Arbeit voraus. Die Erziehung in vielen Familien und Schulen aber hat jahrzehntelang die Kinder darum gebracht, Erfahrungen des Verzichts zu machen und Einsicht in Verhältnisstandards zu gewinnen.“

Die Zeit, in der dieser Text ins allgemeine Bewusstsein geschrieben wird, ist die von Sozialreformdebatten, PISA-Folgen und Hartz IV. Die Form, in der die Aussagen gehalten sind, zielt auf Allgemeinheit. Dass es sich um äußerst privilegierte Kinder handelt, hat tatsächlich den Effekt, allgemeine Gültigkeit zu betonen: Wenn schon die Kinder der Herrschenden zu Arbeit und Verzicht angehalten werden, wie viel mehr muss dies dann für alle anderen gelten? Kurz, der Autor stimmt uns ein, um des Glückes der Kinder willen ganz allgemein einem Regime von Disziplin, Gehorsam, Arbeitsamkeit Armut und Unterwerfung unsere Zustimmung zu geben.

Wir tun Unrecht, das Ganze einfach als altbekannte „schwarze Pädagogik“ abzutun, es als Forderungen anzuprangern, um deren Überholtheit und Unwirksamkeit wir lange schon wissen. Wir müssen vielmehr damit rechnen, dass in Zeiten großer Unsicherheit in Bezug auf Bildung, Lebensweise, Arbeit und vor allem Glück neue Ziele, selbst wenn sie altbekannt scheinen, eine Auftreffstruktur finden, die ihnen auch Aussicht auf Wirkung gibt.[1] Zumindest werden Widerstandskräfte geschwächt, werden ihre Bündelung und die Herausbildung von Alternativen gestört. Prüfen wir also, was der Autor vorschlägt, und wie er es begründet.

Die zentrale Dimension ist die Disziplin. Für sie wird gestritten. Sie ist ebenso Ziel der Erziehung wie ihr Ausgangspunkt. Mit ihr wird Glück verheißen, Entfaltung, Vollkommenheit. Sie kommt in dem nur zwei lange Spalten umfassenden Text 25 mal vor. Sie ist ein Recht, eine Pflicht, ein Joker für alles Erstrebte. Das

---

1 Auf einem Treffen von Bildung und Wirtschaft beriefen sich in der Tat alle Vertreter der Wirtschaft auf diesen Artikel.

Verhältnis zur Disziplin kennzeichnet die Erziehungsstile. Im „Jahrhundert der Extreme“ (hier zitiert der Autor Hobsbawm, ohne ihn zu nennen) gab es das „exzessive Feiern“ von Disziplin – als solches begreift Bueb den NS, bzw. seine „Erziehungsanstalten“, und muss dies nicht näher begründen oder auch nur darstellen, da er sich des allgemeinen Urteils, hier habe es sich um einen „Irrweg“ gehandelt, sicher sein kann. Die Gegenfeier auf dem Gegenirrweg sei das „laissez-faire der antiautoritären Erziehung der zweiten Hälfte des Jahrhunderts“. Auch hier genügt bloßes Anspielen an die 68er, die nicht einmal genannt werden müssen, wiewohl sogleich klar ist, dass auch dieser Autor gegen die Folgen der 68er Bewegung anarbeitet. Die bloße Abstoßung von den Extremen macht, dass man es auch im zweiten Fall nicht so genau nehmen muss. Waren die 68er, in dem sie gegen Autorität waren, auch und vornehmlich gegen Disziplin?

Was ist überhaupt Disziplin, bzw. was versteht der Autor darunter, von der er (in Anleihung bei der griechischen Antike) klassisch „das rechte Maß“ zu suchen empfiehlt? – Treten wir näher heran: Disziplin sei zunächst „Recht der Jugend“; ihr Erwerb, die Disziplinierung, „die Unterwerfung [...] unter Autorität“; Disziplin sei „die ganze Wahrheit der Pädagogik“; sie stehe im dialektischen Verhältnis zur Liebe, sei nicht bloß „Strafe, Härte, Konsequenz und Einengung“, sondern auch „Tor zur Freiheit und zum Glück sowie die Voraussetzung aller Kultur“. Damit ist Disziplin nicht bloß pluripotent, sie ist zugleich den Menschen nicht eingeboren, sondern kompliziertes Produkt der Erziehung. Nur wer an sich arbeitet, wer Verzicht übt, – und das muss gelernt sein – kann seine Fähigkeiten entfalten. Bernhard Bueb würzt dies mit knapper (nicht ganz zutreffender) Erwähnung von Freud, der Kultur als „die Sublimierung gezähmter Triebe“ erkannt habe. Aber die Nennung von Freud scheint ihm die Kompetenz zu verleihen, die Menschen als triebgeleitet und also zunächst disziplinlos, dem Regime des „äußeren Zwanges“ zu unterwerfen. Das führt über „Einübung und Gewöhnung“ zur „Selbstdisziplinierung“. Es geht also darum, dass die Menschen von sich aus etwas tun, was sie ohne äußeren Anstoß nicht tun würden. „Wer jungen Menschen die Erfahrung von Verzicht und Disziplin vorenthält, hindert sie daran, ihre Höchstform als Menschen erfahren zu dürfen“; „er versündigt sich“. „Die Akzeptanz von Disziplin in einer Bildungseinrichtung ist darum oft ein Gradmesser für die Exzellenz ihrer Adepten“, spricht der Elitelehrer und wirbt zugleich für die Schule, in der herrschende Klasse reproduziert wird.

Der Autor fühlt sich auf dem Glatteis der Erinnerung an Faschismus – „So ungeschützt kann ein Deutscher nicht von Disziplin sprechen“ – bemüßigt, populistisch auf der Klaviatur des gesunden Menschenverstands zu spielen. Das beginnt mit dem Einführungsbeispiel – dem Kind Helen Keller, das im Alter von zwei Jahren taub und blind wurde und dem seine hilflosen Eltern jeden Wunsch erfüllten, sodass es „grenzenlos egoistisch und tyrannisch und aggressiv“ wurde. Der Leser lernt, was er insgeheim schon dachte, dass Wunscherfüllung ungesund ist und muss daher nicht darüber nachdenken, was der Verlust der Hauptsinne bei einem zweijährigen Kind auslöst. Einverständig kann er mit den Eltern eine strenge Erzieherin einstellen, die „in einem langwierigen, die letzten Kräfte aller Beteiligten beinahe überfordernden Erziehungsprozess die Unterwerfung dieses begabten Mädchens unter ihre Autorität durchsetzte". Sie konnte und durfte solches tun, weil „die Liebe sie legitimierte". Daher die Rede von der „Dialektik von Disziplin und Liebe". Das Extrembeispiel ist auf Verallgemeinerung aus. Alle Kinder sollen unterworfen werden, dass aus ihnen etwas wird. Die späteren Unterschiede kommen aus der unterschiedlichen Substanz – einige sind begabter als andere.

Ein Mittel, die Leser für seine Auffassungen zu gewinnen, ist ein geradezu ruchlos eingesetztes Schweigen. Zwischen NS-Erziehungsanstalten und antiautoritären 68ern scheint es überhaupt keine andere Pädagogik zu geben. Verschwunden die vielfältigen Bemühungen um eine Reformpädagogik, um eine Zusammenführung von Schule und Leben, um neue Schulmodelle und Unterrichtsformen. Die einfache Logik, ob man für oder gegen Disziplin sei, erlaubt es dem Autor, als „rechtes Maß" den Lehrer als Führer einzusetzen, dessen Härte mit Liebe grundiert sein soll.

Makarenko, marxistischer Pädagoge aus der russischen Revolution vom Anfang des vorigen Jahrhunderts wurde bekannt über seine Arbeit mit straffälligen Jugendlichen, Obdachlosen, Soldatenkindern. Eines seiner Ziele war die Disziplin. „In unserer Gesellschaft bedeutet Undiszipliniertheit, bedeutet ein undisziplinierter Mensch, dass ein Mensch gegen die Gesellschaft handelt, und einen solchen Menschen beurteilen wir nicht nur vom Standpunkt der äußeren, technischen Bequemlichkeit, sondern vom politischen und sittlichen Standpunkt aus. Eine solche Auffassung von der Disziplin muss jeder Pädagoge haben.".[2] Freilich ging es nicht darum, dass die einzelnen genug Selbstdisziplin aufbrachten, die sie zum Triebverzicht und damit zur Entfaltung ihrer je einzelnen Begabungen führte. Disziplin war ihm vielmehr eine Haltung, die die Mitglieder der Gruppe dem Kollektiv schuldeten. Umgekehrt war es die Gruppe, die diese Disziplin forderte und kontrollierte. Pünktlichkeit und Ordnung etwa, deren Einhaltung die Disziplin ermöglichte, waren notwendige Fundamente des gemeinsamen Werks, der Gestaltung ihrer Lebensbedingungen. Es gab also gemeinsame Ziele, für die sich zu streiten lohnte. Makarenko hielt die Disziplin auch für eine ästhetische Tugend.

Wie dagegen der Autor Bueb die Notwendigkeit von Disziplin ins Gesellschaftsganze einlässt, kann auf allgemeine Zustimmung durch Anrufung von Ressentiments an jedem Stammtisch rechnen. Wir lebten heute in einer Konsum- und Spaßgesellschaft; keiner wolle sich mehr anstrengen und könne dabei sogar auf allgemeinen Konsens rechnen, obwohl das durch Anstrengung erreichte Ziel

---

2 Makarenko 1978, S. 140.

mehr Glück und Anerkennung bringt, als „was einem in den Schoß fällt". Wie wunderbar war doch da die Nachkriegszeit, „eine pädagogische Glückszeit", in der „die Not den Verzicht diktierte und nicht Eltern und Lehrer Askese predigen mussten".[3] Vom Verzicht auf Wunscherfüllung geht es über den Verzicht auf Triebe zum Verzicht auf Wohlstand und Konsum. Ja, in kühnem Sprung geht es sogar um den Verzicht auf Arbeitslohn, bzw. um die Hoffnung auf Entkoppelung von Arbeit und Lohn, damit die Arbeit um ihrer selbst willen geleistet werde. Der Autor spekuliert, ob am Ende vielleicht die Arbeitslosigkeit in der Gesellschaft die pädagogisch wertvolle Rolle der Nachkriegszeit ersetzen könne, da das Fehlen von Arbeit ja lehrt, dass, sogar bloß um Arbeit zu bekommen, man sich bereits anstrengen muss. So könne Arbeit als solche also selbst ein Ziel werden, „das Glück und Freiheit beschert, wenn sie als Beruf, entsprechend der Begabung und Neigung und nicht nach Verdienstmöglichkeiten gewählt wird", „Arbeit als Königsweg zu sich selbst". Ohne Zweifel ist hier nicht von einem Job als Müllmann oder im Reinemacheteam die Rede, obwohl der Verweis auf Arbeitslosigkeit als gesellschaftliche Frage, eben dies anzudeuten scheint. Sondern wir befinden uns, zumindest was die theoretischen Anleihen betrifft, wieder am Beginn des 18. Jahrhunderts , als die „protestantische Ethik" dem schaffenden Unternehmer Sparsamkeit auferlegte, dass sein Kapital wachse. So verwandelt sich „der Mensch" des Bernhard Bueb auch explizit in ein Mitglied der herrschenden Klasse, denn „das Glück des Sohnes, der sein Erbe nur genießt, steht in geringerem Ansehen als das Glück des tüchtigen Unternehmers, der durch Anstrengung seinen Besitz erworben hat." Bueb ruft schließlich auf zu einer erneuernden „Erziehungs- und Bildungsbewegung", die mithilfe des Staates und verschärfter Gesetze hinsichtlich des Konsums von Jugendlichen nicht nur von Alkohol- und Tabakkonsum, sondern von Diskobesuch und Fernsehen – der Disziplin zum Siege verhilft.

Das Erstaunliche an diesem Plädoyer ist, dass es den Kindern der herrschenden Klasse Armut, Verzicht und Anstrengung verordnet in einer Zeit, da dies für einen großen Teil der heranwachsenden Jugend des unteren bis mittleren Teils

---

3 Eine weitere Sendung nimmt die Strategie auf, aus der Nachkriegspädagogik Nahrung für die heutige zu gewinnen. Seit Mitte Mai gibt es im Fernsehen als neue Reihe eine „Dokusoap" über die Schule vor 50 Jahren, die im Übrigen äußerst langweilig und dilettantisch den Eindruck von Askese, Strenge und Disziplin vermitteln will. Das Verfahren: Mutwillige Kinder von heute zwischen 13 und 15, die hinter Zigaretten, Cola und Süßigkeiten her sein sollen, werden in schwarze Kleidung gesteckt, alle Mädchen tragen Zöpfe und werden in Körperertüchtigung und – da es in einem Schlossinternat spielt – zum Bettenmachen usw. getrimmt. Lehrerkarikaturen strafen und schreien – das bislang ausmachbare Ziel: wir sollen vermutlich für eine etwas strengere Pädagogik des „kleineren Übels" gewonnen werden.

der Bevölkerung notgedrungene Realität wird. Die Disziplin der Oberen wird so zur Legitimationsgrundlage, dass die Unteren weniger Gehör für ihren Protest finden. Wenn Disziplin als Tugend der Herrschenden auftritt, Herrschaft also durch Unterwerfung geübt wird, scheint allgemeine Unterwerfung eher verkraftbar. Insofern arbeitet der Autor im Zeitgeist. Seine Botschaft und Anstrengung eignet sich, – entsprechend Hartz IV – der „Selbstunternehmerisierung" den Boden zu bereiten. Freilich ist die Armut der Oberen ein Schicksal des „Als-ob"; sie kommen als Touristen in diese Gegend, in der die anderen ihr gesamtes Leben verbringen. Sehnsüchtig erinnert sich Bueb: „Man pflegte in früheren Jahrhunderten in den wohlhabenden Familien die Kinder so zu erziehen, als ob sie nicht wohlhabend wären." So erweist sich gerade die Allgemeinheit der Aussagen und Vorschläge als Vehikel, das Schicksal der Vielen zu entskandalisieren. Der Autor resümiert: „Es muss wieder ein gesellschaftlicher Konsens entstehen, dass wir ein Klima der strengen Erziehung brauchen, und dass wir trotz Wohlstands Jugendliche erziehen müssen, als ob der Wohlstand für Jugendliche nicht bestünde." Der Autor schweigt zur Frage, wie eigentlich Armut und Reichtum in der Gesellschaft zustande kommen, dass, was die einen als Theater spielen, für die andere bittere bleibende Realität ist. Er kann dies tun, da er als Erziehungsziel nicht die Teilhabe an der Reproduktion der Gesellschaft anzielt, sondern die „Selbstverwirklichung" der einzelnen, was als Ziel gewiss nur für eine bestimmte Minderheit der Gesellschaftsmitglieder gilt. Dabei distanziert er sich in selbst noch von diesem Begriff, dass ihm keiner die Ziele der 1968er vorwerfe: „[...] dass Arbeit der Königsweg zu sich selbst ist, der Königsweg der Selbstverwirklichung, um die Lieblingsvokabel der ichzentrierten intellektuellen Schickeria der letzten Jahrzehnte zu verwenden".

Antonio Gramsci hat in seinen Analysen zum Fordismus u.a. die Funktion der staatlichen Kampagne (Puritanismus in den USA) für die der neuen Produktionsweise angemessene Lebensweise gezeigt. Bueb schwebt genau dieses vor: eine Wiederbelebung erzieherischer Gesetze und damit Stärkung des Staates als Erzieher. In dieser Zusammennahme von Askese, Anstrengung, Verzicht für die Herausbildung tüchtiger Unternehmer als Staatsaufgabe schreibt Bueb zugleich anachronistisch wie auch im Zeitgeist: schließlich ist die Vorstellung, die Gesellschaftsmitglieder aus dem Sozialstaat zu entlassen und eigener Verantwortung und Selbstunternehmerisierung zu empfehlen, die Weise, wie der Staat im globalisierten High-tech-Kapitalismus den Zerfall der Gesellschaften in wenige Reiche und eine Mehrzahl von Armen aufzufangen sucht. Auf der anderen Seite schwimmt Bueb auch gegen den Strom. Wie kann allgemeiner Konsumverzicht – er nennt etwa Fernsehen, Handys, Internet und PC-Spiele – zum gesellschaftlichen Konsens werden, wenn die Hoffnung von Wirtschaft und Politik auf Wachstum und also mehr Konsum gestellt sind? Der Autor verwickelt sich in ein interessantes Problem, über das zu diskutieren lohnt. Er stößt nämlich unversehens auf einen zentralen Widerspruch des gegenwärtigen Kapitalismus: Wie kann die Verallgemeinerung der Armut der Gesellschaftsmitglieder einhergehen mit einer Regulierung, die auf Konsum, also ständig steigenden Absatz setzt?

Literatur

Bueb, B., 2005, Die Schule ist kein Spaßbad. Vom Recht der Jugend auf Disziplin. In: Frankfurter Allgemeine Zeitung vom 24.2.

Gramsci, A., 1999, Gefängnishefte in zehn Bänden. Kritische Gesamtausgabe (hg. von K. Bochmann, W.F. Haug und P. Jehle), hier insbes. Band 9, Hamburg.

Makarenko, A.S., 1978, Disziplin, Ordnung, Bestrafung und Ansporn. In: Ders. Werke, Band 5, Berlin-DDR, S. 139-171

Wolfgang Fritz Haug

„Jeder für sich – Gott für alle“. Notiz über ideologische Komplementarität und die Trennung von Ökonomie und Politik

1.

In den Pariser Manuskripten von 1844 ist Marx auf eine zunächst paradox anmutende Wirkungsweise des Ideologischen gestoßen:

> Es ist dieß im Wesen der Entfremdung gegründet, daß jede Sphäre einen andern und entgegengesetzten Maßstab an mich legt, ein[en] andern die Moral, einen andern d[ie] Nationalökon[omie], weil [...] jede einen besondern Kreis der Entfremdeten Wesensthätigkeit fixirt.[1]

Geht man mit Marx davon aus, dass der ökonomischen Basis „bestimmte gesellschaftliche Bewusstseinsformen entsprechen“,[2] stellt sich hier ein theoretisches Problem: wie können diese Formen gleichermaßen der ökonomischen Struktur „entsprechen“, wenn sie nicht nur heterogene, sondern sogar einander „entgegengesetzte“ Normen vermitteln? In den *Elementen einer Theorie des Ideologischen* (ETI) habe ich diese Art der Wirkung per Gegensatz als *Komplementaritätsgesetz des Ideologischen* verallgemeinert. Die „Wirkungsmacht des Ideologischen“, heißt es dort, „baut auf einem Komplementaritätsprinzip. Die gesellschaftliche Herrschaft reproduziert sich über imaginäre Gegengesellschaften.“[3]

Marx zieht keinen derartigen Schluss. Er und Engels neigen dazu, den Gegensatz einseitig als Wirkungslosigkeit des Ideologischen abzubilden, als Blamage der Ideen, wo sie nicht mit den Interessen konform gehen. Doch am Beispiel des Staates stößt Marx darauf, dass Nonkonformität einer bestimmten Art konform gehen kann mit dem umfassenderen Interesse der herrschenden Interessen. Der „ideelle Gesamtkapitalist“ setzt sich dem unvermittelten Interesse der einzelnen Kapitalisten oder Kapitalfraktionen mit dem Imperativ der Vermittlung entgegen.

1 MEGA² I.2, S. 283.
2 MEW 13, S. 8.
3 ETI, S. 146 f.

Allerdings scheint der Kontext der eingangs zitierten Stelle für die Annahme einer Wirkungslosigkeit des Ideologischen zu sprechen. Die Marktgesetze legen nahe, heißt es dort,

> alles, was dein ist, *feil*" zu machen, sich und andere zu prostituieren oder Menschenhandel zu betreiben. Nun kommt der moralisch-ideologische Gegensatz zu Wort: „aber sieh' dich um, was Base Moral und Base Religion sagt.[4]

Auf den ersten Blick scheint dieser Widerspruch disfunktional. Allenfalls scheint es sich, was Religion und Moral betrifft, um kraftlose Ermahnungen zu handeln, „impuissance, mise en action", wie Marx und Engels über Feuerbachs moralischen Appell, der Mensch möge seinem Begriff entsprechen, urteilen.[5] „Diese Moralpredigten", spottet der alte Engels über einen Fall solcher Ermahnung der Marktakteure, „gleichen genau denen der Henne am Rande des Teichs, auf dem ihre ausgebrüteten Entchen lustig herumschwimmen."[6]

Das *Manifest* scheint in dieselbe Richtung zu zielen, wenn es behauptet, die Herrschaft der kapitalistischen Bourgeoisie habe „kein anderes Band zwischen Mensch und Mensch übriggelassen als das nackte Interesse, als die gefühllose 'bare Zahlung'", und „an die Stelle der mit religiösen und politischen Illusionen verhüllten Ausbeutung" habe sie „die offene, unverschämte, direkte, dürre Ausbeutung gesetzt".[7]

Der Entideologisierungsthese des *Manifests* widerspricht nun aber eine Fülle von Phänomenen. Nicht freilich in einfacher Umkehrung, sondern in komplementärer Koexistenz. Wie in der *Deutschen Ideologie* von Marx und Engels festgestellt, müssen sich die Partikularinteressen die Form der Allgemeinheit geben, um politische Macht zu erlangen. Diese Form aber gewinnen sie unter Klassenverhältnissen, die per definitionem 'unallgemein' sind, einzig als ideologische. Die Analysen im Anschluss an Gramscis Hegemonietheorie zeigen die Wirksamkeit der vom späten Engels als „ideologische Mächte" gefassten Institutionen Staat, Recht, Religion, Moral, Kunst[8], auch wenn die Warenästhetik sich dazwischengedrängt hat und die Massenmedien den Botschaften ihre Kodierungen aufzwingen. Dies gilt selbst noch dort, wo die klassische Form der Hegemonie, die ihren konzentrierten Ausdruck in einem politischen Projekt findet, überholt zu sein scheint durch eine dezentrierte Struktur, „in der Hegemonie aus zahllosen Splittern des Imaginären zurückstrahlt": Das Komplementaritätsprinzip des Ideo-

[4] MEGA² I.2, S. 282.
[5] MEW 3, S. 541.
[6] MEGA² I.24, S. 33; MEW 18, S. 237.
[7] MEW 4, S. 464 f.
[8] Vgl. MEW 21, S. 302.

logischen manifestiert sich hier in Gestalt der „medialen Koexistenz von Gegensätzen. Ja und Nein stehen quasi räumlich nebeneinander wie im Unbewussten."[9] Lässt die an den Phänomenen abgelesene Komplementaritätsthese sich theoretisch begründen?

2.

Auch wenn Marx den von ihm beobachteten Widerspruch zwischen dem, was der Nationalökonom, und dem, was „die Base Religion und die Base Moral" sagen, nicht weiter theoretisch ausgearbeitet hat, bietet er die Denkmittel, sie in einen umfasssenderen Erklärungszusammenhang einzubringen, als mir bei der Formulierung der ideologischen Komplementarität vor Augen stand. Sie verdanken sich vor allem seiner begrifflich klaren Einsicht in den für bürgerliche Verhältnisse konstitutiven Trennungszusammenhang von Ökonomie und Politik. Er gewinnt sie in seiner Auseinandersetzung mit Bruno Bauers Schrift *Die Judenfrage*. Dabei setzt er die Getrennten nicht als fertige Wesenheiten voraus, wobei dann etwa die Ökonomie „in den verschiedenen Produktionsweisen aus *invariablen Elmenten* quasi aristotelischer Natur" zusammengesetzt wäre", womöglich mit „*nachträglicher* Verknüpfung dieser von Natur aus autonomen Instanzen".[10] Sondern Marx stößt darauf, dass just jene Trennung und Zueinanderordnung solchen Strukturbestandteilen ihr jeweiliges Wesen zuweist, dass dieses Wesen ihnen also relational und dynamisch aus dem gegliederten Ganzen der Gesellschaft zukommt. Die Einsicht in den Konstitutionszusammenhang von Staat, Wirtschaft und Gesellschaft deutet sich in folgendem Satz an:

> Die *Constitution des politischen Staats* und die Auflösung der bürgerlichen Gesellschaft in die unabhängigen *Individuen* [...] vollzieht sich in *einem und demselben Akte.*[11]

Zur Vermeidung von Missverständnissen: Der Ausdruck „bürgerliche Gesellschaft" bezeichnet hier nicht die für den Kapitalismus spezifische „bürgerliche Gesellschaft als solche", von der es in der *Deutschen Ideologie* heißt, dass sie sich „erst mit der Bourgeoisie" entwickelt; sondern er meint noch unspezifisch jede „unmittelbar aus der Produktion und dem Verkehr sich entwickelnde gesellschaftliche Organisation, die zu allen Zeiten die Basis des Staats und der sonstigen idealistischen Superstruktur bildet" und die, wie es resignierend heißt, „fortwährend mit demselben Namen bezeichnet worden" ist,[12] der eigentlich nur der bourgeois-kapitalistischen Gesellschaft zukommt. – „Politischer Staat" wie-

9 ETI, S. 21.
10 Poulantzas 1978, S. 13 f.
11 MEGA^2 I.2, S. 161 f.; MEW 1, S. 369.
12 MEW 3, S. 36.

derum ist hier zu verstehen als der bürgerliche im Gegensatz zum „christlichen Staat" der Feudalgesellschaft, in der das Lehensverhältnis Momente vereinte, die von der bürgerlichen Revolution in Ökonomie, Politik und Recht auseinandergespalten wurden, während die Religion von ihr aus einer Staats- in eine Privatsache umgeformt wurde. Marx fasst diesen umfassenden Konstitutionszusammenhang als einen Prozess der „Dislokation" und sphärischen Konzentration der feudal ineinander verschränkt gewesenen Momente, eine Verschiebung und Umverteilung, die das Wesen dieser Momente ändert. Die bürgerliche Revolution als politische „*hob* damit den *politischen Charakter*" der Feudalgesellschaft auf und zerschlug diese

> in ihre einfachen Bestandteile, einerseits in die *Individuen*, andrerseits in die *materiellen* und *geistigen* Elemente, welche den Lebensinhalt, die bürgerliche Situation dieser Individuen bilden. Sie entfesselte den politischen Geist, der gleichsam in die verschiedenen Sackgassen der feudalen Gesellschaft zertheilt, zerlegt, zerlaufen war; sie sammelte ihn aus dieser Zerstreuung, sie befreite ihn von seiner Vermischung mit dem bürgerlichen Leben und constituirte ihn als die Sphäre des Gemeinwesens, der *allgemeinen* Volksangelegenheit in idealer Unabhängigkeit von jenen *besondern* Elementen des bürgerlichen Lebens.[13]

Diese für bürgerliche Verhältnisse konstitutive Sphärentrennung bewirkt die „Spaltung des Menschen in den *öffentlichen* und in den *Privatmenschen*"; und die „*Dislokation* der Religion aus dem Staate in die bürgerliche Gesellschaft"[14] führte zur „*Zersetzung* des Menschen [...] in den religiösen Menschen und in den Staatsbürger"[15]. Andrerseits wird mit der (kapitalistischen) Ökonomie als solcher und der Politik als solcher auch die Religion als solche erst ausdifferenziert:

> Das religiöse und theologische Bewußtsein selbst gilt sich in der vollendeten Demokratie um so religiöser, um so theologischer, als es scheinbar ohne politische Bedeutung, ohne irdische Zwecke, Angelegenheit des weltscheuen Gemüthes, Ausdruck der Verstandes-Bornirtheit, Produkt der Willkür und der Phantasie, als es ein wirklich jenseitiges Leben ist.[16]

Wie sich die reine Theologie nunmehr als Nicht-Politik, Nicht-Ökonomie und Nicht-Recht absondert, so gestaltet sich auch das Verhältnis des bürgerlich-demokratischen Staates zum Privateigentum Marx als das einer negierenden Absonderung. Freilich ist die Negationsweise hier eine, die nach Marx' Einsicht auf

[13] MEGA^2 I.2, S. 161; MEW 1, S. 368.
[14] MEGA^2 I.2, S. 149; MEW 1, S. 356.
[15] MEGA^2 I.2, S. 150; MEW 1, S. 357.
[16] MEGA^2 I.2, S. 154; MEW 1, S. 361.

Grundlage und zur Erhaltung des Negierten wirkt. Selbst im historischen Moment seines „durch den Drang der Umstände auf die Spitze getriebenen Enthusiasmus“ in der Französischen Revolution „erklärt sich das politische Leben für ein bloßes *Mittel*, dessen Zweck das Leben der bürgerlichen Gesellschaft ist“[17].

Entscheidender Prüfstein ist das Verhältnis zum Privateigentum:

> Der Staat als Staat annullirt z.B. das *Privateigenthum*, der Mensch erklärt auf *politische* Weise das Privateigenthum für *aufgehoben*, sobald er den *Census* für aktive und passive Wählbarkeit aufhebt, wie dies in vielen nordamerikanischen Staaten geschehen ist. [...] Dennoch ist mit der politischen Annullation des Privateigenthums das Privateigenthum nicht nur nicht aufgehoben, sondern sogar vorausgesetzt. [...] Weit entfernt, diese *faktischen* Unterschiede aufzuheben, existiert er vielmehr nur unter ihrer Voraussetzung, empfindet er sich als *politischer Staat* und macht er seine *Allgemeinheit* geltend nur im Gegensatz zu diesen seinen Elementen.[18]

Diesen Gegensatz, der sein Gegenteil negierend reproduziert, können wir komplementär nennen. Zur ideologischen Komplementarität wird er, indem sein übergesellschafdtlicher Charakter ihn zum Bezugspunkt „ideller Vergesellschaftung von oben“ wird[19], deren Materialität Marx ausdrücklich betont:

> Wo der politische Staat seine wahre Ausbildung erreicht hat, führt der Mensch nicht nur im Gedanken, im Bewußtsein, sondern in der *Wirklichkeit*, im *Leben* ein doppeltes, ein himmlisches und ein irdisches Leben, das Leben im *politischen Gemeinwesen*, worin er sich als *Gemeinwesen* gilt, und das Leben in der *bürgerlichen Gesellschaft*, worin er als *Privatmensch* thätig ist, die andern Menschen als Mittel betrachtet, sich selbst zum Mittel herabwürdigt und zum Spielball fremder Mächte wird.[20]

Umgekehrt gilt: „Der politische Staat verhält sich eben so spiritualistisch zur bürgerlichen Gesellschaft wie der Himmel zur Erde.“[21]

Dem entspricht nach Marx, dass „der *politische* Mensch nur der abstrahirte, künstliche Mensch ist, der Mensch als eine *allegorische, moralische* Person“[22].

Als Mitglied der bürgerlichen Gesellschaft ist der Mensch „eine *unwahre* Erscheinung. In dem Staat dagegen, wo der Mensch als Gattungswesen gilt, ist er das imaginäre Glied einer eingebildeten Souverainetät“.[23]

17 MEGA² I.2, S. 159; MEW 1, S. 367.
18 MEGA² I.2, S. 148; MEW 1, S. 354.
19 ETI, S. 50.
20 MEGA² I.2, S. 148 f.; MEW 1, S. 355.
21 Ebd.
22 MEGA² I.2, S. 161; MEW 1, S. 369 f.
23 MEGA² I.2, S. 149; MEW 1, S. 355.

„Imaginär/eingebildet“ heißt aber nicht, dass dieses Verhältnis, das politische Macht legitimiert, irreal wäre. Die Unwirklichkeit des Allgemeinen tut dessen Wirken keinen Abbruch. Entscheidend ist hier die komplementäre Negation. Allegorie meint, dass etwas als etwas anderes ausgesprochen wird. Als Staatsbürger wird der ausschließlich für sich und die Seinen wirkende Privateigentümer, der Wohlhabende nicht anders als der Habenichts, als Mitglied eines Gemeinwesens angerufen, das sein praktizierender Egoismus negiert. Die spezifisch bürgerlich-kapitalistische Trennung von Ökonomie und Politik produziert demnach ideologische Komplementarität und reproduziert sich und damit die Eigentumsverhältnisse über diese.

3.

Gramsci fasst in seinen *Gefängnisheften* den integralen Staat bekanntlich als Verhältnis von „Gewalt und Konsens, Zwang und Überzeugung“[24]. In unüberbietbarer Nüchternheit findet sich dieses Verhältnis bereits in Hegels *Rechts-, Pflichten- und Religionslehre* verformelt:

Staat = Maschine (Vorschriften; Zwang) + Gesinnung (Überzeugung).[25]

Komplementarität hat hier einen anderen Sinn als in dem Spruch „Jeder für sich, Gott für alle“. Hier geht es um den Gegensatz von erzwungener und freiwilliger Ein-Ordnung, also eher getreu dem Spruch „Wer nicht hören will, muss fühlen“. Bei der Komplementarität des Ideologischen handelt es darum, was jenes ‘Hören’ der Freiwilligkeit ermöglicht.

Marx fasst die hier gemeinte Funktion einander ergänzender Gegensätze in Begriffen der Zersetzung, Spaltung, Trennung. „Eine Setzung, die Zer-Setzung ist, fassen wir mit dem Ausdruck des Dispositivs.“[26] Doch wie lässt sich begreifen, dass diese ‘Anlage’ des Gesellschaftssystems zugleich ihre eigene Reproduktion leistet?

> Eine Trennung und Abwesenheit des Staates und gleichzeitig eine konstitutive Präsenz -- dieser Widerspruch löst sich nur von der Annahme her, dass sich Ökonomie und Staat wechselseitig konstituieren und dass diese Konstitution ihren wechselseitigen Charakter bestimmt. Der Widerspruch wird also genaugenommen nicht gelöst, sondern nimmt, mit Marx zu reden, eine Form an, worin er sich bewegen kann.[27]

24 Gramsci H. 6, S. 87.

25 Ebd., W 4, S. 53; ETI, S. 159.

26 Ebd., S. 156.

27 Demirovic 1987, S. 53.

Doch dies allein, dass der Widerspruch eine Bewegungsform gefunden hat, erklärt noch nicht die integrative, ja systemreproduzierende Wirkung dieser Bewegungsform.

Das ideologische Dispositiv bildet eine mehrinstanzliche und vielfach verschränkte Kompetenz-Inkompetenz-Struktur. Den in bestimmten gesellschaftlichen Funktionsorten zusammengezogenen und exklusiven Kompetenzen zumal politischer, juristischer und religiöser, aber auch ästhetischer oder philosophischer usw. Art, stehen flächendeckend die jeweiligen Inkompetenzen aller entsprechenden Laien gegenüber. Dabei ist es, als behielte das Auseinandergezogene und sphärisch Besonderte einen Rückbezug auf die Einheit, der den ideologischen 'Werten' ihre Anziehungskraft verleiht. Was Poulantzas über das Verhältnis von Ökonomie und Staat/Politik schreibt, dass sie „auf gar keinen Fall mit der topologischen Figur der Äußerlichkeit beschrieben werden“ können,[28] gilt auch für die ideologischen Mächte. Gerade weil die gegensätzlich Auseinandergezogenen und Separierten in einer dialektischen Einheit bleiben, kann im ideologietheoretisch strengen Sinn der Reproduktion gesellschaftlicher Herrschaft gesagt werden: „Die Verhältnisse stehen nicht zur Disposition, sie sind die Disposition.“[29]

Grundlegend für bürgerlich-kapitalistische Verhältnisse ist die 'Dis-Position' oder das Trennungsverhältnis von Ökonomie und Staat im Verbund mit der Trennung zwischen Arbeitskraft und den Bedingungen ihrer Verwirklichung. Von diesem Ausgangspunkt her lassen sich klarere Unterscheidungen zwischen Gesellschaftsformationen treffen. In unserem Zusammenhang wird vor allem deutlich, dass die ideologische Komplementarität in der zunächst beschriebenen Form, „daß jede Sphäre einen andern und entgegengesetzten Maßstab an mich legt“, auf die bürgerliche Gesellschaft, wie sie sich auf kapitalistischer Grundlage ausbildet, begrenzt ist. In den *Elementen* schrieb ich:

> Platon irrte, als er in der *Politeia* eine Eins-zu-eins-Repräsentation der Herrschaftsordnung in den Sphären von Kunst und Religion voraussetzte.[30]

Begreift man aber die ideologische Komplementarität auf Basis der Trennung von Ökonomie und Politik, wird der Satz fragwürdig. Allerdings will Platon in der *Politeia* im Blick auf die Ökonomie „gar nicht erst versuchen, über dergleichen Gesetze zu geben“,[31] wofür er die Kompetenz bei den Geschäftsleuten weiß – „denn wie sie dergleichen einzurichten haben, werden sie leicht selbst finden“[32]. Auch Platons politisch-gesellschaftlicher Bauplan enthält also eine Tre-

[28] Poulantzas 1978, S. 15.
[29] ETI, S. 160.
[30] ETI, S. 18.
[31] Platon 1991, R 425c.
[32] Ebd., R 425e.

nung von Ökonomie und Politik. Es war also zu allgemein, diese Trennung als solche zum Kriterium zu machen. Entscheidend ist, dass in Platons Entwurf das Ökonomische dem Politischen bedingungslos unterworfen sein und jenes diesem dienen soll, während unter kapitalistischen Bedingungen „sich das politische Leben für ein bloßes *Mittel* [erklärt], dessen Zweck das Leben der bürgerlichen Gesellschaft ist".

Den umgekehrten Irrtum hat Poulantzas im Blick auf die staatssozialistische Formation sowjetischen Typs begangen. Er sah „die Wurzeln und das Geheimnis bestimmter totalitärer Seiten des Staates in den sozialistischen Ländern [...] im wesentlichen in den *kapitalistischen Aspekten* dieses Staates, den Produktionsverhältnissen und der gesellschaftlichen Arbeitsteilung, die ihn tragen"[33]. Hatte er vergessen, dass er gerade noch die „relative *Trennung* von Staat und ökonomischem Raum"[34] zu „einem der Hauptmerkmale" der kapitalistischen Produktionsweise[35] erklärt hatte? Er hätte -- gegen die Rede vom Staatskapitalismus -- auf seinem theoretischen Ausgangspunkt bestehen und die strukturellen Folgen der 'realsozialistischen'' Aufhebung der Trennung von Ökonomie und Politik analysieren müssen. Allerdings war diese Trennung hier auf eine Weise aufgehoben, die im Gegensatz zu Platons konservativer Utopie der gesellschaftlichen Entwicklung dienen sollte, sei es auch in der Form einer Industrialisierungsdiktatur mit despotischen Zügen. So lässt sich jedenfalls begreifen, warum sowohl bei Platon wie im sowjetischen Staatssozialismus die ideologische Komplementarität als systemgefährdend angesehen wurde, während sie unter bürgerlichen Bedingungen systemreproduktiv wirkt.

Um „als universalisierende Instanz außerhalb und über dem ökonomischen Bereich" fungieren zu können, muss im Kapitalismus nach Poulantzas' Einsicht Politik „als Feld der Hegemonie" konstituiert sein.[36] Bis zu einem gewissen, von Kräfteverhältnissen abhängigen Grad zwingt ihr dies einen Kompromisscharakter auf, der auch Interessen der Beherrschten aufnimmt. Dies wiederum setzt den Prozess „antagonistischer Reklamation des Gemeinwesens" mit seiner Überhöhung und „Verhimmelung" der davon erfassten Orientierungen[37] in Gang, der im Staatssozialismus auf die den herrschenden Verhältnissen radikal entgegengesetzten marxistischen Klassiker beschränkt war, was zu besonderen Einhegungsmaßnahmen gegenüber dem gegensätzlichen eigenen Anderssein, das der Marxismus war, Anlass gegeben hat.

[33] Poulantzas 1978, S. 22.
[34] Ebd., S. 16.
[35] Demirovic 1987, S. 51.
[36] Jessop 1985, S. 55.
[37] ETI, S. 77 ff.

Literatur

Demirovic, A./N. Poulantzas, 1987. Eine kritische Auseinandersetzung, Berlin/W.
Gramsci, A., 1999, Gefängnishefte in zehn Bänden. Kritische Gesamtausgabe (hg. von Klaus Bochmann, Wolfgang Fritz Haug und Peter Jehle), Hamburg.
Haug, W. F., 1993, Elemente einer Theorie des Ideologischen, Hamburg (zit. ETI).
Jessop, B./N. Poulantzas, 1985, Marxist Theory and Political Strategy, New York.
Marx, K./Engels, F., 1956-1971, Werke, hg. v. Institut für Marxismus-Leninismus beim ZK der SED. 39 Bde., I. Erg.Bd. in 2 Tl., 2 Registerbde. Berlin (zit. MEW).
– , 1975 ff., Gesamtausgabe, hg. v. Institut für Marxismus-Leninismus beim ZK der KPdSU und v. Institut für Marxismus-Leninismus beim ZK der SED. Berlin (zit. MEGA^2)
Platon, ^{2}1990, Politeia, dt. v. Friedrich Schleiermacher, Werke IV, Darmstadt.
Poulantzas, N., 1978, Staatstheorie. Politischer Überbau, Ideologie, Sozialistische Demokratie, Hamburg.

Veit Bader

Herrschaftslosigkeit oder Anerkennung? Wider den neuen Monismus

Im Zentrum der Marxschen Kritik struktureller Ungleichheiten stand, wie Werner Goldschmidt gezeigt hat,[1] ein je gesellschaftsformationsspezifischer Zusammenhang zwischen Herrschafts- und Ausbeutungsverhältnissen. Die damit angezielte mehrdimensionale, strukturierte Analyse wurde jedoch weder bei Marx selber, noch in der an ihn anschließenden Tradition, begrifflich und theoretisch hinreichend ausgearbeitet. Andere Strukturformen sozialer Ungleichheiten wie Diskriminierung und Ausschließung wurden entweder ignoriert oder als sekundäre Erscheinungsformen von Ausbeutung/Herrschaft verstanden. In der Standardkritik am Marxismus wurde 'marxistische' Analyse schließlich auf Kritik an 'Ausbeutung' zurechtgestutzt und damit einfach durch 'mehrdimensionale' Stratifikationstheorie ersetzt oder durch rivalisierende 'master'-concepts wie 'exclusion' oder 'domination/oppression' verdrängt.

Ein ähnlicher Vorgang scheint sich gegenwärtig auch in der politischen Philosophie zu wiederholen. Seit den 1980er Jahren finden sich vermehrt Versuche, Gesellschaftskritik und politische Philosophie unter der Regie eines 'master-concept' zu verschränken. Die prominentesten Kandidaten sind Herrschaft ('domination/oppression') und Herrschaftslosigkeit (non-domination, Pettit), Ausschließung und Inklusion, oder Diskriminierung/Missachtung und Anerkennung (Miller, Honneth). Die Debatte wird dadurch gekennzeichnet, dass es sich um rivalisierende Konzepte oder 'Theorien' handelt, zwischen denen man zu wählen habe, die also nicht produktiv miteinander verbunden werden könnten.

In diesem kurzen Artikel kritisiere ich zwei Repräsentanten derartig anspruchsvoller, 'monistischer' begrifflicher und theoretischer Strategien, um sozialwissenschaftliche Kritik und politische Philosophie intern zu verbinden, die Beiträge von Pettit und Honneth.[2] Beide sind '*monistisch*' in dem spezifischen Sinne, dass sie Ungleichheiten deskriptiv auf eine einzige Grundform, entweder Herrschaft oder Missachtung zurückführen und von ihr aus zu erklären versuchen (monistische Sozialtheorien) und in dem Sinne, dass sie sie als Ungerechtigkeiten von einem einzigen normativen Ideal (Herrschaftslosigkeit) oder einem

---

1 Goldschmidt 2004, S. 89-95.

2 Der Artikel beruht auf ausführlicheren Kritiken von Pettit (Bader 2005) und Honneth (Bader 2005a).

einzigen Prinzip der Gerechtigkeit oder Fairness (Anerkennung) aus beurteilen und zu überwinden suchen (monistische Moraltheorien oder politische Theorien). Ein *pluralistisches* Verständnis von Ungleichheiten wie von Gerechtigkeit insistiert hingegen darauf dass Ungleichheiten so komplex und vielschichtig sind, dass sie nicht von einem der rivalisierenden Grundkonzepte sinnvoll gefasst werden können.

Als überzeugter begrifflicher, theoretischer, moralischer und institutioneller Pluralist möchte ich hier einige kritische Einwände gegen monistische Strategien formulieren. Zunächst (§ 1) wiederhole ich als Soziologe meine früheren Einwände gegen alte und neue Versuche, Ungleichheiten auf Herrschaft/Unterdrükkung oder auf Missachtung zurückzuführen und rekapituliere, wie die damit verbundenen entscheidenden Nachteile von einer pluralistischen begrifflichen und pro-theoretischen Strategie überwunden werden können, ohne in uferloser Komplexität zu versanden. Dann diskutiere ich die Plausibilität monistischer Strategien in der Moraltheorie oder politischen Theorie (§ 2).

1. Herrschaft/Unterdrückung oder Diskriminierung/Missachtung?

Kritische politische Theorie beruht auf kritischer Sozialwissenschaft. Obwohl natürlich auch in dieser die grundbegrifflichen Ambiguitäten, die intellektuelle Rivalität konkurrierender Grundbegriffe, die theoretischen Dichotomisierungen und die damit verbundenen, mehr oder weniger drastischen Reduktionen der Komplexität struktureller Ungleichheiten keineswegs überwunden sind, zeichnet sich doch eine immer differenziertere Begrifflichkeit, und vor allem immer reichere Beschreibungen und Erklärungen ab. Leider scheinen diese Entwicklungen von kritischen politischen Theoretikern nur unzureichend oder gar nicht wahrgenommen zu werden. Monistische Strategien in den Sozialwissenschaften haben meiner Ansicht nach mindestens die folgenden Nachteile:

Rivalisierende Grundkonzepte verführen uns dazu, 'Ausbeutung', 'Herrschaft', 'Ausschließung', 'Missachtung' als einander ausschließende Phänomene zu thematisieren, die dichotome Entscheidungen (entweder/oder) verlangen anstatt sie jeweils klar zu definieren und analytisch voneinander abzugrenzen.

Monistische Strategien verführen uns dazu, ohne weitere theoretische oder empirische Diskussion und Prüfung einen Typus oder eine Strukturform der Ungleichheit zur 'fundamentalen' oder grundlegenden zu erklären. Die anderen Strukturformen werden dann zu bloßen 'Erscheinungsformen' von Ausbeutung (in Varianten des Neo-Marxismus), der Unterdrückung, Missachtung oder Ausschließung gemacht.

Monistische Strategien verhindern historisch und empirisch reiche Beschreibungen und adäquate Erklärungen sich durchschneidender und überlagernder Ungleichheiten. Wirkliche Ungleichheiten und Ungerechtigkeiten kümmern sich nicht um analytische begriffliche Unterscheidungen und können nur in wenigen

Grenzfällen, und auch da nur annäherungsweise von einer Kategorie oder einem einzigen kausalen Mechanismus erfasst und erklärt werden (*multiplicity of causes*).

Natürlich braucht man hochabstrakte, allgemeine Oberbegriffe, die den gemeinsamen Kern der verschiedenen Strukturformen erfassen. Die hier vorgeschlagenen, traditionellen Oberbegriffe der Ungleichheit oder 'struktureller Machtasymmetrie' sind normativ geladen: nicht alle Macht ist ungerecht. Man braucht, im Gegenzug zu Foucault und der an ihn anschließenden Tradition, einen Unterschied zwischen 'developmental power' und 'extractive power'; nicht alle Ungleichheiten sind ungerecht; nicht alle Herrschaft ist Unterdrückung, willkürlich oder demokratisch illegitim.[3]

Monistische begriffliche Strategien führen dazu, dass man die Kernbedeutung der Grundbegriffe verwässert. Zudem wird ungeklärte Komplexität und Diversität wiedereingeführt, sobald man die jeweiligen Grundbegriffe interpretiert und anwendet. Pluralistische Analysen können diese Ambiguitäten vermeiden und haben überdies den Vorteil, näher an die alltagsprachlichen und überlieferten sozialwissenschaftlichen Bedeutungen anzuschließen. Im kritischen Anschluß an multi-dimensionale Ungleichheitstheorien in der Soziologie habe ich seit zwanzig Jahren einen begrifflichen und pro-theoretischen Bezugsrahmen erarbeitet, der – wäre er nicht von beiden Seiten vornehm ignoriert worden – helfen könnte, die alten Grabenkriege zwischen Soziologie und 'Marxismus' zu überwinden. Ich habe darin zwischen den folgenden Strukturformen von Ungleichheiten unterschieden:

- *Ausbeutung* (Kern der Marxschen Theorie) als Grundtypus strukturell asymmetrischer Macht ist definiert als Aneignung von Mehrarbeit in den verschiedensten Formen (Verhältnisse zwischen ausbeutenden und ausgebeuteten Klassen).
- *Herrschaft/Unterdrückung* (Kern der Weberschen Herrschaftssoziologie) ist definiert als demokratisch illegitimes Verhältnis formalisierter (in Organisationen oder Verbänden) oder faktischer Unterordnung in den verschiedensten Formen.
- *Kollektive Diskriminierung/Missachtung* (Kern kritischer Status-Soziologie) ist begründet in vorherrschenden, institutionalisierten Prestige-Hierarchien die den kollektiv negativ Diskriminierten Chancen gleicher Anerkennung oder gleiche Rechte vorenthalten. Zusammen sind dies die drei wichtigsten Grundtypen *positionaler* Ungleichheit.

---

[3] Vgl. Bader/ Benschop 1989, S. 219 f.; Goldschmidt 2004, S. 123. Ein normativ sinnvolles Ideal ist daher, im Gegensatz zu Habermas und der an ihn anschließenden Tradition, weder Macht- noch Herrschaftsfreiheit.

- *Illegitime Schließung oder Ausschließung* (in der Weberschen Tradition) ist der Grundtypus *allokativer Ungleichheiten* der sehr heterogen kategorisierte Gruppen oder Individuen auf strukturell ungleiche gesellschaftliche Positionen verteilt.
- *Umfassende Marginalisierung* entsteht durch mehr oder weniger vollständige Überlagerung von weitgehender Ausschließung und/oder Ausbeutung, Unterdrückung und Diskriminierung.

Pluralistische versus Monistische Strategien

Pluralistisch

Monistisch

Objektive Ungerechtig keiten (Ungleichheiten, strukturelle Machtasym-metrien)	Subjektives Unrecht, Motivationale Basis Kollektiven Handelns (Erfahrung, Gefühl, Claim)	Einheitliche Motiv-Basis kollektiven Handelns (if any) Feeling treated as:	Vereinheitlichen-de Begriffe der Gerechtigkeit/ Ungerechtigtig-keit (if any)
Ausbeutung	ausgebeutet	ungerecht unfair ungleich beherrscht missachtet	Fairness Reziprozität Gleichheit Herrschaftslosig- keit Anerkennung
Herrschaft/ Unterdrückung	beherrscht/ unterdrückt		
Diskriminierung	diskriminiert		
Ausschliessung	ausgeschlossen		
Marginalisierung	marginalisiert		

Ganz offensichtlich ist Ausbeutung in den verschiedenen gesellschaftsformationsspezifischen Ausprägungen mit Herrschaft verzahnt, durchdringen sich sogenannt materielle mit rechtlich-politischen und symbolischen Ungleichheiten, mit selektiver Assoziation, kollektiver Diskriminierung und Ausschließung. Meine These ist, dass pluralistische Strategien besser in der Lage sind, diese Überlagerungen der Strukturformen objektiver Ungleichheiten oder Ungerechtigkeiten zu beschreiben und zu erklären.

Dies bräuchte auch *Honneth* nicht zu bestreiten, wenn er seinen Monismus nicht zu extensiv interpretieren würde. Ein radikaler sozialwissenschaftlicher Monismus würde verlangen, sowohl objektive Ungerechtigkeiten wie subjektive Unrechtserfahrungen, die Motive kollektiven Handelns und die normativen Ziele des Kampfes gegen Ungerechtigkeit mit Hilfe eines einzigen, einheitlichen Grundbegriffs zu erfassen. Im Zentrum seiner Anerkennungstheorie steht jedoch nicht der Versuch, Ausbeutung, Herrschaft/Unterdrückung, Ausschließung und Marginalisierung als Formen der Missachtung oder Diskriminierung zu fassen oder darauf zu reduzieren. Vielmehr geht es ihm vor allem um den Anspruch, alle verschiedenen subjektiven, sozialen Unrechtserfahrungen als Erfahrungen von Missachtung zu erfassen und die verschiedenen Motive und Ziele des Kampfs gegen Unrecht als Kämpfe um Anerkennung zu entziffern. In einem ganz einfachen, grundlegenden psychologischen Sinne erscheint dieser Anspruch plausibel: ohne ein gewisses Minimum von Anerkennung (Liebe/Sorge) würden Kinder wohl nicht die Fähigkeit erwerben können, die Schwellen zu minimal selbständigen Erfahrungen, Urteilen und Handeln zu überschreiten, ohne welche Menschen 'cultural dupes' aber nicht Aktoren wären, welche sich ungerecht behandelt fühlen und gegen Ungerechtigkeiten zur Wehr setzen können. Setzt man jedoch diese minimale Urteils- und Handlungsfähigkeit einmal voraus, dann scheinen beide Claims kontrovers: (i) der Anspruch, dass alle Unrechtserfahrungen in die Sprache der Missachtung übersetzt werden müssen und (ii) dass Erfahrungen der Missachtung die wichtigste oder sogar die einzige starke Motivation kollektiven Protests sei.

Im breitesten Sinne negativ Privilegierte verwenden meiner Ansicht nach eine Vielzahl alltäglicher Begriffe – darunter auch Ausbeutung, Unterdrückung und Ausschließung – um ihre Unrechtserfahrungen sprachlich zu artikulieren. Daher ist die theoretische 're-description' dieser Erfahrungen als solche der Missachtung keineswegs etwa eine quasi-natürliche Verlängerung von Alltagsprachen. Ganz im Gegenteil würde sie ein theoretisch inspiriertes, 'imperialistisches' Konzept, das an sehr viel begrenztere alltagsprachliche Bedeutungen von Missachtung anschließt, als das einzig angemessene der Alltagswelt negativ Privilegierter aufoktroyieren. Honneths These, dass „Betroffene dasjenige, was *theoriesprachlich* 'Ungerechtigkeit' genannt wird, als soziale Verletzung von begründeten Ansprüchen auf Anerkennung erfahren",[4] ist theoretisch nicht plausibel und empirisch nicht valide. Ausgebeutet, unterdrückt und ausgeschlossen werden (oder sich so zu fühlen), sind alltagsprachliche, nicht nur theoretische Begriffe, und dasselbe gilt natürlich auch für 'gerecht'/'ungerecht'.

Auch wenn man von einer Vielfalt der alltagssprachlichen Artikulation von Unrechtserfahrungen ausgeht, wäre es durchaus möglich, dass Erfahrungen der

---

[4] Honneth 2003, S. 114, vgl. Bader 1995, S. 164 f.

Missachtung die stärkste oder sogar die einzig motivierende Kraft zum Widerstand wären. Dies wäre die bescheidenste, und zugleich plausibelste Interpretation der monistischen Ansprüche von Honneth. Eine ähnliche Intuition findet sich auch bei Historikern wie E.P. Thompson, vergleichenden Politikwissenschaftlern wie Barrington Moore, und politischen Anthropologen wie James Scott, die jedoch keine monistische 'Theorie der Missachtung/Anerkennung' entworfen haben. Aber auch dann müßte man theoretisch und historisch plausibel begründen, warum Erfahrungen und Gefühle der Ausbeutung, Unterdrückung, Ausschließung zuerst irgendwie in solche der Missachtung 'übersetzt' werden müssen, ehe sie motivierende Kraft entwickeln können. Wenn Ausbeutung nicht – wie historisch immer – in dominanten gesellschaftlichen Prestige-Hierarchien ausgedrückt wäre (die Ausgebeuteten also zugleich die gesellschaftlich Diskriminierten oder Missachteten sind), dann würde die Erfahrung der Ausbeutung – Mehrarbeit in modern kapitalistischen Formen – wohl nicht als Erfahrung der Missachtung artikuliert werden, sondern als Erfahrung der Leistung illegitimer Mehrarbeit für Andere (Ausbeuter) auch und gerade unter Bedinungen rechtlicher und politischer Gleichheit und auch sozialer Anerkennung. Dies wäre der idealtypische Fall modern kapitalistischer Ausbeutung. Der historisch bekanntere, umgekehrte Fall ist der der 'middle-men minorities', die rechtlich, politisch wie sozial diskriminiert, aber nicht ausgebeutet wurden und werden. Wenn sich jedoch Erfahrungen der Ausbeutung, Unterdrückung, Disksriminierung und Ausschließung überlagern und verstärken – die charakteristische Erfahrung negativ privilegierter Klassen und Gruppen – entwickelt sich die stärkste, kombinierte Motivation zum Widerstand und zur Veränderung derartiger Verhältnisse.

2. Anerkennung oder Herrschaftslosigkeit?

Moralphilosophie hat die Aufgabe, die jeweiligen Bewertungsstandards zu erklären, zu rechtfertigen oder vernünftig zu begründen. In einer eher kursorischen Auseinandersetzung mit Honneth und Pettit versuche ich, die Unterschiede zwischen monistischen und pluralistischen Strategien zu thematisieren und einige Einwände gegen ihre Positionen zu formulieren.

Wozu dient der Monismus? Von diskutablen Anforderungen theoretischer Eleganz (parsimony), Konsistenz und Kohärenz einmal abgesehen, ist das prominenteste Argument, dass nur moralischer Monismus – ein einziges, vereinheitlichendes und übergreifendes Moralprinzip – die Drohungen eines moralischen Relativismus wirklich vermeiden könne. Moralische Pluralisten vertreten die Position, dass wir mit guten, voneinander unabhängigen Gründen, mehrere moralische Prinzipien (z.B. traditionellerweise Freiheit und Gleichheit) verteidigen, die sich nicht kontextunabhängig hierarchisieren oder in eine 'lexikalische Ordnung' bringen lassen, und die zudem die unangenehme Eigenschaft haben, miteinander zu konfligieren. Sie haben meiner Ansicht nach überzeugend demonstriert, dass moralphilosophischer Pluralismus keineswegs mit Relativismus zu verwechseln ist. Darüber hinaus kann man leicht zeigen, dass Pluralismus den moralischen Monismus immer dann zu unterminieren droht, wenn die jeweiligen höchsten oder einzigen Moralprinzipien in Kontexten interpretiert und angewandt werden.

Wenn man schon einen moralphilosophischen Monismus wählt, warum dann 'Anerkennung' und nicht Gerechtigkeit, Fairness, Reziprozität oder Gleichheit als übergreifenden Grundbegriff? Bekanntlich diente 'Gerechtigkeit/Ungerechtigkeit' als zentraler Grundbegriff in Moraltheorien, der relativ problemlos erlaubt, verschiedene Typen objektiver Ungerechtigkeit und die korrespondierenden subjektiven Ungerechtigkeitserfahrungen und 'claims' zu erkennen und zu beurteilen, und dasselbe gilt für die ähnlich allgemein angesetzten, oft damit verbundenen Grundbegriffe der Fairness, Reziprozität, oder Gleichheit. Begreiflicherweise wählt Honneth nicht 'Gerechtigkeit' oder 'Gleichheit', die Grundbegriffe sog. Kantianischer Moraltheorien im strikten Sinne, weil er ja eine reichere ethische Theorie in der Hegelschen Tradition entwickeln will. Begriffe wie Fairness und Reziprozität würden dies jedoch ebenfalls erlauben und hätten den nicht zu unterschätzenden Vorteil, dass der minimale egalitäre Schwellenwert, den man braucht, um den „normativen Gehalt der Moral" oder den „moral point of view" zu erarbeiten, klar und direkt benannt wird. Der erhebliche Nachteil von 'Anerkennung' in dieser Hinsicht besteht darin, dass alle historisch bekannten Formen der Anerkennung zutiefst inegalitär waren und sind, was Honneth ja selber sieht. Anerkennung, 'respect and concern' waren ganz sicher nicht immer 'equal respect and concern', oft nicht einmal 'decent respect'. Es ist daher symptomatisch, dass Honneth seinen Grundbegriff der Anerkennung näher qualifizieren muss als „reziproke" oder „gegenseitige Anerkennung".[5]

Unsere Bewertungskriterien haben sich für monistische Moralphilosophen auf ein einziges, 'letztes' oder unüberbietbares Grundkonzept (der Anerkennung, der Herrschaftslosigkeit) zu beziehen, und dieser Prozess der Letztbegründung lässt sich auf einer Meta-Ebene noch einmal wiederholen: die Gründe, warum wir Menschen gerecht, fair, gleich, mit gebührendem Respekt oder Anerkennung zu behandeln haben, müssen dann selber noch einmal tief begründet werden, z.B. in unserer 'Natur' als 'sentient beings with basic needs', als sprechende Tiere, als autonome Wesen, als Anerkennung suchende Wesen, als 'zoon politikon', usw. Pluralisten sind auch in dieser Hinsicht 'non-foundationalists' und wählen eine andere Strategie, um vernünftige Kriterien zu erarbeiten, welche es erlauben, moralisch verteidigbare von moralisch illegitimen, von asymmetrischen Machtstrukturen durchzogene Beurteilungskriterien zu erarbeiten.

---

5 Honneth 2003, S. 157, 158; Honneth 1997, S. 17.

Sie verlangen nicht, dass ein- und dieselben Bewertungsstandards alle Ungleichheiten decken müssen. Sie konzentrieren sich auf die in unseren alltäglichen Urteilen hinsichtlich drastischer Ungerechtigkeiten angelegten Bewertungen, weil sie der Auffassung sind, dass wir leichter Übereinstimmung erzielen können bezüglich relativ offensichtlicher Schwellenwerte von Ungleichheit, Ungerechtigkeit, von 'malfare', uns aber nur sehr schwer einigen können, was Gerechtigkeit, Gleichheit, oder 'welfare' idealiter verlangen. Wenn Ausbeutung durch ein kritisches Konzept von Mehrarbeit definiert ist: nicht einfach alle Arbeit für 'andere' ist moralisch illegitim oder zählt als Mehrarbeit, dann ist Nicht-Ausbeutung dadurch ausgezeichnet, dass man nicht zur Mehrarbeit gezwungen ist. Wenn Herrschaft/Unterdrückung definiert ist als erzwungene Unterwerfung oder demokratisch illegitime Unterordnung – nicht alle hierarchischen Verhältnisse der Über- und Unterordnung sind moralisch illegitim oder unterdrückend – ist Herrschaftslosigkeit definiert als Abwesenheit dieser Verhältnisse.

Moralische Pluralisten verlangen nicht, dass wir genau dieselben Gründe haben müssen zur Begründung der jeweiligen Standards oder Prinzipien. Unsere Gründe mögen sich auf recht allgemeine Begriffe wie Fairness oder Reziprozität berufen, müssen aber jeweils spezifiziert werden, um die jeweiligen Prozesse und Mechanismen zu fassen, durch welche strukturelle Machtsasymmetrien produziert und reproduziert werden.

Derartig spezifizierte Standards und Gründe dienen zur Grundlage einer Beurteilung, ob die 'claims' der je Betroffenen, dass sie ausgebeutet, unterdrückt, diskriminiert oder ausgeschlossen seien, gerechtfertigt und begründet sind. Eine monistische Anerkennungstheorie hat diesbezüglich den doppelten Nachteil, dass sie zuerst all diese 'claims' zu übersetzen hat in Missachtung, und dass Missachtungs-Claims oft schwer zu beurteilen sind, weil die Linie, welche legitime von illegitimen Beschwerden trennt, so schwer zu ziehen ist: alle ehemaligen Sklavenhalter, herrschenden Kasten, Stände oder Klassen, kurz: alle positiv Privilegierten, finden ja, dass sie moralisch verletzt und nicht mit dem 'gebührenden Respekt' behandelt werden durch Maßnahmen, welche diese ungerechten Verhältnisse beseitigen.

Pettits Theorie der *Herrschaftslosigkeit* hat diesbezüglich weniger Schwierigkeiten. Auch er verlangt ausdrücklich und bestimmt, dass man nur einem „einzigen", „zentralen" und „höchsten" politischen Ideal zu folgen habe. Ob dieses Erfordernis eines einzigen Prinzips oder Ideals auch für die Moralphilosophie gelten solle, bleibt unklar, aber es wird nachdrücklich verlangt von jedem „ideal that aspires to a central or supreme place in politics".[6] Derartige Ideale müssen

---

[6] Pettit 2005, S. 93. Dass Pettit nicht nur einen Monismus politischer Ideale, sondern auch einen politisch- und moralphilosophischen Monismus verficht, wird aus seiner Antwort auf meine Kritik klar. Wer sich nicht an das Geschäft kontextunabhängiger „ordering and prioritizing of distinct values" mache, „does not just reject the search

bestimmte Bedingungen erfüllen – diskursiv zugänglich, bedeutsam sein und eine Reihe weiterer bedeutsamer Klagen subsumieren – die bezwecken sollen, „to rule out [...] the possibility of an ideal whose satisfaction would still leave a variety of other presumptively significant complaints unsatisfied".[7] Ob ein Ideal, das nur 'zentral', aber nicht 'das höchste' ist, jenen Bedinungen genügt, bleibt ebenfalls unklar. Es ist offensichtlich, dass Pettits favorisiertes politisches Ideal der Herrschaftslosigkeit wichtige Klagen beantwortet, aber dasselbe kann von konkurrierenden Idealen wie 'Freiheit', 'Gleichheit', 'Gemeinschaft', 'capability empowerment', oder kontrakttheoretischer 'Gerechtigkeit' behauptet werden.

Monisten in der politischen Philosophie haben zwei Fragen zu beantworten: Erstens, warum ist es wünschenswert nur ein einziges politisches Ideal zu verfolgen? Die Gründe könnten realistischer und prudentieller Natur sein, und dies wird zunächst von Pettit nahegelegt: man brauche „the vision of an ideal that can engage the imagination and sensibility", und das könne eben am Besten erreicht werden „by a single, multifaceted value".[8] In dieser Hinsicht aber sollte erstaunen, dass, von radikalen Libertaristen einmal abgesehen, alle relevanten politischen Theorien und politischen Parteien (von liberalen Demokraten über Christ-Demokraten, Sozial-Demokraten, Demokratische Sozialisten, Demokratische Anarchisten usw.) eine je spezifische Mischung moralischer Prinzipien und politischer Ideale aufweisen und auf dieser Grundlage sehr wohl in der Lage waren, auf vielschichtige 'Klagen' Antworten zu formulieren, zu organisieren und zu mobilisieren. Unkritisches Lob der Einheit und Kohäsion in dieser Hinsicht wäre doch wohl zu hinterfragen. Wenn es, zweitens, um moralische Gründe ginge, wäre – von der ziemlich gedankenlosen Wiederholung der Relativismus- und Opportunismusvorwürfe einmal abgesehen – doch zumindest erforderlich zu zeigen, dass 'non-domination' das einzige oder doch zumindest das zentrale moralische Prinzip und politische Ideal wäre, dem alle konkurrierenden Ideale ein- und unterzuordnen seien. Gelingt es Pettit, dies plausibel zu machen?

Pettits Verwerfung jener konkurrierenden politischen Ideale, die er selber diskutiert, ist wenig überzeugend. Der breite Kranz der *Freiheiten* wird reduziert auf „Abwesenheit von Herrschaft".[9] Damit scheint er wie die immer noch modischen Angelsächsischen Anerkennungstheoretiker, ein gerütteltes Maß sog. ökonomischer Ungleichheiten akzeptabel zu finden. Noch erstaunlicher ist, dass er die breite Bedeutung von *Gleichheit* ähnlich wie David Miller und andere Neo-Republikaner, auf vor allem rechtliche und politische „equality of status"[10]

---

for normative unity in political philosophy; he rejects political philosophy itself"! (Pettit 2005a, S. 183f).

[7] Pettit 2005, S. 92.

[8] Pettit 2005a, S. 183, 184.

[9] Pettit 2005, S. 107 f.

[10] Pettit 2005, S. 108-10.

zurechtstutzt, die sich dann ja leicht dem Ideal der 'non-domination' subsumieren läßt, obwohl er weiß, dass „this sort or equality does not entail equality in every other dimension" und dass man damit schwerwiegende ökonomische Ungleichheiten in Kauf nimmt. Wollte er wirklich zeigen, dass 'non-domination' alle konkurrierenden Ideale integrieren und unterordnen kann, genügte es natürlich nicht, das Offensichtliche zu demonstrieren, dass Gleichheit des rechtlichen und politischen Status eine wichtige oder „substantielle Art der Gleichheit" ist. Die maßgebliche Intuition der '*capability*-theory' Amartya Sens oder Martha Nussbaums, wie der explizit pluralistischen „spheres of justice" von Michael Walzer, war ja gerade, die Vielfalt und Komplexität der Ungleichheiten nicht aus dem Auge zu verlieren. Pettits Versuch to „subsume all capabilities"[11] unter sein Ideal der Herrschaftslosigkeit gibt all jene Vorteile eines Ansatzes, der die Bedingungen der Herrschaft wie der Herrschaftslosigkeit spezifiziert zugunsten der illusorischen Einheit und Einfalt eines einzigen Ideals preis.

Einheit ist gegenwärtig in Mode, nicht nur in Ethik und politischer Philosophie gegen als bedrohend erfahrenen moralischen – und vor allem auch gegen kulturellen und religiösen – Pluralismus, sondern auch in der politischen Theorie und Praxis gegen liberale Akkomodierung von Minderheiten und vor allem gegen institutionellen Pluralismus. Aber Einheitstheorien und kultureller wie institutioneller Monismus sind immer weniger in der Lage, produktive und phantasiereiche Antworten auf die neuen Herausforderungen kultureller und religiöser Diversität, auf 'shifts from government to governance in multi-level polities' generell, vor allem in der EU, zu finden. Es ist höchste Zeit, Theorien und Praxen kultureller und institutioneller Pluralisierung weiterzuentwickeln. Monismus in der Ethik und politischen Philosophie ist hiermit zwar nicht ‚logisch' unvereinbar, er befördert diese Entwicklungen jedoch nicht.

Literatur

Bader, V., 1989, Ungleichheiten, Opladen. Zusammen mit Benschop, A.

–, 1991, Kollektives Handeln, Opladen.

–, 2005, Against Monism: Pluralist critical comments on D. Allen and P. Pettit. In: Williams, M./Macedo, S. (eds), 164-78.

–, 2005a, Misrecognition, Power, and Democracy. Erscheint 2006 in: Brink, B./Owen. D. (eds) Recognition and Power. Cambridge.

Goldschmidt, W., 2004, Herrschaft. In: Historisch-Kritisches Wörterbuch des Marxismus, Band 6/1. Argument, Hamburg, 82-127.

Honneth, A., 1997, Recognition as Moral Obligation. In: Social Research 64/1, 16-35.

---

[11] Pettit 2005, S. 112.

– , 2003, Redistribution as Recognition. In: Fraser, N./Honneth, A. Redistribution or Recognition. London, 111-197. Deutsch: Honneth, A., Anerkennung oder Umverteilung, Frankfurt.

– , 2003a, The Point of Recognition. In: Fraser/Honneth (eds), 237-267.

Pettit, P., 2005, The Domination Complaint. In: Williams, M./Macedo, S. (eds.), 87-117.

– , 2005a, Reply to Bader and Vatter. In: Williams, M./Macedo, S. (eds.), 182-190.

Lars Lambrecht

„Der lebendige Marxismus". Eine Spurensuche nach einer weitgehend unbekannten Biographie

Werner Goldschmidt schrieb in seiner Dissertation: „Der Sozialismus ist wissenschaftlich, oder er ist nicht."[1] Als im Rahmen seines vom Berufsverbot gefährdeten Berufungsverfahren der seinerzeit als reiner Star geltende und kürzlich verstorbene Politologe Kurt Sontheimer um ein Gutachten über Goldschmidts wissenschaftliche Qualifikation gebeten worden war, lehnte dieser ab: „Wissenschaftlich im Sinne ausgewogener, relativ objektiver Betrachtung ist da nicht viel zu holen. [Dafür aber] großartige Bekenntnisse wie z.B. folgender Satz: ‚Der Sozialismus ist wissenschaftlich, oder er ist nicht' (S. LXI) Na ja!" Allerdings war es gar kein Bekenntnis, sondern ein Postulat, das sich gegen die Querelen und Polemiken zwischen Sozialisten und Kommunisten in den Auseinandersetzungen um ein mögliches gemeinsames Regierungskonzept in Frankreich richtete. Zudem ist es aber geeignet, entgegen des heute wieder grassierenden Biographismus und methodologischen Individualismus direkt als ein Forschungsprogramm verobjektiviert zu werden – mit einer nur leichten Akzentverschiebung hin zur Frage: Wie wissenschaftlich war der Sozialismus des 20. Jahrhunderts?

Seit dem Ende des 19. Jahrhunderts hatte sich für die Bezeichnung der wissenschaftlichen Begründung von Sozialismus und Kommunismus der Name ‚Marxismus' herausgebildet. Wenn damit auch wieder eine problematische Personalisierung einer ganzen wissenschaftlichen Weltanschauung[2] verbunden war und ist, so kann doch die Frage nach dem ‚subjektiven Faktor', dem biographischen Anteil eines Einzelnen an der Herausbildung und Weiterentwicklung eben dieser Weltanschauung erste Hinweise auf die Bedingungen der Möglichkeit eines ‚lebendigen Marxismus' geben.

Dafür ist Otto Jenssen ein Exempel gewesen, ein heute weitgehend unbekannter Sozialist aus der ebenso dramatischen wie letztlich tragischen Geschichte sozialistischer Theorie und Praxis Ende des 19. Jahrhunderts bis mindestens 1949, für den es eine werkgeschichtliche und biographische Spurensuche zu reklamieren gilt.[3] Eine besondere persönliche biographische Notiz zu Jenssen gab die

1 Goldschmidt 1973, S. LXI.

2 Tomberg 2003.

3 Der erste Platz in der biographischen Forschung zu Jenssen gebührt D. Bauke 2005, dem der Verf. zu einem herzlichen Dank verpflichtet ist für die großzügige Einsicht-

ehemalige Lektorin des Berliner Paul-Cassirer-Verlages, Grete Fischer. In ihrer Erinnerung an den blinden Otto Jenssen berichtete sie, dass sie ihn „den ‚lebendigen Zeitgenossen' taufte und sehr bewunderte. [...] ich arbeitete besonders gern mit ihm an der ‚Sozialistischen Schriftenreihe'".[4]

Vielleicht war es kein Zufall, dass Grete Fischer Otto Jenssen mit diesem so merkwürdigen Terminus eines ‚lebendigen Zeitgenossen' für die Zeit um 1919 bezeichnete – dieses ganz offenbar nicht in Entgegensetzung zu ‚toten', sondern zu ‚geistig verwelkten', ‚dogmatisch unfruchtbaren' und ‚charakterlich erstarrten' Zeitgenossen –, sondern in den Erinnerungen der Siebzigjährigen eventuell auch ein unbewusster Reflex auf den Titel eines Buches zu sehen ist, das sowohl politik-, wie ideen- und personengeschichtlich bemerkenswert ist: Jenssens Festgabe zum 70. Geburtstag von Karl Kautsky *Der lebendige Marxismus*. Jenssens Begründung für diesen Titel ist so programmatisch wie aktuell: „Dem Gerede von der endgültigen letzten Krise des Marxismus wollen wir die Tatsache des lebendigen Marxismus entgegenstellen", und diese Festgabe soll, wie Jenssen in seinem Vorwortbrief an Kautsky ergänzend schrieb, „den Marxisten, und vor allem Ihren [sc. Kautsky, LL] Gegnern [...] beweisen, daß jener theoretische Geist noch lebendig ist, den Sie im deutschen Proletariat zu wecken, zu pflegen und zu erhalten seit einem halben Jahrhundert bemüht haben".[5] Dabei handelt es sich,

nahme in sein druckfertiges Manuskript. Fast 2/3 der ganzen Darstellung betrifft Jenssens Entwicklung im antifaschistisch-sozialdemokratischen Widerstand, im thüringischen Vereinigungsprozess von KPD und SPD von unten und gegen die Planungen der Berliner Parteileitungen sowie dann in der DDR, was besonders wertvoll ist, da diese Geschichte sonst gänzlich übersehen würde. Bis zu einer dringend benötigten Gesamtbibliographie des beachtenswerten Schriftguts Jenssens befindet sich bei Bauke 2005 ferner eine Teilbibliographie sowie für seine Aufsätze ein summarischer Nachweis zumindest der Zeitschriften und Zeitungen, weshalb auch hier nur die Schriften aufgeführt werden, aus denen zitiert wurde. Von Bauke stammen ferner eine Reihe weiterer Skizzen zu Jenssen und seiner Frau sowie zum ‚Tinzianismus' im Stadtarchiv Gera, die dringend veröffentlich werden sollten. *Die Gegenwart* enthält ein kleines autobiographisches Portrait (1947) sowie eine Würdigung (1963) Jenssens kurz vor seinem Tode. Zwar auf Bauke aufbauend, aber vor allem die Zeit vor 1933 und Tinz betreffend s. Wollenberg 1998, S. 143 f. Hier interessiert allerdings nur die Spurensuche nach einem bislang vergessenen Vertreter eines wissenschaftlichen Sozialismus resp. eines marxistischen Wissenschaftsanspruchs vor dem Faschismus.

4 Fischer 1966, S. 185; vgl. zu der hier beschriebenen Blindheit Jenssens auch dessen eigene Reflexionen; Bauke (2005) zitiert allerdings Jenssens autobiographische Skizze, nach der er durch „Hornhauttrübung infolge Augenentzündung der Neugeborenen" erblindet sei (Die Gegenwart, 1947, 1. Jg., H. 11/12, S. 34). Wie nun Fischer zu ihrer Version gekommen war, ist unklar.

5 Jenssen 1924a, S. 6 f.

wie es schon Jenssens Hinweis auf Kautskys vierzigjährige Herausgeberschaft des theoretischen Zentralorgans der SPD anzeigt, keineswegs nur um ein propagandistisch-trotziges Postulat, sondern um eine reflektierte prinzipielle Position: „Jede erfolgreiche proletarische Bewegung, sei sie politisch, gewerkschaftlich, genossenschaftlich, pädagogisch oder kulturell, bedarf dieses Geistes rücksichtloser *wissenschaftlicher* Forschung und kühnen revolutionären Denkens. Der Aufbau einer sozialistischen Kultur, deren Grundlagen wir heute zu schaffen suchen, bedarf neben [dem] stärksten Gefühl auch des nüchternen *kritischen Verstandes* und weiterer *theoretischer Perspektiven*. Diese Festgabe will ein bescheidener Beitrag zu dem Werke unserer Generation sein, den Marxismus auf die Verhältnisse und Bedingungen des heutigen *Welt*kapitalismus und *Welt*proletariats anzuwenden und die Vertiefung der sozialistischen Theorie zu fördern."[6]

Wer war denn nun also Otto Jenssen? Stichwortartige Daten hier nach Dieter Bauke: Geboren am 21.02.1883 in Hannover, gestorben am 03.07.1963 in Gera, zunächst Ausbildung in der väterlichen Buchdruckerei, dann ab 1908 Studium der Nationalökonomie, Geschichte und Soziologie (u. a. bei Simmel) an den Universitäten Göttingen und Berlin. Bereits 1905 berichtete Jenssen seiner Berliner Briefpartnerin, der Ästhetikerin und Poetin Lu Märten (1879-1970), von einer „Marxvorleserin", die er gefunden habe, und von dem PD Dr. Robert Willbrandt, der in Jena von A. Bebel „sehr beeindruckt" war und „Kapital"-Vorlesungen hielt.[7] Jenssen besuchte zunächst auch Veranstaltungen des sozialliberalen Vereins Friedrich Naumanns, dessen Vorträge ihn allerdings an Sätze des „großen Marx" erinnerten und ihm den „Beweis für Gedanken [lieferten], die mir schon lange im Hirn bohren: Zurück zu Marx und mehr Ethik. Mehr *wissenschaftliche* Vertiefung in der Partei", fand in dem „wunderbaren Werk" *Das Kapital* immer wieder „wunderbare Stellen" und forderte weiter, „auch die Sozialisten müssen historisch-ökonomischer *[d]enken* lernen und soweit als möglich dies auch in der politischen Agitation tun. Ich verkenne nicht die Schwierigkeit, aber wenn der Sozialismus eine neue Kultur bringen soll, dann muß eben die Sozialdemokratie eine Kulturbewegung sein und *vor allem auf wissenschaftlichem Bo-*

6 Ebd., S.5, 7 [Herv.: LL].

7 Brief v. 18.10.1905 an Lu Märten, IISG, o. Sign.; im selben Archiv befinden sich Photos vom jungen Jenssen und ein unsigniertes Blatt, überschrieben: „Otto Jenssen / Ahlfeld-Hannover / zu 3/4 blind. Bekannt schon seit 1903/m. Bruder Hermann noch kennend. Kam durch allerlei sozialpol. Gruppen u. dann durch Marx z. Sozialismus. Auch später bis 1919 noch öfter in Berlin [...] / Photo vorhanden/ O.J. lebte zuletzt in Linz. Sozialdemokrat. P.". Zwischen den hier zitierten Stichworten stehen so etwas wie Regieanweisungen zu einem Theaterstück. Im Brief an LK v. 14.01.1929 spricht er von seinen „eignen Wiener Erfahrungen". Wahrscheinlich rührt von hier auch seine spätere Zustimmung zum Austromarxismus, wiewohl von seinem Österreich-Aufenthalt sonst noch nichts bekannt ist.

den stehen. Etwas Selbstkritik wäre da angebracht".[8] Drei Monate später konstatierte er: „Mich trennt ‚Das Kapital' von den Sozialliberalen auf immer."[9] Aber erst 1909 trat er in die SPD ein, veröffentlichte in der *Neuen Zeit* seinen ersten größeren Aufsatz anonym *Die Blinden und der Sozialismus. Von einem Blinden.*

Die folgende Kunde von Jenssen betrifft dann erst wieder die bereits erwähnte Redaktionstätigkeit im Paul-Cassirer-Verlag. Hier war seit der Novemberrevolution ein ganzes Programm bedeutenden sozialistischen Schrifttums herausgekommen, dabei unter dem Namen der redaktionellen Herausgeberschaft Jenssens die Reihe *Wege zum Sozialismus*,[10] die Jenssen damit begründete, dass für die schwer erreichbaren Werke eine Auswahl der sozialistischen Klassiker notwendig sei – „zur ‚Selbstverständigung', um mit dem jungen Marx zu reden".[11]

Nach einer kurzen Leitungstätigkeit in einer Leipziger Betriebräteschule Ende 1920 wurde Jenssen dann in Gera am 01.07.1921 als Lehrer an der Heimvolkshochschule Schloss Tinz angestellt. Hier heiratete er auch Louise (Lisa), geborene Albrecht.[12] Diese Schule war seit 1923 in staatlicher Verwaltung: „Tinz ist eine sozialistische Schule, die zum Ziel hat, ihre Schüler in Kursen von vier Monaten mit den Grundelementen des wissenschaftlichen Sozialismus vertraut zu machen. Im Vordergrund des Lehrplans steht somit die marxistische Ökonomie und der historische Materialismus, die beide den gesamten Unterricht bestimmend gestalten". Damit war sie eine Schule, die nicht irgendeiner Partei, sondern nur einer „Weltanschauung" verpflichtet sein wollte. Als ihr „Leitgedanke" firmierte: „Erkenntnis der gesellschaftlichen Zusammenhänge und ihre Durchleuchtung unter dem historisch-philosophischen Blickwinkel sozialistischer Betrachtungsweise".[13] Angesprochen waren „Angehörigen der werktätigen Bevölkerung", junge Menschen im Durchschnittsalter von 20-25 Jahren und zumeist Mitglieder gewerkschaftlicher und verschiedenster politischer und politisch ausgerichteter Organisationen, von denen bis zur gewaltsamen Schließung durch die Nazis insgesamt wohl über 1000 Lehrgangsteilnehmer – getrennt in Männer- und Frauenkurse – zu verzeichnen waren.[14] Unterrichtet wurde von sog. Gastlehrern, von

8 Brief v. 28.11.1905 an Lu Märten [Herv.: LL], ebd.

9 Brief v. 18.2.1906 an Lu Märten, ebd.

10 Vgl. Feilchenfeldt/Brandis 2002.

11 Jenssen 1920, S. 118.

12 Allerdings ließ Jenssen Kautsky bereits am 12.07.1917 „von meiner Frau" grüßen, die bislang wohl noch nicht identifiziert worden ist.

13 Selbstdarstellung und Eigenwerbung zit. n. Overesch 1992, S. 182 f. [Herv.:LL]; vgl. zu Tinz insgesamt ebd. S.179 ff. sowie zur angegebenen Programmatik: Bauke 2005.

14 Am 21.01.1930 hatte Wilhelm Frick als erster Nazi-Minister einer Landesregierung die Ämter für Inneres und Volksbildung übernommen und schon am 29.03. das von ihm initiierte Ermächtigungsgesetz durchs Parlament gebracht als ‚Probelauf' für das Reich. Er war für die Schließung von Tinz 1933 verantwortlich, vgl. Zwing 1930;

denen A. Siemsen, E. Fränkel, O. Suhr, K. Kautsky, H. Brill die bekanntesten waren und von festangestellten Lehrern wie eben O. Jenssen (Gesellschaftslehre, Geschichte und Politik, Soziologie, Organisationsprobleme, Sozialisierung).[15]

Das Bildungsangebot von Tinz hatte in Jenssen eine ideale Repräsentanz gefunden,[16] für das er sich auch in der sozialdemokratischen Bildungspolitik der USP und SPD einsetzte, wie z.B. bei der Tagung der Lehrer an Arbeiterbildungsanstalten in Tinz v. 17.-19.06.1927, auf der Jenssen das Referat über die Erziehung zum historisch-politischen Denken hielt, das er dann auch in diversen Variationen publizierte.[17] Jenssen engagierte sich neben seiner Lehrtätigkeit auch in der Bildungsarbeit der SPD Ostthüringens sowie der Jungsozialisten und bei den Arbeiter-Abstinentlern, den Freidenkern und nicht zuletzt auch immer wieder bei den Blinden. Hier wirkte er nicht nur praktisch, sondern vor allem auch durch eine ungemein reichhaltige Publizistik in so gut wie sämtlichen kritischen Organen linker und sozialistischer Provenienz während der Weimarer Republik. Nicht zu vergessen ist sein Engagement für die Gewerkschaften, gegen deren reformistische Ausrichtung er allerdings von Anfang an skeptisch war und durch Beiträge in Zwings *Gewerkschafts-Archiv* wie *Nationalökonomie und Gewerkschaftler* oder *Engels als Gewerkschaftstheoretiker* zu revidieren trachtete.[18]

Herausragend aber waren sowohl seine Kautsky-Festgabe von 1924 als auch die Engels-Gedenkschrift von 1925.[19] Sie erst beweisen das lebendige und ebenso kritisch-reflektierte wie schöpferische Interesse Jenssens an den theoretischen Fragen des Marxismus und den wissenschaftlichen Aufgaben der Arbeiterbewegung, und zwar sowohl hinsichtlich des Spektrums der von ihm herausgegebenen Autoren und Autorinnen als auch insbesondere hinsichtlich seiner eigenen Beiträge.

Vermutlich schon vor dem 1. Weltkrieg hatte Jenssen Kontakt zu den Kautskys gefunden. Die ersten (erhaltenen) Briefe an Karl und Luise Kautsky stammen allerdings von 1916.[20] Leider fehlen bislang sämtliche Zeugnisse Jenssens

Heimvolkshochschule Tinz bedroht! In: Gewerkschafts-Zeitung. Organ des Allgemeinen Deutschen Gewerkschaftsbundes, Berlin, 40. Jg., Nr. 10, 1930, S.175.

15 Vgl. wiederum samt weiterer Beschreibungen der Schule: Overesch 1992, S. 182-185, und Bauke 2005.

16 Jenssen wollte ‚sein' Tinz „entgültig als Elementarschule des Marxismus" entwickelt sehen; Brief an K. Kautsky v. 13.10.1924, IISG, Kautsky Archiv, K D XXIII, Bl. 412.

17 Vgl. Bildungswesen [Tagungsbericht] in: Gewerkschafts-Zeitung. Organ des Allgemeinen Deutschen Gewerkschaftsbundes, Berlin, 37. Jg., Nr. 24, 1927, S. 379.

18 Jenssen 1925b, 1925c.

19 Jenssen 1924a/b u. 1925a.

20 1. an KK, Alfeld [an d. Leine], 26.07.1916 (IISG, Kautsky Archiv, K D XIII, Bl. 393); 2. an LK, Minden, 01.08.1916 (ebd., Bl. 394); diese Briefe belegen einen be-

während der Novemberrevolution, sodass unklar ist, ob die Herausgabe der Kautsky-Schriften im Paul-Cassirer-Verlag nicht vielleicht – neben ev. Kestenberg – auch durch Jenssen vermittelt oder sogar betreut worden war. Auf jeden Fall war Jenssen seither einer der treuesten Anhänger Kautskys. Er bezeichnete sich selbst des Öfteren als „Kautsky'scher Marxist"[21] und war mithin bestens geeignet, Karl Kautsky die oben schon erwähnte Festschrift zu widmen.[22] An ihr beteiligten sich von den heute noch relativ bekannten Autor(inn)en B. Kautsky, M. Adler, A. Siemsen, J. Schaxel und O. Bauer mit einigen zum Teil überraschend ‚modernen' Themenstellungen.[23] Jenssen verband dabei die Kautskysche Argumentation in der sog. Massenstreikdebatte (1910-1912) mit der Kritik Kautskys an dem bekannten Buch *Psychologie der Massen* von G. Le Bon (1895) und verglich diese mit der damals aktuellen Le-Bon-Kritik Freuds in *Massenpsychologie und Ich-Analyse* (1921), wobei seiner Meinung nach Freud und Kautsky nicht nur zu sehr verwandten Ergebnissen gekommen seien, sondern sich die sozioökonomischen und psychologischen Analysen auch bestens ergänzten. So unorthodox sich diese Festschrift für einen, der sich selbst „orthodoxer Marxist" nannte,[24] auch auszeichnete, so dürfte doch das Urteil, dass er damit „einer der stärksten marxistischen Theoretiker seiner Zeit" gewesen sei,[25] zu relativieren sein; denn ungleich realistisch-bescheidener schätzte Jenssen selber seine Festgabe ein, dass sie nämlich „für den Historischen Materialismus Reklame machen könnte".[26] Eine Relativierung kann sich aber in keinem Fall auf eine so schnöde Abkanzelung dieses Buches beziehen, wie es Georg Lukácz in der Zeitschrift der kommunistischen Internationale als „Triumph Bernsteins", d.h. als reformistisch-revisionistisch, rezensierte, Jenssens Herausgeberschaft aber nicht einmal notierte und dessen Beitrag abschätzig unter die „mehr oder minder fleißige[n] Untersuchungen über Einzelfragen oder Feuilletons" sortierte

reits intensiven intellektuellen Austausch Jenssens mit den Kautskys, so dass der Kontakt früher zustande gekommen sein muss.

21 Brief von L. Jenssen an LK, 21.06.1932; IISG, Kautsky Familienarchiv, Sign. 1120 oder: „sehr altmodisch kautskyanisch" (Brief an KK, 29.03.1925; IISG, Kautsky Archiv, K D XIII, Bl. 415).

22 Vgl. auch seine Geburtstagsbriefe an KK und LK v. 13.10.1924: IISG, Kautsky Archiv, K D XIII, Bll. 412, 413. Merkwürdigerweise finden sich in der gesamten Kautsky-Forschung keine Hinweise auf den treuen Festgaben-Bringer.

23 Jenssen 1924b.

24 Brief an KK v. 26.11.1926, IISG, Kautsky Archiv, K D XIII, Bl. 421.

25 Bauke 2005.

26 Brief an LK v. 04.06.1924, IISG, Kautsky Familienarchiv, Sign. 1121.

und damit das für den zeitgenössischen Marxismus intendierte Innovative dieser Festschrift nicht zur Kenntnis nehmen wollte.[27]

Ein ähnliche Auszeichnung wie bei der Kautsky-Festschrift erfuhr Jenssen wegen seines Buches zu Engels' 30. Todestag von 1925, durch das er „als Ideologe der SPD bekannt" geworden sei.[28] Das dürfte diese damals doch sehr überrascht haben, zumal wenn die eigentliche Intention dieser von ihm eingeleiteten und kommentierten Sammelschrift aus alten *Neue Zeit*-Beiträgen in der damaligen bekannt gewesen wäre: Denn er wolle damit gegen das „gering [gewordene] theoretische Interesse" angehen; der „Zweck" des Buches sei: „Entwicklung des Marxismus von mechanischen Materialismus zum Machismus und vom Darwinismus zum Neulamarckismus, dabei ferner Verbindung zwischen der Methode der modernen Naturwissenschaft und der Marx'schen Dialektik, Abwehr der fälschlichen Anwendung der angeblich naturwissenschaftlichen Methode auf Wert (Grenznutzen, Schumpeter)."[29] Fast wörtlich stand dies dann auch so in Jenssens Einleitung, die er zudem noch in dem Wunsch zur „Bekehrung der heutigen Generation der Hand- und Geistesarbeiter zum ewig lebendigen Marxismus im Geist und in der Methode eines Friedrich Engels" münden ließ.[30] So verdienstvoll gerade in der strittigen Periode der wiedervereinigten SPD, in der Jenssen die marxistischen Kautskyaner als schon „glänzend assimiliert" ironisierte,[31] die Herausgabe von wissenschaftshistorischen und -theoretischen Materialien zur Weiterentwicklung des Marxismus auch gewesen sein mochte – der permanent an seiner, in den Briefen häufiger so genannten „Blindschleichigkeit" leidende Jenssen hatte ein erstaunliches Reservoir an unter den schweren Vorlesebedingungen rezipierter wissenschaftlicher Literatur und innovativer Ideen, aber keine Gelegenheit zu entsprechend einschlägig wissenschaftlichen Arbeiten.

Jenssen, der in seinem Eintreten für eine marxistisch-wissenschaftlich fundierte Politik sich stets für einen „Sozialdemokraten" hielt, „der bei Rosa [Luxemburg] gelernt hat[,] sich nicht bluffen zu lassen und auch die Arbeiterbewegung ohne Illusionen zu sehen",[32] vertrat dann auch am Ende der Weimarer Republik

27 Lukácz 1968, S. 597. Nicht auszuschließen ist, dass auf diese Rezension L. Kautsky Jenssen aufmerksam gemacht hatte, der sich dafür interessiert zeigte: Brief an LK v. 09.04.1925, IISG, Kautsky Archiv, K D XIII, Bl. 417.

28 Overesch 1992, S. 242; vgl. als eine der ganz wenigen aktuellen Würdigungen Jenssens: Mocek 2002, S. 202 et passim.

29 Brief an KK v. 29.03.1925, IISG, Kautsky Archiv, K D XIII, Bl. 415; Brief an LK v. 09.04.1925, IISG, Kautsky Archiv, K D XIII, Bl. 417 – hier erwähnte Jenssen auch die Abschrift der Inhaltsangabe des Buches, die er seinem Brief beilegte und die ggf. im IISG, Kautsky Familienarchiv, Sign. 363, als „undatiert" ausgegeben wird.

30 Jenssen 1925a, S.7-9.

31 Brief v. 29.03.1925, IISG, Kautsky Archiv, K D XIII, Bl. 415.

32 Brief an LK v. 15.09.1924, IISG, Kautsky Familienarchiv, Sign. 1121.

den linken Flügel der SPD, die sich 1931 gegen die Zustimmung der Führung zum Panzerkreuzerbau herausgebildet hatte. Aus diesem Engagement entstammte dann einer der äußerst seltenen Beiträge, die in der BRD im Vorfeld der sog. 1968er Ereignisse nachgedruckt und in der wissenschaftlichen Literatur dieser Zeit zur Geschichte der deutschen Sozialdemokratie und Arbeiterbewegung auch zitiert wurden – Jenssens Einführungsaufsatz zu *Die Organisation im Klassenkampf*, der später allerdings wohl kaum ernsthaft gewürdigt wurde.[33] Es war dies übrigens ein Beitrag, den Jenssen gedanklich und materialiter schon 1925 geplant und in anderen Publikationen vorbereitet hatte: „Im Übrigen plane ich für den [,]Kampf[‘] einen Engelsaufsatz: Vom Rebell zum Revolutionär“ und „soll Engels Wandlungen in Bezug auf die Revoluti[o]n kurz darstellen“.[34]

So passt es, wenn Jenssen bereits in der Kautsky-Festschrift äußerte, dass zwar das wissenschaftliche Forschen in der gegenwärtigen „Reaktionsperiode“ (1924! im Vergleich zu der nach 1848) und in den politischen Alltagskämpfen besonders schwierig sei, zumal „wir mitten im Kampfe uns theoretisch neu orientieren müssen“, aber dennoch sollte es ihm immer um „Anregungen zu weiterem Forschen und zu neuer Problemstellung“ gehen.[35] Dieses unternahm Jenssen dann auch nach dem Faschismus,[36] als er im Übergang zur Nachkriegsordnung sein Minipamphlet zur Säkularfeier von 1848 veröffentlichte, in dem er nicht nur zustimmend Lenin zitierte, sondern auch die inzwischen erfolgte Bodenreform in der SBZ begrüßte.[37] Wie ein Nachhall seines lebenslangen Einsatzes für die Wissenschaftlichkeit des Marxismus lobte Jenssen nach dem Faschismus – inzwischen Studienrat und Leiter der Pädagogischen Fachschule für Geschichte in Gera – in einem Brief an J. Kuczynski dessen *Geschichte der Arbeiter in Deutschland*: „Endlich wendet man einmal den historischen Materialismus in differenzierter Form auf die Arbeiterbewegung an. Ich habe das im Unterricht immer getan“.[38]

33 Jenssen 1931b.

34 Brief an LK v. 09.04.1925, IISG, Kausky Archiv, K D XIII, Bl. 417; vgl. ferner Jenssen 1926.

35 Jenssen 1924a, S. 6.

36 Jenssen hatte sich im Kampf der thüringischen SPD gegen den Faschismus engagiert, den er schon früh erkannte: So polemisierte er bereits am 09.10.1923 an KK gegen Hilferdings und Wells' „Phrasenradikalismus“: „Verzeihen Sie die Wut, aber deswegen ist man wirklich nicht Sozialist geworden, um den Marxismus zum Hit[]lerschlagwort und zur O[]ase in der Partei werden zu lassen. Es ist eben der Fehler K.K.'s, dass er keine wirkliche Schule marxistischer Politiker erzogen hat wie Victor Adler“; ISSG, Kautsky Archiv , K D XIII, Bl. 409.

37 Jenssen 1948.

38 Brief v. 20.1.1947 an J. Kuczynski. In: NL Jürgen Kuczynski, 2. Korrespondenzen; 1. Allgemeine; Sign.: Kuc 2-1-P1075.

Insgesamt verspricht die Forschungslage zu den inzwischen gesicherten werk- und lebensbiographischen Daten Jenssens, weitere historische und prinzipielle Irrtümer in der Marx-Rezeption für eine wissenschaftliche und praktisch wirksame Entwicklung sozioökonomisch gerechter Verhältnisse besonders erfolgreich aufklären zu können, wobei sich Jenssens Briefe an die Kautskys, einschließlich einer systematischen Analyse seiner Schriften während der Weimarer Republik, als besonders geeignet erweisen dürften.

1. Quellen

1.1 Archivalien

Internationales Institut für Soziale Geschichte (IISG), Amsterdam:
- , Kautsky-Familienarchiv
- , Kautsky-Archiv
- , Märten, Lu-Archiv
Zentral- und Landesbibliothek, Berlin
- , NL Jürgen Kuczynski.

1.2 Gedruckte Quellen und die hier zitierten Publikationen Jenssens

Jenssen, O., 1920, Bücher haben ihre Schicksale. Zu: „Wege zum Sozialismus“. In: Paul Cassirer Verlag (Hg.), Unserer Weg 1920, Berlin, S. 117-118.

- , 1924a, (Hg.), Der lebendige Marxismus. Festgabe zum 70. Geburtstag von Karl Kautsky. Mit Beiträgen von Max Adler [et al.], Jena.

- , 1924b, Zur Psychologie der Masse. Kautsky und Freud. In: Jenssen 1924d, S. 589-604.

- , 1924c, Was lehrt uns die Gesellschaftswissenschaft? In: Urania. Monatshefte für Naturerkenntnis und Gesellschaftslehre, Jena, 1. Jg. (1924/25), Heft 1, S. 3-5.

- , 1925a, (Hg.), Marxismus und Naturwissenschaft. Gedenkschrift zum 30. Todestage des Naturwissenschaftlers Friedrich Engels. Mit Beiträgen von Friedrich Engels, Gustav Eckstein und Friedrich Adler, Berlin.

- , 1925b, Nationalökonomie und Gewerkschaftler. In: K. Zwing 1924-33, 2. Jg., Bd. 3, Nr. 2, S. 162-166.

- , 1925c, Friedrich Engels als Gewerkschaftstheoretiker. In: K. Zwing 1924-33, 2. Jg., Bd. 3, Nr. 3, S. 57-62.

- , 1926(?), Geschichte der Revolutionen. In: Sozialistischer Literaturführer. Erster Band. Hg. v. Reichsausschuß für sozialistische Bildungsarbeit, Berlin.

- [1930], Das gesellschaftswissenschaftliche Grundwissen, Jena [Freidenkerschulung].

- , 1931a, Erziehung zum politischen Denken: Eine marxistische Betrachtung, Berlin [Jungsozialistische Schriftenreihe].

- , 1931b, Von der Revolte zur Massenorganisation. In: F. Bieligk [et. al.] Die Organisation im Klassenkampf. Probleme der politischen Organisation der Arbeiterklasse, Berlin. [Nachdruck Frankfurt 1967, Verlag Neue Kritik]

- , 1931c, Erziehung zum politischen Denken. In: Sozialistische Jugend, 1. Jg., H. 1, S. 16-18 [Nachdruck in: Wollenberg 1998, S. 49-53.]

- , 1948, Die bürgerliche Revolution 1848, Weimar [Kampf um die deutsche Demokratie, 3].

Lukácz, G., 1968 [1924], Der Triumph Bernsteins. Bemerkungen über die Festschriften zum 70. Geburtstag Karl Kautskys. In: Ders., Frühschriften II, Bd. 2, Geschichte und Klassenbewusstsein, Neuwied/Berlin, S. 591-597.

Zwing, K. (Hg.), 1924-33, Gewerkschafts-Archiv. Monatsschrift für Theorie und Praxis der gesamten Gewerkschaftsbewegung, Jena, 9 Jahrgänge.

- [?], 1930, (Anmerkungen) Der neue Geist von Weimar. Die Heimvolkshochschule Tinz bedroht. In: Zwing 1924ff, 7. Jg., Bd. XII, Nr. 4, S. 270-272.

2. Literatur

Bauke, D., 2005, Otto Jenssen (1883-1963). [Im Erscheinen]

Feilchenfeldt, R./ M. Brandis, 2002, Paul Cassirer Verlag. Berlin 1898-1933. Eine kommentierte Bibliographie. Bruno und Paul Cassirer Verlag 1898-1901. Paul Cassirer Verlag 1908-1933, München.

Fischer, G., 1966, Dienstboten, Brecht und andere Zeitgenossen in Prag, Berlin, London, Olten/ Freiburg/Br.

Goldschmidt, W., 1973, Gesellschaftliche Krise und die Perspektive der Arbeitbewegung in Frankreich. Eine Untersuchung zur Herausbildung einer gemeinsamen Strategie der französischen Arbeiterbewegung im Verlauf einer Periode verschärfter Streikbewegungen vom Mai 1968 bis zum März 1973, Marburg.

- /Lambrecht, L., 1983, Von der Philosophie zur „reellen Wissenschaft". Thesen zur Erforschung der Genesis des Marxismus. In: H.J. Sandkühler/ K. Bayertz (Hg.), Karl Marx – Philosophie, Wissenschaft, Politik, Köln 1983, S. 70-87 (Dialektik 6).

Kestenberg, L., 1961, Bewegte Zeiten. Musisch-musikalische Lebenserinnerungen, Wolfenbüttel/ Zürich.

Mocek, R., 2002, Biologie und soziale Befreiung. Zur Geschichte des Biologismus und der *Rassenhygiene* in der Arbeiterbewegung, Frankfurt/M./ Berlin/ Bern.

Overesch, M., 1992, Hermann Brill in Thüringen 1895-1946. Ein Kämpfer gegen Hitler und Ulbricht, Bonn.

Wollenberg, J. (Hg.), 1998, „Völkerversöhnung" oder „Volksversöhnung"? Volksbildung und politische Bildung in Thüringen 1918-1933. Eine kommentierte Dokumentation, Erfurt.

Tomberg, F., 2003, Wissenschaftliche Weltanschauung – Ein Unbegriff? In: A. Arndt/ K. Bal/ H. Ottmann, Glauben und Wissen. Hegel-Jahrbuch 2003, Teil I, Berlin, S. 147-150.

Friedrich Tomberg

Der historische Materialismus in der Wissenschaft vom Menschen

Einsichten, die in der Wissenschaft gewonnen werden, bleiben für immer. Sie können vergessen, aber nicht widerlegt werden, andernfalls waren es keine Einsichten. Solange Wissenschaft kontinuierlich betrieben wird, bleibt mindestens ein Kernbestand, der sich mehr und mehr erweitert. Die moderne Physik hat die Newtonsche Physik nicht des Irrtums überführt, nicht außer Kraft gesetzt, sie hat ihr nur einen bescheideneren Platz zugewiesen, ihre Gültigkeit auf ein begrenztes Revier reduziert und ist selbst aus Fragen dieser klassischen Physik hervorgegangen, die in deren Rahmen nicht mehr zu lösen waren.

Es gab eine Zeit, da schien es, als könne Karl Marx, zusammen mit Friedrich Engels, für die Gesellschaftswissenschaft eine ähnliche Rolle spielen, wie sie später Einstein und einige andere für die Physik eingenommen haben. Für sein wissenschaftliches Hauptwerk wird mit Recht die „Kritik der politischen Ökonomie" angesehen, als Theorie in aller Stringenz im *Kapital* vorgeführt. Dieses Werk gilt weithin immer noch als die beste Analyse des Kapitalismus. Mit ihrer Voraussage einer Überwindung der kapitalistischen Produktionsweise durch eine höhere Gesellschaftsformation, die sie geradezu logisch abzuleiten suchte, überzeugt die Marxsche Theorie jedoch heute weniger denn je. Dabei ist hier noch gar nichts entschieden. Zwar ist die angekündigte Zuspitzung des Klassenkampfes zur Revolution bisher nicht eingetreten, auf der anderen Seite ist aber der Kapitalismus noch längst nicht zu jener weltweiten Vollendung gelangt, von der an nach Marx die Revolutionierung der Verhältnisse nicht mehr vom Willensentschluss einzelner, zu einer Kampfpartei Zusammengeschlossener abhängt, die auch ausbleiben oder verhindert werden kann, sondern zu einem objektiven Erfordernis wird, an dem, um der weiteren Existenz der Menschheit willen, nicht mehr vorbeizukommmen ist. Bis dahin ist der Weg allerdings noch sehr lang. Wer etwa mit Robert Kurz das große Desaster schon vor der Türe wähnt, hat gewiss zu kurz gedacht.

Das *Kapital* wurde von den Revolutionären als Legitimation ihres Klassenkampfes und wissenschaftliche Herleitung seiner Notwendigkeit gelesen, und dies zu Recht. Es war aber nicht als Lesebuch für Proletarier abgefasst, sondern als ein Werk der Wissenschaft. Seine erklärte Absicht war, die „Transitorik" der kapitalistischen Formation herauszustellen. Nachdem ein revolutionäres Proletariat nicht mehr existiert, hängt die Relevanz der Marxschen Theorie ganz von der Plausibilität dieser Behauptung ab. Die Deduktionen der Kritik der politischen Ökonomie reichen zu ihrer Bewährung längst nicht mehr aus, sosehr einige unentwegte Marxisten, die damit ganz unter sich bleiben, dies auch meinen. Man muss da schon auf die theoretischen Grundlagen der ökonomischen Analyse zurückgehen, auf den historischen Materialismus. Sein Grundaxiom, die Auffassung des Menschen als eines gesellschaftlichen Lebewesens hat sich auch bei vielen Nichtmarxisten durchgesetzt, in Entgegensetzung zu einer neoliberalen Praxis, die immer noch allein auf die Marktwirtschaft und eine ihr vorausgesetzte autonome Privatheit der Individuen setzt.

Marx beruft sich ausdrücklich auf Aristoteles, der den Menschen als *zóon politikón* definierte[1]; *politikón* kommt von *Polis*, und die Polis war sowohl Gesellschaft als auch Staat. Wenn Marx seine Übersetzung zu Beginn seiner Kapitalanalyse auf die Bedeutung „gesellschaftliches Wesen" beschränkt, so hat das gute methodische Gründe. Seine als vorläufig gemeinte Reduktion gerann in der sich an ihn anschließenden Theoriediskussion jedoch zu einer erschöpfenden Definition. Bei sich als besonders „kritisch" meinenden Marxisten kam zudem nicht zum Zuge, dass *zóon* nicht einfach nur Lebewesen, sondern ganz speziell auch Tier bedeutet und damit ein Naturwesen, das der Natur gänzlich entstammt und weiter zugehört. Stattdessen wurde und wird nicht selten sogar ein Gegensatz zwischen Gesellschaft bzw. Geschichte und Natur konstruiert und es wird als unzweifelhaftes Kennzeichen des historischen Materialismus ausgegeben, dass er die Natur, samt ihren Gesetzen, aus der Menschenwelt verbanne und alles Menschliche der Geschichte unterstelle. Man spielt damit Marx gegen Marx aus, den Marx, der gesagt hatte, die Menschen machten ihre Geschichte selbst, wenn auch unter vorgegebenen Bedingungen[2], gegen den Autor des *Kapitals*, der erklärt hatte, naturwissenschaftlich vorzugehen, und der auch die Gesellschaft Naturgesetzen unterworfen sah[3].

Die modernen Naturwissenschaften stehen unter dem Prinzip, in der gesamten Realität eine lückenlose Kausalität vorauszusetzen, und zwar auch da, wo sie, wie etwa in der Quantenphysik, damit in Erklärungsschwierigkeiten geraten. Aus ihrer Erkenntnisperspektive hat in der Zeit ihres Aufstiegs der philosophische Materialismus ein allumfassendes Weltbild entworfen, in das alles nur als seiend Denkbare einbefasst sein sollte. Demgegenüber hat seinerzeit der gegen den materialistischen Ansturm sich formierende sogen. deutsche Idealismus sich auf einen gegenüber der wissenschaftlichen Empirie ganz anderen Zugang zur Realität berufen. Ihm ergibt sich aus der Reflexion des Bewusstseins auf sich selbst ein Wissen um die Nichtunterworfenheit des menschlichen Willens unter die Determinationen der Natur. Materialismus wie Idealismus verstehen sich, soweit sie der Philosophie im emphatischen Sinne der Tradition zuzuzählen sind, als Äußerungen eines autonomen, nur sich selbst verpflichteten, von jeglichem anderen

1 MEW 23, S. 346.
2 MEW 8, S.115.
3 MEW 23, S.15 f.

Interesse sich abhebenden Denkens, das für alles, was ist und womöglich auch, was nicht ist, Aussagen zu machen beansprucht, die die Welt in ihrer Absolutheit auf den Begriff bringen und daher selbst als absolut wahr gelten dürfen, nur dass den einen der Geist oder religiös gesprochen Gott, den anderen aber die Materie eine Letztgegebenheit ist, hinter der nichts mehr gesucht werden kann. Beide berufen sich auf verschiedene Erkenntnisquellen: der Materialismus auf die Empirie, der Idealismus, grob andeutend gesprochen, auf das Selbstbewusstsein.

Marx hat sich vom Erkenntnisabsolutismus der beiden unvereinbar einander entgegenstehenden Hauptströmungen der Philosophie lösen können, indem er für seinen historischen Materialismus gar nicht mehr den Rang einer Philosophie reklamierte, sondern nur die nicht so hochgreifende Aufgabenstellung einer auf einen speziellen Gegenstand sich reduzierenden Wissenschaft, einer Wissenschaft vom Menschen im weitesten Sinne. Mit der Aufdeckung ihres Ideologiecharakters glaubte er anfänglich, die Philosophie überhaupt erledigt zu haben. Er konnte sie aber nur so loswerden, dass er sie in seine eigene Theorie aufnahm und in dieser Weise eben doch weiter tradierte. Ihm durfte die Hegelsche Philosophie als bisheriger Endpunkt der Entwicklung gelten. Er ging über sie hinaus, indem er sie, anknüpfend an Feuerbauch, vom Kopf auf die Füße stellte. Die idealistische Philosophie, die selbst aus einer Negation des Materialismus hervorgegangen war, negierte er wiederum und kehrte mit dieser Negation der Negation auf die Position des Materialismus zurück. Er wandte also die Hegelsche Dialektik nicht nur, wie bekannt, in der Ökonomie an, sondern auch übergreifend in der Philosophie, was nicht annähernd so bekannt ist. Er wies den Idealismus nicht nur ab, sondern er integrierte ihn in seinen Materialismus, womit in beiden der absolutistische Anspruch nicht mehr zu halten war, da zwei universale Absolutismen schlecht zugleich bestehen können.

Diese materialistische Vereinigung von Materialismus und Idealismus musste, wenn die ins Materialistische gewendete Dialektik auch hier zutreffen sollte, als Antwort auf neue, in der gesellschaftlichen Entwicklung sich ergebende Anforderungen der Praxis verstanden werden können. Ihrer theoretischen Begründung hingegen war längst schon vorgedacht worden, nämlich durch die gegenüber den absolutistischen Kontrahenten andere Hauptströmung der neuzeitlichen Philosophie, die man als skeptizistischen Empirismus bezeichnen kann. Diesem ging auf, dass Erkenntnisse nur soviel wert sind, wie ihre Quellen hergeben. Somit reduzierte sich ihm die Welt auf Erfahrungswelt, Wissen auf Glauben. Die Empirie konnte hiernach nicht weniger eine Illusion sein als das Selbstbewusstsein. Damit war ungewollt dem Verfahren, auf das der Idealismus sich berief, eine gleiche wissenschaftliche Autorität zugestanden wie der Empirie, die die Naturwissenschaften allein gelten lassen wollten. Selbstbewusstsein, Reflexion des Bewusstseins auf sich selbst, konnte nicht mehr als unwissenschaftlich abgewiesen werden, es sei denn, es wurde auch der empirischen Wissenschaft die Erkenntnisfähigkeit abgesprochen, was in der Folge bis in die Gegenwart hinein denn auch geschah[4].

Nicht so bei Marx. Ihm bot die dialektische Verstehenskonstruktion die Möglichkeit, in philosophischen Positionen zwar eine Wahrheit ausgesprochen zu sehen, die aber zeitgebunden war, so dass seine Frage nicht nach der endgültig gefundenen Wahrheit ging, sondern nach der für seine Zeit unter den gegebenen Umständen gültigen. Das bedeutete nicht, dass aus der Wahrheit von gestern eine Unwahrheit von heute geworden wäre, sondern dass sie, wenn sie wirklich ein Wissen darstellte, ihren Platz als untergeordnetes Moment in einem weitergeschrittenen Wissen fand. Wiederum kann uns die Geschichte der Physik als Verdeutlichung und zwar jetzt auch für den Strang der Philosophie innerhalb der Wissenschaftsentwicklung dienen.

Die die Gültigkeit nicht total negierende Relativität der Wahrheit, so lässt sich demnach wohl sagen, wurde nur denkbar durch den schon von Kant beachteten und durch Hegel in die Begründung seiner Dialektik hineingenommenen skeptizistischen Empirismus, dem damit allerdings ebenfalls sein impliziter Absolutheitsanspruch genommen wurde. Bei Marx ist davon kaum ein Bewusstsein nachweisbar, Lenin hat es später in seinen Hegelstudien deutlich herausgestellt. Wo dieses skeptizistische Moment nicht beachtet, wo ihm vielmehr nur ideologiekritisch die Tür gewiesen wird, da verwandelt sich die aus Marx sich herleitende Theorie zum Glauben an den Besitz eines unmittelbar absoluten Wissens und damit zum bloßen Glauben, wie bekanntlich massenweise geschehen.

Indem Marx in bewusstem Bezug auf die Ansprüche der Praxis an die Wissenschaft die dialektische Methode von Hegel übernahm, damit aber nolens volens die Hauptströmungen der abendländischen Philosophie auf dem Boden des Materialismus miteinander vereinigte, machte er eine Wissenschaft vom Menschen möglich, die Natur- und Geschichts- bzw. Gesellschaftswissenschaft in einem ist. Der historische Materialismus ist nicht selbst schon diese Wissenschaft, kann aber deren allgemeintheoretische und insofern auch wieder philosophische Basis sein. Er müsste seinen Anspruch darauf allerdings überhaupt erst anmelden und ihm bei sich selbst gerecht zu werden suchen.

Es spricht viel dafür, dass Marx in der Tat so etwas wie der, allerdings als solcher noch längst nicht allgemein bewusst gewordene, Einstein der Wissenschaft

4 Die Feststellung, daß Wissen, wenn es wahr sein wolle, absolutes Wissen sein müsse, dieses aber nicht möglich und daher Wissen im eigentlichen Sinne überhaupt nicht möglich sei, gerät dem Skeptizismus heute zum Glaubenssatz, auf dem er fußt, als handele es sich um etwas, was a limine gar nicht anders sein kann, und so um ein, prinzipiell abgeleugnetes und doch stillschweigend in Anspruch genommenes absolutes Wissen – was ihn in einer als untergehend empfundenen Kultur der Notwendigkeit enthebt, sich über die unerfreulichen Verhältnisse der Gegenwart reinen Wein einschenken zu müssen.

vom Menschen gewesen ist. Aber seine Theorie ist, im Unterschied zur Einsteinschen, über hundert Jahre alt. Ihr Gegenstand hat sich, wiederum im Unterschied zu dem Einsteins, bedeutend geändert. Die Theorie muss also erst auf die neuen Verhältnisse bezogen werden. Eine verbreitete marxistische Intention geht in die andere Richtung: die neuen Entwicklungen werden als erneute Angriffe auf die alte Wahrheit verstanden.

Indem der historische Materialismus, als er im 19.Jahrhundert konzipiert wurde, Antwort auf Fragen aus der Praxis sein wollte, war es eine bestimmte Praxis, die ihm die Fragen vorgab: die der möglichen proletarischen Revolution. Das gab den Blick frei auf den den Formationen in der Geschichte zukommenden Charakter als Klassengesellschaft. Deren Aufhebung und nicht irgendeine paradiesische Befindlichkeit wurde von den marxistischen Klassikern als das entscheidende Merkmal des künftig zur Verwirklichung anstehenden Kommunismus angesehen. Der Staat galt und kam nur in Betracht als Instrument der herrschenden Klasse.

Er ließ sich aber nicht zerbrechen, sondern es musste mit ihm ein Kompromiss eingegangen werden. Der Klassenkampf wandelte sich zur Tarifauseinandersetzung im Sozialstaat. Solange die Revolution als ein unmittelbar herannahendes Ereignis vor Augen stand, war umso mehr auf einer grundsätzlichen Feindschaft gegen die ökonomisch und daher auch politisch Herrschenden zu bestehen. Nun ist die Revolution aber in eine undefinierbare Ferne gerückt, gleichwohl ist der revolutionäre Duktus gegen das System nicht durchgängig aufgegeben worden, er hat sich, zu einer diffusen Widerstandshaltung gemildert, in die Theorie zurückgezogen. In der Praxis hat sich ein auf Dauer gestelltes Mitmachen längst durchgesetzt.

Der damit gegebene Gegensatz zwischen Theorie und Praxis erinnert an das Dilemma der deutschen Sozialdemokratie vor dem Ersten Weltkrieg. Anders als damals kann eine Ausgleichung nicht mehr in einer revolutionären Rückbesinnung gesucht werden. Wenn nur der kapitalistische Weg übrig bleibt, dann kommt alles darauf an, wie er gegangen und auf welches Ziel hin er gelenkt wird. Ohne gut und erfolgreich wirtschaftende Kapitalisten ist das nicht möglich. Grundsätzliche Feindschaft gegen sie macht auch für Arbeiter keinen Sinn mehr. Die Theoretiker, die sich in einer wirklichkeitsfremden Radikalität im Feldlager des Widerstands wähnen, verdecken damit nur ihre Ratlosigkeit hinsichtlich einer Alternative. Der nationale Sozialstaat hat sich aus der Waffe eines innerstaatlichen zum Spielball eines staatenübergreifenden Kapitals gewandelt und bleibt doch, falls zum globalen Staatengefüge sich erweiternd, als Waffe unentbehrlich, nicht für oder gegen den Kapitalismus, sondern gegen eine schwer einzugrenzende Kapitalfraktion, die zu kurzfristigen Interessen ungehemmt ihren Profit aus der Globalisierung zieht und damit den Weltzustand auf eine Katastrophe zutreibt.

Dagegen allerdings ist ein Widerstand vonnöten, der die Globalisierung in umgekehrter Richtung ebenso zu nutzen versteht. Ihn hindert immer noch ein Klassengegensatz, aber nicht primär der alte zwischen Arbeit und Kapital, sondern der zwischen den herrschenden westlichen Industrienationen, ihre Arbeiter eingeschlossen, und den zur kapitalistischen Zivilisation aufschließenden außerwestlichen Ländern. Auf beiden Seiten bilden sich, wenn nicht schon vorhanden, zunächst wirtschaftliche, dann auch politische und damit militärische Großräume. Konflikte riesigen Ausmaßes bauen sich auf. Sie werden letzten Endes nur durch die Einigung auf eine gemeinsam zu tragende Weltordnung zu lösen sein, mit einer Regierung, die im Besitz des Gewaltmonopols ihre Autorität gegen alle terroristische Quertreiberei durchzusetzen vermag, indem sie eine weltweite Demokratie realisiert.

Auf zwei Wegen scheint die gesellschaftliche Entwicklung auf eine Welteinigung der Menschheit zuzutreiben. Der eine resultiert aus einer globalen Allianz aller Opfer des Missbrauchs der Globalisierung, also bis auf eine Minderheit der ganzen Erdbevölkerung einschließlich der Arbeitslosen wie der ihres langfristigen Interesses bewussten Kapitalisten. Der andere besteht in dem Zusammenschluss der Nationalstaaten zu nicht nur wirtschaftlichen, sondern auch politischen Großräumen, unter der Voraussetzung, dass diese sich nicht durch ein gnadenloses Konkurrenzprinzip zu einem gegenseitigen Vernichtungskrieg antreiben lassen. Wenn die Europäer auf ihren alten Traum verzichten, immer und überall die Größten und Mächtigsten zu sein, werden sie als die Mittelmacht, die sie unter den Großen letztendlich nur sein können, viel zum Ausgleich zwischen den kommenden Fronten beitragen können.

Für die Europäer ist ihre Einigung ein notwendiger Schritt zur Welteinheit, wie dies analog auch für die übrige Welt gilt. Die europäische Einigung kann nur durch Demokratie gelingen und diese nur durch ein Höchstmaß an sozialer Gerechtigkeit. Also bleibt in den kapitalistischen Demokratien der Verteilungskampf eine Notwendigkeit. Aber er kann nicht mehr das alles überwölbende Anliegen sein wie einst der Klassenkampf. Solange der Kapitalismus existiert, erhält sich zwar auch der Grundwiderspruch der Gesellschaft zwischen Kapital und Arbeit, er kann in der gegenwärtigen Epoche aber nur angegangen werden durch Maßnahmen zur Lösung der beiden genannten Hauptgegensätze, des Interessenwiderspruchs also zwischen Menschheit und Globalisierungsgewinnlern zum einen, der Konfrontation zwischen den Großräumen bzw. zwischen der sogen. westlichen und der heraufkommenden neuen „Neuen Welt“ zum anderen. Ob die anscheinend letztmögliche Lösung, die demokratische Weltrepublik, noch kapitalistisch machbar sein wird oder nur sozialistisch oder ob sich dazwischen eine ganz neue, bisher nicht vermutete Gesellschaftformation herausbilden könnte, muss sich herausstellen. Bei Marx lässt sich dazu nichts nachlesen.

Solange jedenfalls der Kapitalismus, solange die private Marktwirtschaft das ökonomische Fundament auch für die geeinte Menschheit sein muss, kann nicht unmittelbar eine Revolution, sondern nur die Schaffung einer demokratischen Verfassung der Weltgesellschaft das Leitmotiv sozialistischer Politik sein. Wenn einst die Kapitalisten den Staat als Garanten ihrer Existenz hatten und dafür Einschränkungen in Kauf nahmen, bzw. sie sich durch diesen Vertreter ihrer langfristigen Interessen abzwingen ließen, so muss heute der erst noch zu konstituierende Weltstaat als Interessenvertreter aller Menschen betrachtet werden. Und den einzelnen Staaten oder Staatenbünden kommt die Funktion zu, diesen Weltstaat bei sich gewissermaßen vorzubilden, indem sie sich selbst zugleich auf die übergreifende globale Souveränität hin einschränken.

Die sich unnachsichtig stellende Aufgabe einer demokratischen Weltordnung setzt Einsicht in die vorfindlichen Zusammenhänge voraus, ein Wissen um die Möglichkeiten, die den Menschen heute gegeben sind, bis hinunter zu jenen, die ihrer Natur immer schon eigen waren. Neben der in Technik sich umsetzenden Naturwissenschaft, die den ökonomischen Prozess der Globalisierung trägt, bedarf es einer Wissenschaft vom Menschen, aus der eine gemeinsame Praxis der global handelnden Individuen und Institutionen sich begründen lässt. Zu ihr hin war der Marxismus auf bestem Wege. Er hat aber vermöge einer einseitigen und zugleich unflexiblen Marx-Rezeption weitgehend versäumt, den Menschen als *zóon politikón* vollständig in den Blick zu nehmen, als nicht nur gesellschaftliches, sondern auch als politisches Lebewesen, als ein nicht nur aus der Konfrontation von Klassen, sondern auch von politischen Gemeinwesen, modern gesprochen: von Staaten her zu verstehendes Individuum. Die von Marx nicht mehr durchgeführte Ausweitung seiner Staatsanalyse auf die der Staatenverhältnisse war für seine Nachfolger nicht von aktuellem politischen Interesse, da ja die als mehr oder wenigern unmittelbar bevorstehend angesehene Revolution das Absterben des Staates im Gefolge haben sollte. Die Revolution wiederum sollte eine Weltrevolution sein, aber eine notgedrungen als Machtergreifung in den einzelnen Staaten sich vollziehende, allerdings in Verbündung über die Staatsgrenzen hinweg, die vorher nicht aufgehoben werden konnten. Sie war als international gedacht, nicht, weil bisher gar nicht möglich, als global. Indem der Marxismus unter dem Eindruck revolutionärer Aktualität sehr zu Recht die herrschende Politik als Aktion herrschender Klassen begriff, ist ihm überhaupt der Staat als das den Menschen trotz aller Entfremdung natürliche Gemeinwesen, ohne das Individualität sich gar nicht ausbilden kann, allzusehr aus dem Blick geraten. Zumindest aber hat er versäumt, „die globale Form des Staates in den Blick zu nehmen, die der entstehenden globalen Zivilgesellschaft entspricht“[5]. Er hat daher auch nicht für die Umwandlung der Pluralität der Staatenwelt in einen einzigen universalen Weltstaat, der allerdings auch als Staatenverbund existieren könnte, die nötigen Kategorien ausgebildet.

[5] Shaw 2004, Spalte 1431.

Ist nach dem Begriff des Politischen gefragt, so denken alle an Carl Schmitt, aber nicht an Karl Marx. Von einem Weltstaat will Carl Schmitt bekanntlich nichts wissen, er erklärt ihn für logisch unmöglich, was wiederum einer Schar von linken Individualisten gerade recht kommt, die gern als Marxisten firmieren. Eines kann von ihm allerdings gelernt werden: Die Wissenschaft vom Menschen ist nicht lediglich allein als Gesellschaftswissenschaft möglich, sie muss zugleich auch Politikwissenschaft sein. Was auch umgekehrt heißt: Eine Politikwissenschaft, die nicht zugleich Wissenschaft vom Menschen, Anthropologie, ist, ist keine. Wissenschaft vom Menschen als Gesellschaftswissenschaft bedeutet: ihr Gegenstand ist nicht der Mensch als vermeintlich autonomes Einzelwesen, sondern das Ensemble von Menschen in ihren Verhältnissen bis hin zur ganzen Menschheit. Wissenschaft vom Menschen als Politikwissenschaft bedeutet: ihr Gegenstand ist nicht nur der Staat als vermeintlich autonomes, hauptsächlich seines Innenlebens wegen interessierendes Einzelwesen, sondern die Pluralität der Staatenwelt bis hin zur tendenziell politisch formierten Menschheit.

Würde der historische Materialismus es fertigbringen, die beiden Aspekte, den sozialen und den politischen, in globaler Dimension in einer zusammenstimmenden Begrifflichkeit zusammenzubringen, dann wäre er genau die Theorie, die die ihrer Einigung bedürftige Menschheit in Zukunft brauchen wird. Dazu bedarf es aber eines Umdenkens, wie es seinerzeit das Christentum im Römischen Reich vollzogen hat, indem es aus einer adventistisch gestimmten Sekte des Widerstandes gegen die Anmaßungen irdischer Herrschaft sich zu jener Christenheit wandelte, die es vermochte, das Innere Europas zu zivilisieren und eine Kultur zu entfalten, die inzwischen zwar ihre Zeit gehabt hat, der werdenden Weltkultur aber als eine im okzidentalen Kontext zweite Antike von unschätzbarem Wert wird sein können. Doch das ist schon ein anderes Thema.

Literatur

Marx, K./Engels, F., 1956-1971, Werke, hg. v. Institut für Marxismus-Leninismus beim ZK der SED. 39 Bde., I. Erg.Bd. in 2 Tl., 2 Registerbde. Berlin (zit. MEW).

Shaw, M., 2004, [Artikel] Internationalisierung des Staates. In: Historisch-kritisches Wörterbuch des Marxismus, hrsgb. v. W.F. Haug. Bd.6,2, Hamburg.

Verzeichnis der Autorinnen und Autoren

Veit Bader lehrt Soziologie an der Fakultät für Sozial- und Verhaltenswissenschaften sowie Sozialphilosophie und Politische Philosophie an der Fakultät für Geisteswissenschaften der Universität Amsterdam.

Frank Deppe lehrt Politikwissenschaft an der Phillips-Universität Marburg. Er ist Mitherausgeber der Zeitschrift *Sozialismus* (Hamburg) und *Z. Zeitschrift marxistische Erneuerung* (Frankfurt) sowie Leiter der Forschungsgruppe Europäische Integration (FEI), Marburg.

Leonhard Hajen lehrt Volkswirtschaftslehre am Department für Wirtschaft und Politik der Universität Hamburg. Seine Forschungs- und Lehrgebiete sind Finanzwissenschaft, Sozialpolitik, Gesundheitsökonomie.

Frigga Haug lehrte bis zum Sommersemester 2001 Soziologie an der Hamburger Universität für Wirtschaft und Politik. Sie ist Mitherausgeberin der Zeitschrift *Das Argument* und des *Historisch-kritischen Wörterbuch des Marxismus*; Redakteurin in der Zeitschrift *Forum Kritische Psychologie* und Mitglied des wissenschaftlichen Beirats von Attac sowie im BdWi.

Wolfgang Fritz Haug lehrte bis 2001 Philosophie an der Freien Universität Berlin. Er ist wissenschaftlicher Leiter des Berliner Instituts für kritische Theorie, für das er das *Historisch-kritische Wörterbuch des Marxismus* herausgibt.

Wulf D. Hund lehrt Soziologie am Department für Wirtschaft und Politik der Universität Hamburg. Seine Forschungsschwerpunkte sind Gesellschaftstheorie, Politische Ikonographie und Rassismusanalyse.

Johanna Klages war lange Dozentin für Soziologie an der Hochschule für Wirtschaft und Politik in Hamburg und ist jetzt freiberuflich tätig.

Lars Lambrecht lehrt Politische Soziologie und Gesellschaftstheorie am Department für Wirtschaft und Politik der Universität Hamburg sowie Philosophie an der Universität Bremen.

Bettina Lösch ist wissenschaftliche Assistentin der Abteilung für Politikwissenschaft des Seminars für Sozialwissenschaften an der Universität Köln. Sie ist Mitglied des wissenschaftlichen Beirats von Attac und der Assoziation für kritische Gesellschaftsforschung.

Harald Mattfeldt lehrt Volkswirtschaftslehre am Department für Wirtschaft und Politik der Universität Hamburg. Seine Arbeitsschwerpunkte sind Wirtschafts-, insbesondere Arbeitsmarktpolitik, Verteilung, Keynesianismus.

Paul Oehlke ist Mitarbeiter im Bundesministerium für Bildung und Forschung. Seine Arbeitsschwerpunkte sind Gewerkschaften, Arbeitspolitik, soziale Innovation; Mitarbeit in regionalen, nationalen und europäischen Förderaktivitäten.

Norman Paech lehrte bis 2001 öffentliches Recht mit dem Schwerpunkt Verfassungs- und Völkerrecht an der Hamburger Universität für Wirtschaft und Politik.

Jörg Reitzig ist Wirtschafts- und Sozialwissenschaftler in Berlin. Er ist Mitglied des wissenschaftlichen Beirats von Attac-Deutschland sowie der Assoziation für kritische Gesellschaftsforschung.

Hans Jörg Sandkühler lehrt Philosophie an der Universität Bremen. Er ist Leiter der Deutschen Abteilung „Wissenskulturen, Transkulturalität, Menschenrechte" des europäischen UNESCO-Lehrstuhls für Philosophie (Paris). Seine Forschungsschwerpunkte sind Erkenntnistheorie, Wissenschaftsphilosophie, Rechts- und Staatstheorie. Herausgeber der *Enzyklopädie Philosophie* (zwei Bände, Hamburg 1999).

Herbert Schui lehrte bis März 2005 Volkswirtschaftslehre an der Hamburger Universität für Wirtschaft und Politik. Seine Arbeitsschwerpunkte sind Konjunktur und Beschäftigung, Geschichte der ökonomischen Lehrmeinungen.

Friedrich Tomberg lehrte Philosophie in Westberlin und Jena und war Mitarbeiter an der Akademie der Wissenschaft der DDR in Berlin. Seine Arbeitsschwerpunkte sind Geschichtsphilosophie, insbesondere historischer Materialismus.

Manfred Wetzel lehrt Soziologie am Department für Wirtschaft und Politik der Universität Hamburg und Philosophie am Institut für Philosophie (WE 1) der FU Berlin. Hauptwerke: Prinzip Subjektivität, 3 Bde (siehe Notiz am Ende des Beitrages). Praktisch-Politische Philosophie: Bd. I2. Allgemeine Grundlagen; Bd. II. Natur und Gesellschaft; Bd. III. Gesellschaft und Politik (alle Würzburg 2004). Lebens-Poetische Philosophie, 3 Bde (in Bearbeitung).

Personenverzeichnis

PHILOSOPHIE UND GESCHICHTE DER WISSENSCHAFTEN

Studien und Quellen

Band 1 Roland Daniels: Mikrokosmos. Entwurf einer physiologischen Anthropologie. Erstveröffentlichung des Manuskripts von 1850/51, hg. vom Karl-Marx-Haus, Trier. 1988.

Band 2 V.A. Lektorskij: Subjekt - Objekt - Erkenntnis. Grundlegung einer Theorie des Wissens. 1985.

Band 3 Martin Hundt: Geschichte des Bundes der Kommunisten 1836 bis 1852. 1993.

Band 4 Lothar Knatz: Utopie und Wissenschaft im frühen deutschen Sozialismus. Theoriebildung und Wissenschaftsbegriff bei Wilhelm Weitling. 1984.

Band 5 Ferdinando Vidoni: Ignorabimus! Emil du Bois-Reymond und die Debatte über die Grenzen wissenschaftlicher Erkenntnis im 19. Jahrhundert. Mit einem Vorwort von Ludovico Geymonat. 1991.

Band 6 Vesa Oittinen: Spinozistische Dialektik. Die Spinoza-Lektüre des französischen Strukturalismus und Poststrukturalismus. 1994.

Band 7 Lars Lambrecht: Intellektuelle Subjektivität und Gesellschaftsgeschichte. Grundzüge eines Forschungsprogramms zur Biographik und Fallstudie zu F. Nietzsche und F. Mehring. 1985.

Band 8 Frank Unger: Politische Ökonomie und Subjekt der Geschichte. Empirie und Humanismus als Voraussetzung materialistischer Geschichtstheorie. 1985.

Band 9 Bernhard Delfgaauw, Hans Heinz Holz, Lolle Nauta (Hrsg.): Philosophische Rede vom Menschen. Studien zur Anthropologie Helmuth Plessners. 1985.

Band 10 Christfried Tögel (Hrsg.): Struktur und Dynamik wissenschaftlicher Theorien. Beiträge zur Wissenschaftsgeschichte und Wissenschaftstheorie aus der bulgarischen Forschung. 1986.

Band 11 Gerhard Pasternack (Hrsg.): Philosophie und Wissenschaften. Das Problem des Apriorismus. 1987.

Band 12 Gerhard Pasternack (Hrsg.): Philosophie und Wissenschaften. Zum Verhältnis von ontologischen, epistemologischen und methodologischen Voraussetzungen der Einzelwissenschaften. 1990.

Band 13 Wilhelm Weitling: Grundzüge einer allgemeinen Denk- und Sprachlehre. Herausgegeben und eingeleitet von Lothar Knatz. 1991.

Band 14 Hans Jörg Sandkühler (Hrsg.): Geschichtlichkeit der Philosophie. Theorie, Methodologie und Methode der Historiographie der Philosophie. 1991.

Band 15 Rolf-Dieter Vogeler: Engagierte Wissenschaftler. Bernal, Huxley und Co.: Über das Projekt der "Social Relations of Science"-Bewegung. 1992.

Band 16 Volkmar Schöneburg (Hrsg.): Philosophie des Rechts und das Recht der Philosophie. Festschrift für Hermann Klenner. 1992.

Band 17 Axel Horstmann: Antike Theoria und moderne Wissenschaft. August Boeckhs Konzeption der Philologie. 1992.

Band 18 Hans Jörg Sandkühler (Hrsg.): Wirklichkeit und Wissen. Realismus, Antirealismus und Wirklichkeits-Konzeptionen in Philosophie und Wissenschaft. 1992.

Band 19 Georg Quaas: Dialektik als philosophische Theorie und Methode des 'Kapital'. Eine methodologische Untersuchung des ökonomischen Werkes von Karl Marx. 1992.

Band 20 Volker Schürmann: Praxis des Abstrahierens. Naturdialektik als relationsontologischer Monismus. 1993.

Band 21 Theodor Celms: Der phänomenologische Idealismus Husserls und andere Schriften 1928 - 1943. Herausgegeben von Juris Rozenvalds. 1993.

Band 22 Hans Jörg Sandkühler (Hrsg.): Konstruktion und Realität. Wissenschaftsphilosophische Studien. 1994.

Band 23 Hans Jörg Sandkühler (Hrsg.): Freiheit, Verantwortung und Folgen in der Wissenschaft. 1994.

Band 24 Hyong-Sik Yun: Semiotische Tätigkeitsphilosophie. Interner Realismus in neuer Begründung. 1994.

Band 25 Hans Jörg Sandkühler (Hrsg.): Theorien, Modelle und Tatsachen. Konzepte der Philosophie und der Wissenschaften. 1994.

Band 26 Detlev Söffler: Auf dem Weg zu Kants Theorie der Zeit. Untersuchung zur Genese des Zeitbegriffs in der Philosophie Immanuel Kants. 1994.

Band 27 Hyondok Choe: Gaston Bachelard. Epistemologie. Bibliographie. 1994.

Band 28 Reinhard Mocek: Johann Christian Reil (1759-1813). Das Problem des Übergangs von der Spätaufklärung zur Romantik in Biologie und Medizin in Deutschland. 1995.

Band 29 Detlev Pätzold: Spinoza - Aufklärung - Idealismus. Die Substanz der Moderne. 1995.

Band 30 Martina Plümacher: Identität in Krisen. Selbstverständigungen und Selbstverständnisse der Philosophie in der Bundesrepublik Deutschland nach 1945. 1995.

Band 31 Hans Jörg Sandkühler (Hrsg.): Interaktionen zwischen Philosophie und empirischen Wissenschaften. Philosophie- und Wissenschaftsgeschichte zwischen Francis Bacon und Ernst Cassirer. 1995.

Band 32 Seungwan Han: Marx in epistemischen Kontexten. Eine Dialektik der Philosophie und der 'positiven Wissenschaften'. 1995.

Band 33 Martina Plümacher / Volker Schürmann (Hrsg.): Einheit des Geistes. Probleme ihrer Grundlegung in der Philosophie Ernst Cassirers. 1996.

Band 34 Dagmar Borchers: Der große Graben – Heidegger und die Analytische Philosophie. 1997.

Band 35 Anneliese Griese / Hans Jörg Sandkühler (Hrsg.): Karl Marx – zwischen Philosophie und Naturwissenschaften. 1997.

Band 36 Hans Jörg Sandkühler (Hrsg.): Philosophie und Wissenschaften. Formen und Prozesse ihrer Interaktion. 1997.

Band 37 Hyondok Choe: Ideologie. Eine Geschichte der Entstehung des gesellschaftskritischen Begriffs. 1997.

Band 38 Wolfgang Wildgen: Das kosmische Gedächtnis. Kosmologie, Semiotik und Gedächtnistheorie im Werke Giordano Brunos (1548-1600). 1998.

Band 39 Johann Jakob Wagner: Dictate über Ideal- und Naturphilosophie. Herausgegeben und historisch-kritisch kommentiert von Stefano Palombari. 1998.

Band 40 Hongqing Quan: Das Problem des Selbstbewußtseins, seine Begründung in Kants Philosophie und im Neo-Konfuzianismus. 1998.

Band 41 Roberto Finelli: Mythos und Kritik der Formen. Die Jugend Hegels (1770-1803). 2000.

Band 42 Hans Jörg Sandkühler (Hrsg.): Naturverständnisse, Moral und Recht in der Wissenschaft. Zur Problematik von Tierversuchen. 2000.

Band 43 Joon-kee Hong: Der Subjektbegriff bei Lacan und Althusser. Ein philosophisch-systematischer Versuch zur Rekonstruktion ihrer Theorien. 2000.

Band 44 Wilhelm Büttemeyer / Hans Jörg Sandkühler (Hrsg.): Übersetzung – Sprache und Interpretation. 2000.

Band 45 Hans Jörg Sandkühler (Hrsg.): Selbstrepräsentation in Natur und Kultur. 2000.

Band 46 Sandro Nannini / Hans Jörg Sandkühler (eds.): Naturalism in the Cognitive Sciences and the Philosophy of Mind. 2000.

Band 47 Juichi Matsuyama / Hans Jörg Sandkühler (Hrsg.): Natur, Kunst und Geschichte der Freiheit. Studien zur Philosophie F.W.J. Schellings in Japan. 2000.

Band 48 Jindrich Zeleny: Die dialektische Ontologie. 2001.

Band 49 Christian Westphal: Von der Philosophie zur Physik der Raumzeit. 2002.

Badn 50 Francesco Fistetti: Heidegger und die Utopie der Polis. 2002.

Band 51 Reinhard Mocek: Biologie und soziale Befreiung. Zur Geschichte des Biologismus und der *Rassenhygiene* in der Arbeiterbewegung. 2002.

Band 52 Hans Jörg Sandkühler (Hrsg.): Welten in Zeichen - Sprache, Perspektivität, Interpretation. 2002.

Band 53 Giorgio Baratta: Das dialogische Denken Antonio Gramscis. 2003.

Band 54 Silja Freudenberger / Hans Jörg Sandkühler (Hrsg.): Repräsentation, Krise der Repräsentation, Paradigmenwechsel. Ein Forschungsprogramm in Philosophie und Wissenschaften. 2003.

Band 55 Francisco José Soler Gil: Aristoteles in der Quantenwelt. Eine Untersuchung über die Anwendbarkeit des aristotelischen Substanzbegriffes auf die Quantenobjekte. 2003.

Band 56 Pawe« Dybel / Hans Jörg Sandkühler (Hrsg.): Der Begriff des Subjekts in der modernen und postmodernen Philosophie. 2004.

Band 57 Hans Jörg Sandkühler / Hong-Bin Lim (eds.): Transculturality – Epistemology, Ethics, and Politics. 2004.

Band 58 Lars Lambrecht / Bettina Lösch / Norman Paech (Hrsg.): Hegemoniale Weltpolitik und Krise des Staates. 2006.

Band 59 Zanghyon Bak: Das Menschen- und Weltbild bei Feuerbach und Marx. Zur Begründung der Solidarität. 2006.

www.peterlang.de

FSC
www.fsc.org
MIX
Papier | Fördert gute Waldnutzung
FSC® C083411

Kolibri 360 GmbH
Ferdinand-Jühlke-Straße 7
99095 Erfurt, Deutschland
produktsicherheit@kolibri360.de

Druck:
CPI Druckdienstleistungen GmbH
im Auftrag der
Kolibri 360 GmbH
Ferdinand-Jühlke-Str. 7
99095 Erfurt